国土空间规划理论与前沿

Theories and Frontiers in Territorial Space Planning

彭震伟 主编

同济大学出版社
TONGJI UNIVERSITY PRESS
·上海·

图书在版编目(CIP)数据

国土空间规划理论与前沿 / 彭震伟主编. —上海：同济大学出版社，2023.1
(国土空间规划培训丛书 / 彭震伟总主编；1)
ISBN 978-7-5765-0408-8

Ⅰ. ①国… Ⅱ. ①彭… Ⅲ. ①国土规划—中国 Ⅳ. ①F129.9

中国版本图书馆 CIP 数据核字(2022)第 188338 号

国土空间规划培训丛书
国土空间规划理论与前沿
彭震伟 主编

丛书策划 翁 晗
责任编辑 周原田
责任校对 徐春莲
封面设计 王 翔

出版发行 同济大学出版社 www.tongjipress.com.cn
(地址：上海市四平路 1239 号 邮编：200092 电话：021-65985622)
经 销 全国各地新华书店、建筑书店、网络书店
排版制作 南京文脉图文设计制作有限公司
印 刷 上海安枫印务有限公司
开 本 787mm×1092mm 1/16
印 张 16.5
字 数 412 000
版 次 2023 年 1 月第 1 版
印 次 2023 年 2 月第 2 次印刷
书 号 ISBN 978-7-5765-0408-8
定 价 148.00 元

国土空间规划培训丛书
编委会

序　一

我国辽阔的陆地和海洋是极其珍贵的财富，保护并充分利用好丰富的国土空间资源，建设富裕美好的家园，实现社会主义现代化强国目标是国土空间规划重要的使命。

随着改革开放逐步深化，与传统的国土规划和区域规划相比，我国的空间规划发生了巨大变化，特别是2019年发布的《中共中央　国务院关于建立国土空间规划体系并监督实施的若干意见》，不仅明确了国土空间开发保护的指导思想、目标和相应的战略，构建了比较完整的规划体系，规划的编制也有重大的发展与突破，体现了党和国家提出的"多规合一""优化国土空间布局"以及"区域协调发展"等一系列重要的思想和国策，突出了规划战略性、综合性和地方性的特色。

规划的核心是"五级三类"规划编制审批体系。"五级"是空间范围，从全国、省、市、县一直分解到乡镇基层单位，对每个空间层级，规划都提出了不同的要求。"三类"的含义更为丰富，既体现了主体功能区规划、城乡规划、土地利用总体规划的"三规合一"，又包含总体规划、详细规划和多项相关专项规划的内容，涉及多个学科领域。面对这一新的变化，我国高等学校现有的规划专业，乃至各类规划设计队伍和管理机构，如果不按新型国土空间规划的要求进行必要的调整、充实，是难以完成国家赋予的这项重要任务的。

可喜的是，为了适应新形势的发展，普及国土空间规划的基本知识和技术，同济大学在短期内组织力量编写5册共百万余字的"国土空间规划培训丛书"。纵观5个分册的内容，既包含对国土空间规划理论体系的探索，规划核心技术的构架，不同空间层次规划的编制和传导等具有战略性、全局性的议题，还用大量的篇幅提供与详细规划、国土空间规划相关的专项规划在编制过程中的经验和案例。全书基本上覆盖了国土空间规划的方方面面，内容十分丰富。"国土空间规划培训丛书"的出版，不仅有益于需要学习这方面知识、技能的专业读者，同时对正在探索创办国土空间规划专业的高等院校也有重要的借鉴意义。

作为长期从事城乡规划与土地利用总体规划的教育工作者，面对国土空间规划的变化，深感紧跟时代步伐的重要性，那就要扩大视野，不断吸收新鲜事物，拓宽原有的专业领域，与时俱进，决不能吃老本，止步不前。回想20世纪70年代末，北京大学地理系应国家需要创办了城市规划专业，为了弥补原有专业的不足，我曾两度赴同济大学取经，在人才培养、教学计划、课程设置、生产实习等方面获取了大量办学的有益经验。通过院校之间的不断交流，同济大学也吸纳了地理学中的一些理论方法，进一步充实城市规划专业的教学内容。这种理工互补、取长补短的方法，也是我国城乡规划教育界的一种创新。1998年6月，建设部组织专业人员分别对6所工科院校的城市规划专业进行评估。作为评估专家组成员，我有机会再次比较全面地了解同济大学改革开放以来该专业发展变化的过程。为适应国家对城市规划人才的需要，同济大学在保持原有专业特色的同时，根据发展需要增设一些新的课程，如城市地理、城市经济、区域规划、城市生态等，同时还吸纳一部分来自地理院校的人员充实教师队伍，通过校际之间的交流，不断优化城市规划专业。同济大学不仅在传统的规划领域——城市总体规划、详细规划、道路交通规划、城市设计等方面展现自身的优势，而且开拓了新的领域，被学界公认为我国城乡规划最全面、实力最雄厚的高校之一。由此看来，同济大学编写出版“国土空间规划培训丛书”并非偶然，如果没有丰厚的专业基础和长期探索积累结下的硕果，是不可能承担国土空间规划培训任务的。

作为一套普及国土空间规划的培训丛书，当然还有可以提高完善的空间。总的来看，文集式的读本虽然内容丰富，但在系统性上仍可提升。丛书收集的文章风格各异，有可能还存在观点碰撞，这也正是当前国土空间规划改革中的时代特点。

还要看到，当前国土空间规划虽然已经形成较完整的编制审批体系，由于尚未经历实践的检验，加之国土空间规划法规尚未完全出台，在规划编制和实施过程中必然会出现各种各样的变数和问题。举例来说，从宏观层面看，国土空间规划虽然实现了“三规合一”，但如何将空间规划与发展规划整合成为既有分工又相互补充、相互依存的规划体系，如何将城镇群、都市圈的发展规划与中心城市的总体规划融为有机整体等问题仍需要进一步探索。从微观层面看，当前对于城市设计、城市更新、历史文化遗产保护、基础设施建设规划的编制，职能部门之间缺乏明确的分工，造成了不必要的交叉重叠。如何理顺这层关系，加强各职能部门之间的分工协作，对完善空间规划的编制体系至关重要。

总之，当前我国国土空间规划仍处于起步阶段，面临种种机遇与挑战，国土空间规划任重道远。我坚信，今后随着更多的相关学科和规划工作者不断地探索和创新，必然会将我国国土空间规划推向一个又一个的高峰。

董黎明

北京大学城市与环境学院教授

2022年7月

序　二

国土空间规划是在原有的主体功能区规划、土地利用规划、城乡规划等空间规划的基础上，经过“多规合一”试点之后，逐步形成的一类新的空间规划。国土空间规划是“国家空间发展的指南、可持续发展的空间蓝图，是各类开发保护建设活动的基本依据”①。它不是原有各类空间规划的拼合与叠加，而是在“融合”与“化合”后产生的质的飞跃。它具有鲜明的“三全”与“三高”的本质特征与属性。

所谓“三全”指的是“空间规划对象是‘全域、全要素和全行动方略’，涉及山、水、田、林、湖、草、沙、海岛等自然空间要素以及城、镇、村等人工环境的保护、开发利用、修复和治理等”②。所谓“三高”指的是“实现高质量发展、高品质生活、高效能治理”。国务院组建自然资源部，“中央给予自然资源部的职能定位是：履行统一行使全民所有自然资源资产所有者职责，统一行使所有国土空间用途管制和生态保护修复职责。‘两统一’的要求，意味着自然资源部门仅仅做好土地、生态等资源的守护者是不够的，更要转变为一个高效的资产经营者……对国土空间规划而言，就不能只是一个简单解决空间安排、用途管制的问题，而是还要研究如何通过空间规划来促进自然资源的保值增值。”③任何空间的安排与使用都有其正与负的外部效益；因此，在空间资源的配置中必须权衡各类空间使用的需求关系。国土空间规划既要“守底线”，也要“谋发展”，在“生态优先”（刚性管控）的前提下，谋划地方“绿色发展”，并确保规划能用、管用、好用。总之，国土空间规划是国家空间治理行为，是实现国家治理现代化的重要手段，它面临着诸多新的挑战，需要探索。

在以往的各类规划中，好的经验是值得传承的，但更多的经验还需要我们去探索和积累。“国土空间规划培训丛书”正是探索之路上的阶段成果。从理论到实践，包括《国土空间规划理论与前沿》《国土空间规划编制技术》《国土空间专项规划》《城市更新与城市设计》《国土空间精细化治理》5个分册，75个章节可谓博览，是一次理论与实践的大检阅。

当然，面对国土空间规划的“三全”与“三高”，书中有些内容尚未深入涉及，例如“双评价”“三线划定”“一张底图”“海洋及海岸线”“自然保护区”“国家公园”等。要完成国土

---

① 《中共中央 国务院关于建立国土空间规划体系并监督实施的若干意见》[EB/OL].(2019-05-23).http://www.gov.cn/zhengce/2019-05/23/content_5394187.htm.

② 孙施文.从城乡规划到国土空间规划[J].城乡规划学刊，2020(4):11-17.

③ 张京祥.“国土空间规划体系的战略引领与刚性管控的关系”学术笔谈[J].城乡规划学刊，2021(2):6-14.

空间规划，必须要在原有城乡规划的基础上，扩充土壤学、农学、林学、海洋学、水利学、生物学等相关专业知识。显然，国土空间规划的编制绝不是一个专业能够完成的，它一定是多专业团队的集体工作。然而，从当前我国各地在编制国土空间规划时的实际状况来看，编制国土空间规划的主力军依旧是原来从事城乡规划的专业人员。也许，其根本原因不仅仅在于知识结构，更在于：①原有的城乡规划人员有着比较强的综合思维能力，已经养成了网状的思维习惯，即一旦触及网上一个点（问题），他们马上就会针对许多相关问题进行综合分析、比较、权衡、判断。处理城乡规划空间问题，既是二维的——定点的位置，又是三维的——要考虑高度、容积率，同时还要考虑四维的时序，甚至有人说还有“五维”——要想到人，因为人是问题的核心，要以人为本。这种立体的、多维的、动态的思维习惯是要长期培养才能形成的。②城乡规划工作人员有着较强的政策观念，因为规划不是单纯的技术问题，更重要的是为当前的政策服务，是公共政策的体现。

前面提到了国土空间规划的编制需要知识的扩充，在这里要讲一个历史上的经验与教训。1980 年，同济大学恢复城市规划专业不久，在联合国教科文组织的资助下，美国波士顿大学华裔教授华昌宜来同济讲学。我们主动邀请他到教学现场（教室）观摩，学生当时正在编制甘肃省平凉市的城市总体规划。他看后十分感慨地说：这跟我 10 多年前在美国的时候一样，教师就像一个司令员，指挥各个兵种，你负责土地使用，他负责交通、绿化等。可是美国现在不是这样了，不搞城市的总体规划了。在讲课中，他用了一张城市规划知识膨胀图（图 1）：第 1 圈（核心圈）包括建筑、工程、地景；第 2 圈包括土地使用、交通设计；第 3 圈包括经济、社会、政治、法律、人口、地理；此外，还有第 4、5、6 圈。由于城市规划知识的膨胀，许多自称为“城市规划专业”的人士彼此间却不能很好地沟通，原因在于核心圈的内容被空洞化了。这个经验教训对我们今天的国土空间规划有所启示：虽然国土空间规划涉及的内容很丰富，除山、水、田、林、湖、草、沙等信息外，还有海洋知识、农业知识等，但不能失去共同的核心——人与地。

在知识膨胀的大背景底下，重要的不在于你掌握了哪些知识，而是你要知道有哪些相关知识，并且知道可以到哪里去寻找这些知识。本丛书应该就是能找到国土空间规划相关知识的地方之一。

我们已深切地感受到，从马车时代到汽车时代，城乡空间结构和人们的生活方式都发生了巨大的变化。随着科学技术的迅猛发展，信息技术、大数据所构成的虚拟空间、“元宇宙”等概念又会给国土空间规划带来什么问题呢？这些都值得关注——我们永远走在探索的路上。

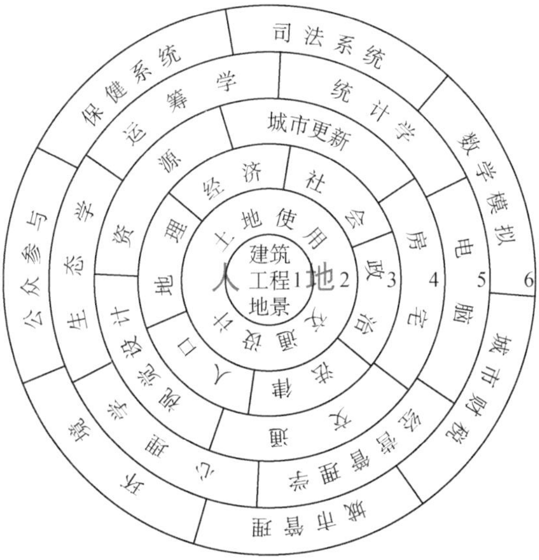

图 1　华昌宜教授课上使用的城市规划知识膨胀图

陈秉钊

同济大学建筑与城市规划学院教授

2022 年 7 月

丛书前言

2019年5月23日,《中共中央 国务院关于建立国土空间规划体系并监督实施的若干意见》(以下简称《若干意见》)发布,标志着中国国土空间规划体系建立和相关改革的正式启动。同年5月30日,自然资源部印发《关于全面开展国土空间规划工作的通知》,要求"各级自然资源主管部门要将思想和行动统一到党中央的决策部署上来,按照《若干意见》要求,主动履职尽责,建立'多规合一'的国土空间规划体系并监督实施"。在自然资源部的大力推动下,全国各地都依据中央和部委文件要求,持续推进国土空间规划的研究与实践。

同济大学作为优势工科引领的世界一流大学建设高校,城乡规划学科发展与人才培养已有百年历史,并在发展中不断拓展与建筑、风景园林、土地规划、环境规划、生态、自然资源开发与利用、海洋工程以及基础设施等相关学科专业的交叉与融合,构建了城乡规划学科专业的教学、科研和实践的一体化发展体系。同济大学积极为国家经济社会发展服务,为全国规划建设系统培训了一批又一批的专业领导干部。自1980年代初期同济大学成立城市建设干部培训中心以来,迄今已为全国培训了3万余名专业领导干部,他们活跃在全国各地城乡规划建设领域,为中国城镇化的健康发展做出了巨大的贡献。

2020年正是推进我国国土空间规划体系建设的重要时刻,但新冠肺炎疫情席卷全国,极大地影响了社会经济的运行,规划专业人员无法赴野外作业。为了慰问武汉市奋战于抗疫前线的规划工作者,同济大学城市建设干部培训中心于2020年3月组织了首场国土空间规划线上公益培训直播活动,点对点为武汉市的规划建设领导干部、专业技术人员、教师及科研群体开设了国土空间规划专题培训班,之后扩展到湖北省,再逐步扩展到全国其他各省。在短短3个月的时间内,邀请了包括中国工程院院士、同济大学吴志强教授在内的国内知名规划专家,共开展了36场线上公益直播培训,累计惠及20余万人。从培训学员反馈来看,这些公益培训课程大大促进了对国土空间规划理论与规划编制技术方法的学习,推动了国土空间管理相关法规与知识的普及,为进一步提高我国国土空间规划体系建设水平作出了贡献。

通过这些公益培训,我们积累了大量宝贵的国土空间规划教学资源。结合这些培训课程的课件和录音录像等资料,并融入最新的国土空间规划发展理念和情境变化,相关授课老师精心打磨形成专题,同时结合国土空间规划的内容结构,增补了少量已在期刊发表的学术论文,形成共计75个章节的"国土空间规划培训丛书"。

丛书5个分册的主题和板块内容分别为：

（1）国土空间规划理论与前沿（理论探索、技术前沿）；

（2）国土空间规划编制技术（技术架构、总体规划、详细规划）；

（3）国土空间专项规划（交通与基础设施、生态系统、历史保护、专项研究）；

（4）城市更新与城市设计（城市更新、城市设计、实践案例）；

（5）国土空间精细化治理（大城市、乡村地区、城市社区、建成环境，法规依据和技术支持）。

"国土空间规划培训丛书"的出版能加强我国规划行业的深度交流，在当前国土空间规划体系建设的关键时期，推动规划从业人员业务能力与水平的提升，引导和形成良好的国土空间规划行业发展生态。

彭震伟
同济大学党委副书记、教授
2022年7月

前 言

党的十八大以来持续推进的"多规合一"是解决我国城镇化发展进程中城镇空间布局及规模与资源环境承载能力不匹配矛盾的重要对策，而2019年我国国土空间规划体系的建立则是从根本上解决我国经济社会发展中的空间失序和维护好生态文明建设的制度性保障。但是，无论是2013年12月中央城镇化工作会议提出"多规合一"以来的持续探索，还是《中共中央 国务院关于建立国土空间规划体系并监督实施的若干意见》(中发〔2019〕18号文)明确建立国土空间规划体系以来国土空间总体规划编制的实践，都表明了要将主体功能区规划、土地利用规划、城乡规划等空间规划融合为全国统一、责权清晰、科学高效的国土空间规划体系，是一项极其艰巨的任务。

首先，国土空间规划体系是一个非常全面的体系，包括编制审批体系、实施监督体系、法规政策体系、技术标准体系四大组成部分，每个部分都有一个完整的系统，需要从不同的维度和视角去诠释其深刻内涵。其次，从国土空间规划背后的学理看，构成国土空间规划体系的各类空间规划，也都依据了一定的理论组织并形成各自相对独立的知识体系，相互之间具有不可替代性。如城乡规划依据的是城乡规划学一级学科的知识体系，土地利用规划依据的是公共管理学一级学科下的土地管理学的知识体系。这也说明了国土空间规划既不是城乡规划或土地利用规划，也不是城乡规划和土地利用规划的相加，而是一个全新的规划。因此，要完成建立国土空间规划体系这样一项艰巨的任务，必须要打破原先各类空间规划自成体系的格局，建立一个综合性和全局性的概念体系与理论体系，并建立一个统一的逻辑框架。

基于此，同济大学城市建设干部培训中心自2020年面向全国规划从业人员开展国土空间规划培训时，就重点围绕国土空间规划的理论体系与内在逻辑等方面开设了系列课程，试图讲清楚国土空间规划这一全新体系的内涵，以及国土空间规划体系的发展方向，这些课程的内容也成为了这套《国土空间规划培训丛书》的《国土空间规划理论与前沿》分册的主体内容。

本分册分为两大板块共13篇论文，其中，第一板块为前6篇论文，主要聚焦国土空间规划改革的整体方向与战略思维，国土空间规划知识基础、建构逻辑与理论体系等。第二板块为后7篇论文，主要聚焦国土空间规划体系中的编制体系，包括市县级国土空间总体规划的弹性机制与传导机制(第7—8篇)，国土空间详细规划中的乡村规划(第9篇)，以及国土空间规划中的专项规划研究(第10—13篇)，主要为国土生态空间规划、健康城市规划、城市更新、城市设计。其中，特别要提到，到目前为止的全国国土空间规划编制实践，主要还停留在国土空间总体规划层面，对国土空间规划体系下城乡建成环境的规划探索还远远不够。出于在国土空间总体规划编制中体现城市生命体特性和城市生命体永续健康，以及营造城乡美好人居环境的要求，特在本分册中收入了城市更新和城市设计的论文。

为了体现本分册内容的完整性，"国土空间规划体系建构的逻辑及运作策略探讨""国土空间规划的知识基础及其结构""空间规划改革的议题及展望：对规划编制及学科发展的思考""建构乡村规划体系"和"城市有机更新与精细化管理"5篇论文已在相关期刊上发表，在征得作者及相关期刊同意的情况下收入本分册。

彭震伟
同济大学党委副书记、教授

目　录

理论探索

实践前沿

理论探索

THEORY

1　国土空间规划改革与前瞻

彭震伟*

我国城乡发展已经进入一个新的时期。坚持以人为本、科学发展、改革创新、依法治市，转变城市发展方式，完善城市治理体系，提高城市治理能力，着力解决城市病等突出问题，不断提升城市环境质量、人民生活质量、城市竞争力，建设和谐宜居、富有活力、各具特色的现代化城市，是我国当下推进新型城镇化发展的总体要求，也是我们认识当前国土空间规划体系改革的基本背景。

自 1980 年代起，我国先后形成了多种类型的空间性规划，它们在服务我国改革开放以来的经济社会发展和城镇化发展、促进国土资源合理利用和有效保护等方面发挥了积极作用，但同时也存在着诸多矛盾与冲突。党的十八大以来，随着生态文明建设的不断推进，中央持续推进相关领域的制度改革。2018 年，国家机构改革方案的确立为空间规划体系建设打下了体制机制基础，2019 年，通过《中共中央 国务院关于建立国土空间规划体系并监督实施的若干意见》等政策文件，明确了建构统一的国土空间规划体系要求。从改革的深层次意义来看，空间规划体系是当前推进国家治理体系和治理能力现代化的重要抓手，也是我国经济社会健康可持续发展的重要保障①。

1.1　空间规划改革背景

1.1.1　中国城镇化进程与特点

改革开放以来，我国经历了世界历史上规模最大、速度最快的城镇化进程，城市发展波澜壮阔，取得了举世瞩目的成就。1949 年后，我国城镇化在各个时期呈现出不同的阶段性特点。从城镇化的增长速率来看，我国的城镇化发展至今可大致划分出四个阶段。第一阶段，1949—1957 年是我国城镇化的正常发展时期，城镇化水平从 10.64%提高到 15.39%。第二阶段，1958 年后我国经历了一段波动的发展，城镇化水平首先在 1958—1960 年从 15.39%提高到 19.75%，提升了 4.36 个百分点，而后又在 1960—1964 年，从

* 彭震伟，同济大学党委副书记、教授，中国城市规划学会常务理事、小城镇规划学术委员会主任委员。邮箱：pengzhw@tongji.edu.cn。

① 彭震伟. 乡镇国土空间规划在国土空间规划体系中的意义[J]. 小城镇建设，2021，39(11)：1.

19.75%下降到17.98%，下降了近2个百分点。第三阶段，从1960年代中期开始至1978年，是我国城镇化发展停滞不前的时期，城镇化水平多年徘徊在17%上下。第四阶段，从1978年改革开放后至今，是我国城镇化的迅速发展时期，1978—1990年城镇化水平从17.92%上升到26.41%，年均增长0.71个百分点；而根据第七次全国人口普查数据，2020年我国城镇化水平已达到63.89%，即1990—2020年的30年间，我国的城镇化水平以年均提升1.25个百分点的速度得以快速增长，增速显著高于此前的所有阶段；2021年的城镇化水平为64.72%（图1-1）。

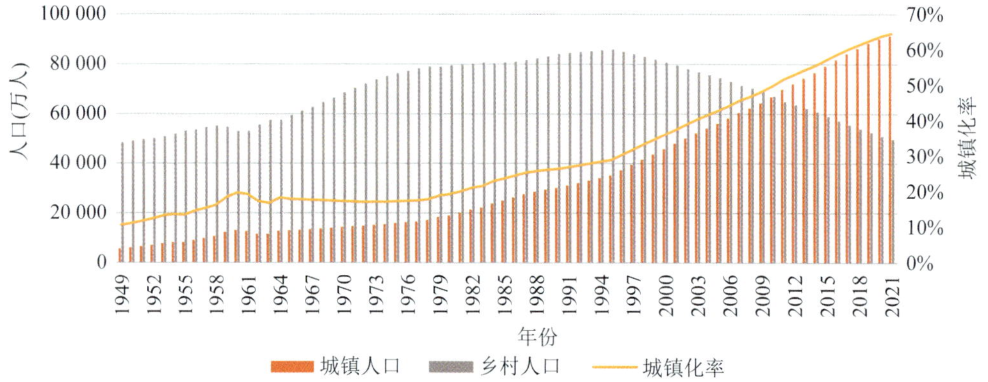

图1-1 我国历年城镇人口、乡村人口与城镇化率的变化情况
来源：国家统计局，2022

1.1.2 城镇化进程中的突出矛盾

城镇化的发展推动了我国城市的发展，进而带动整个经济社会的发展，城市建设成为现代化建设的重要引擎，并在我国经济社会发展、民生改善中发挥了重要作用。然而与此同时，也需要清醒地认识到在快速推进的城镇化发展模式下产生的问题，包括城与乡两种不同地域的发展协调问题、城镇化产生的大量资源消耗与循环经济问题等。随着城镇化进入更高水平的发展阶段，城镇居民收入的增长带动消费能力与消费水平的持续升级，工业化与城镇化对能源资源的需求也快速增加，使得区域发展面临着更大的资源消耗和环境承载压力。我国城镇化发展中的不合理问题包括以下两方面。

一是城镇化中人、地关系的协调问题。城镇化的核心任务是实现人口的城镇化，而土地是城镇化的关键载体，人口城镇化与土地城镇化的速度关系反映出城镇化的水平提升与资源消耗之间的协调性。2014年国务院发展研究中心编写的《中国：推进高效、包容、可持续的城镇化》研究报告中指出，1996—2012年，全国建设用地年均增加4 827 km^2，其中城镇建设用地年均增加 2 380 km^2；2010—2012 年，全国建设用地年均增加 6 353 km^2，其中城镇建设用地年均增加 3 433 km^2；2000—2011 年，城镇建成区面积增长 76.4%，远高于城镇人口 50.5%的增长速度。由此可见，城镇建成区大规模扩张却并未出现相应规模的人口城镇化。土地城镇化速度远快于人口城镇化速度，反映出城镇化进程中的城镇建设的粗放式扩张与对资源的过度消耗问题。土地城镇化的路径依赖，短期内实现了城镇空间的快速拓展，同时也埋下了城镇化运行的巨大风险和利益冲突①隐患，包括对生态环境承载能力的挑战、对人多地少国情下的耕地保护的压力等(图 1-2)。

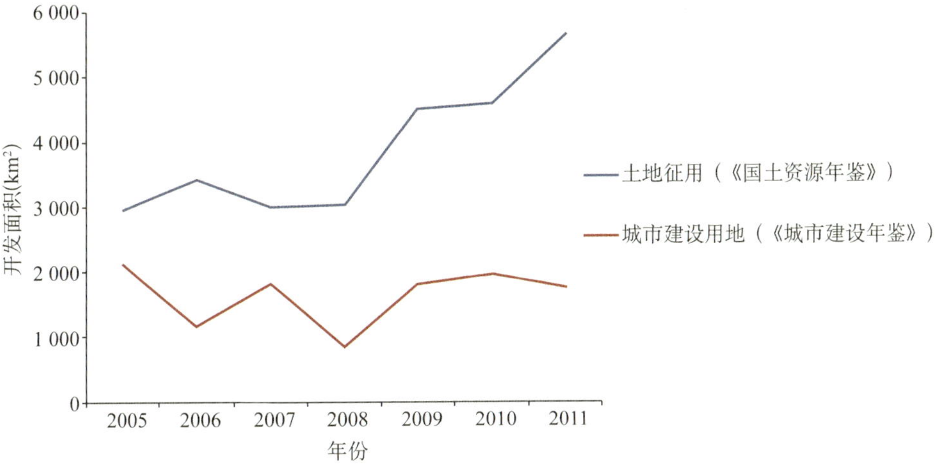

图 1-2　土地征用快于城镇土地开发

来源：《中国：推进高效、包容、可持续的城镇化》②

除了建设用地的粗放低效外，城镇化发展的不均衡亦体现在城镇空间分布和规模结构的不合理，以及与资源环境承载能力的不匹配。我国东部一些城镇密集地区资源环境约束趋紧，而中西部资源环境承载能力较强地区的城镇化潜力有待挖掘；城市群布局不尽合理，城市群内部分工协作不够、集群效率不高；部分特大城市主城区人口压力偏大，与综合承载能力之间的矛盾加剧；中小城市集聚产业和人口不足，潜力没有得到充分发挥；小城镇数量多、规模小、服务功能弱，这些都增加了经济社会和生态环境成本。此外，在城郊地区、城乡混合地区普遍存在着较低品质的人居空间建设，也反映出城镇化率的快速增长与城镇化发展质量之间的偏差。

二是城镇化中城乡关系的协调问题。我国城镇化的发展路径决定了乡村的稳定发展是城镇化的底线保障，也是推进城镇化健康发展的关键所在。国际上，以拉美为代表的发展中国家的经验表明，城市人口的增长是一把双刃剑。联合国在 2002 年的报告中指出：

① 王利伟，赵明. 中国城镇化演进的系统逻辑：基于人地关系视角[J]. 城市规划，2014，38(04)：17-22+33.

② 国务院发展研究中心，世界银行. 中国：推进高效、包容、可持续的城镇化[R]. 北京：中国发展出版社，2014.

“充分供应的廉价劳动力(农村移民)是发展劳动密集型制造业的保证,但是大量迅速增加的城市人口(尤其是素质有待提高的农村移民)给大城市的建设和管理及就业等带来困难。” 2004 年联合国开发计划署、人居署的联合报告进一步指出:“传统城镇化不仅造就了更加贫困的农村,也造就了城市中的大量贫民,这种社会不公平从农村向城市的急剧蔓延,成为导致‘拉美陷阱’的主要原因之一。”

通过分析我国城乡居民收入的基尼系数①,可以简单判断我国城乡发展的差距。根据国家统计局所计算的历年城乡人均可支配收入与基尼系数,我国城乡居民收入的基尼系数在 2010 年之后出现明显的下降,2021 年的基尼系数已下降至 0.43,较 2002 年降低了约 0.1,城乡之间存在的差距正在逐步缩小,但仍处于差距较大的阶段(图 1-3)。

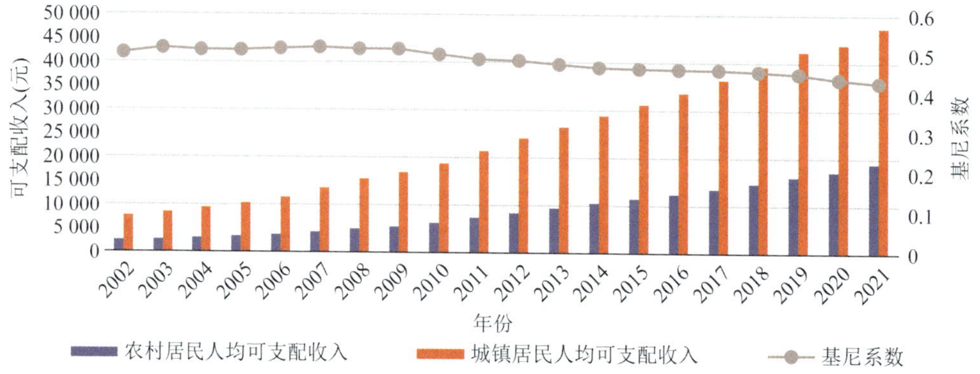

图 1-3 我国历年城乡人均可支配收入与基尼系数

来源:国家统计局,2022

1.1.3 发展新型城镇化的要求

针对城镇化发展过程中所出现的突出矛盾和问题,国家自 2012 年以来开始推进持续的、全面的顶层设计。2012 年党的十八大提出“坚持走中国特色新型工业化、信息化、城镇化、农业现代化道路”;2013 年党的十八届三中全会通过《中共中央关于全面深化改革若干重大问题的决定》提出 60 项改革决定,同年召开中央城镇化工作会议,指出我国城镇化在快速发展中积累的五大突出矛盾和问题;2014 年出台《国家新型城镇化规划(2014—2020 年)》明确提出要走中国特色新型城镇化道路;2015 年第四次中央城市工作会议指出了我国城市发展存在的十大问题,并于同年由中共中央 国务院印发了《中央生态文明体制改革总体方案》,强调必须把生态文明建设放在突出地位,融入经济建设、政治建设、文化建设、社会建设各方面和全过程;2016 年国务院印发《关于深入推进新型城镇化建设的

① 基尼系数是国际上用来综合考察居民内部收入分配差异状况的一个重要分析指标,数值在 0 和 1 之间,基尼系数越接近 0,表明收入分配越是趋向平等。

若干意见》，并于同年出台《中共中央 国务院关于进一步加强城市规划建设管理工作的若干意见》；2017 年党的十九大报告中进一步提出了从新型城镇化到乡村振兴、再到城乡融合发展的明确要求。

由此可以看到，自 2012 年以来，国家持续推进政策层面的顶层设计工作，以指导城镇化的健康发展，与此同时也不断提出对城市规划工作的要求。一是明确整体谋划国土空间。2013 年 5 月十八届中共中央政治局第六次集体学习提出了"要按照人口资源环境相均衡、经济社会生态效益相统一的原则，整体谋划国土空间开发，统筹人口分布、经济布局、国土利用、生态环境保护，科学布局生产空间、生活空间、生态空间"。二是认识规划的重要性。习近平总书记在 2014 年 2 月考察北京城市建设时突出强调了"考察一个城市首先看规划，规划科学是最大的效益，规划失误是最大的浪费，规划折腾是最大的忌讳"。三是要深入推进"多规合一"。2013 年 12 月中央城镇化工作会议明确提出"要建立空间规划体系，推进规划体制改革，加快推进规划立法工作，形成统一衔接、功能互补、相互协调的规划体系。……探索经济社会发展规划、城乡规划、土地利用规划'三规合一'或'多规合一'，形成一个县(市)一本规划一张蓝图，持之以恒加以落实"。四是关于规划的统领和底线约束作用。2019 年 3 月十三届全国人大二次会议提出"要坚持底线思维，以国土空间规划为依据，把城镇、农业、生态空间和生态保护红线、永久基本农田保护红线、城镇开发边界作为调整经济结构、规划产业发展、推进城镇化不可逾越的红线"。五是解决城市规模扩张与土地资源利用粗放的问题。2013 年的中央城镇化工作会议与 2015 年的中央城市工作会议都强调了不能脱离经济发展而搞人为大造城运动，要严守底线、调整结构，切实提高城镇建设用地集约化程度。六是针对建设占用生态和农业空间的问题。2015 年 12 月中央城市工作会议突出强调山、水、林、田、湖是城市生命体的有机组成部分，不能随意侵占和破坏，要让城市融入自然。七是针对过去城市工作"见物不见人"的问题。要提高对城市人居环境建设的重视。八是针对城市空间结构。要增强城市内部布局的合理性，使住宅、商业、办公、文化等各不同功能区相互交织、有机组合。九是针对重城轻乡的问题。要充分认识城乡发展的差异性、强化协调性，没有农村发展，城镇化就会缺乏根基。十是要提高规划的科学性、前瞻性与强制性。

进一步看，2015 年的中央城市工作会议提出了"一个尊重、五个统筹"，即认识、尊重、顺应城市发展规律，城市发展是农村人口向城市集聚、农业用地按相应规模转化为城市建设用地的过程，人口和用地要匹配，城市规模要同资源环境承载能力相适应。在尊重城市发展规律的基础上从五个方面进行统筹，即统筹空间、规模、产业三大结构，提高城市工作全局性；统筹规划、建设、管理三大环节，提高城市工作的系统性；统筹改革、科技、文化三大动力，提高城市发展持续性；统筹生产、生活、生态三大布局，提高城市发展宜居性；统筹政府、社会、市民三大主体，提高各方推动城市发展的积极性，推进多方主体参与城市治理。

1.2 转型发展与规划改革探索

1.2.1 转型发展的时代背景

当前，针对城市发展已积累的诸多问题和风险，需要清醒地认识到原有城市发展模式的不可持续性，转型发展已成为社会发展、城市发展和规划作用发挥的迫切需要。从社会发展来看，我国经济已由高速增长阶段转向高质量发展阶段，正处在转变发展方式、优化经济结构、转换增长动力的攻关期。随着国家整体进入中高收入国家水平，要进一步超越中等收入陷阱，保障城镇化数量与质量的同步提升；从城市发展来看，面对人口老龄化、消费升级化等新的发展趋势，要通过规划创造出更多可持续、高质量的城乡宜居空间；从规划本身的发展而言，规划的作用要从服务经济发展转变为提供良好的人居环境，发挥好规划的公共政策作用，实现城乡空间全域、全要素、全过程管理，真正实现“五位一体”发展。在发展转型需求下，规划要以人为核心，兼顾效率与公平，发挥综合协调城乡全域空间发展的作用。

1.2.2 转型发展对规划改革的要求

在国家政策层面，2013 年党的十八届三中全会提出了要健全国家的自然资源资产的管理体系，2015 年十八届五中全会又提到了要推动区域协调发展、塑造要素有序自由流动、主体功能约束有效、基本公共服务均等、资源环境可承载的区域协调发展，推进主体功能区的建设、发挥主体功能区作为国土空间开发保护基础制度的作用，推进资源的有效利用与管理等，这些内容都是中央层面对规划改革提出的直接要求。

从城乡规划发展沿革来看，从 1984 年设立《城市规划条例》以行政立法的方式创设了城市总体规划和详细规划两种规划类型，并确立了城市规划区内的建设用地许可证和建设工程许可证制度，赋予了城市政府管理地方城市规划建设的事权；1990 年实施的《城市规划法》首次以国家法律形式确立了城市总体规划、详细规划和城镇体系规划的编制审批制度，并确立了“一书两证”（建设项目选址意见书、建设用地规划许可证、建设工程规划许可证）制度；2008 年新的《城乡规划法》立法创设了覆盖区域、城市、乡村的城乡规划编制体系，推动了“城市规划”向“城乡规划”的演进。在这个发展过程中，城乡规划体系自身也表现出一定的局限性，包括不健全的编制审批修改程序、规划内容偏重建设空间拓展，且注重局部空间等，对全域全要素（尤其是非建设空间、乡村空间）的规划管理长期以来处于技术空白。

与之平行的是土地利用的制度体系。1986 年制定《土地管理法》将土地利用和保护问题上升到了国家立法层面，同年设立国家土地管理局；1998 年进行修订，提出了要实行“最严格的耕地管理制度”；强化土地垂直管理，土地管理权上收中央和省级政府，下级土地利用总体规划依据上一级土地利用总体规划编制；加强土地利用计划管理，实行建设用地总量控制；并对机构进行相应调整，合并地矿部、国家土地管理局、国家海洋局和国家测绘局，组建国土资源部。

因此可以看出，在过去两套核心规划体系的发展中，均已形成了覆盖从城市到区域，从城市到乡村的横向到边、纵向到底的法律法规，但侧重自下而上的城乡规划与强调自上而下的土地利用规划因各自的工作逻辑、行政体制和作用机制不同，进入“矛盾—协调—冲突”的循环局面①，不仅体现在具体的规划对象内容上，还体现在资源管理与规划管理的过程上（图 1-4）。

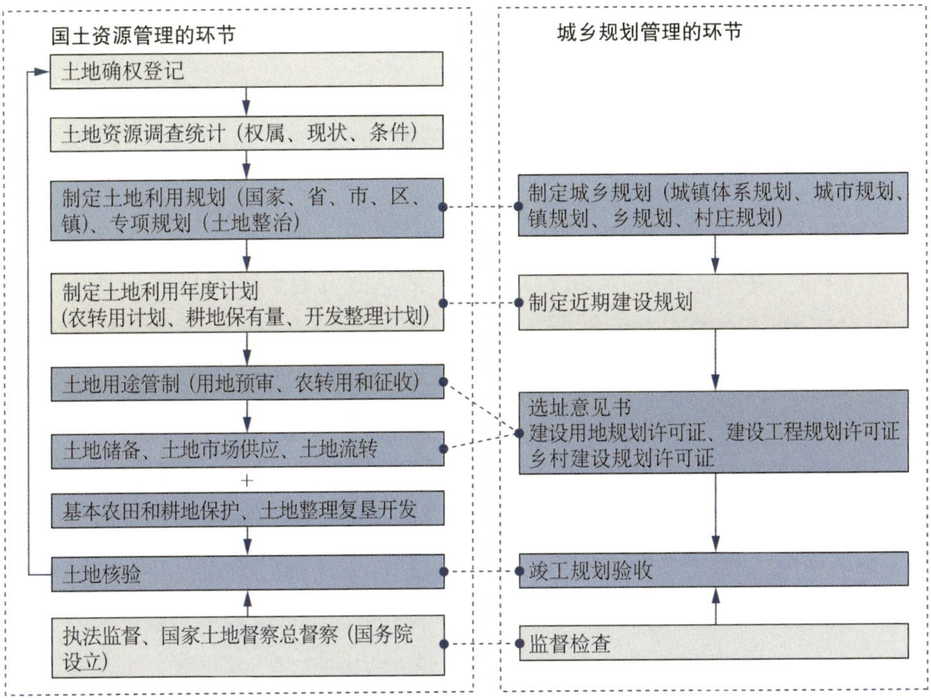

图 1-4　国土资源管理环节与城乡规划管理环节的差异

来源：作者根据《城乡规划法》《土地管理法》绘制

对此，为解决各类空间性规划的多规矛盾问题，从 2013 年起国家正式提出要建立空间规划体系，实行多规合一。2013 年党的十八届三中全会通过的《中共中央关于全面深化改革若干重大问题的决定》明确提出建立空间规划体系，划定生产、生活、生态空间开发控制边界，落实用途管制。2014 年出台的《国家新型城镇化规划（2014—2020 年）》进一步

---

① 赵民．国土空间规划体系建构的逻辑及运作策略探讨[J]．城市规划学刊，2019(04)：8-15.

提出，推动有条件地区的经济社会发展规划、城乡规划、土地利用规划等“多规合一”。此后，国家住房和城乡建设部、发展和改革委员会、国土资源部等多个部门相继提出开展多规合一的试点工作，并积累了一定的工作经验。以住房和城乡建设部2014年开展的“多规合一”试点工作为例，形成的经验总结包括，要按照“发展战略+空间布局+实施策略”的工作思路，以城乡规划为统领，以空间坐标为核心，通过“五定”（定性、定量、定形、定界、定策），实现“五统”（统一发展目标、统一技术指标、统一空间坐标、统一图例标准、统一实施平台），实现各类规划的有机衔接。在探索过程中，由于各部委的工作相对独立，普遍存在工作内容边界衔接不畅的问题，因此在市县基层试点和取得一定经验的基础上，亟需在更高层面上开展更为全面的顶层设计探索。唯有中央政府各部门率先协调好关系，地方各部门规划之间的边界和衔接关系才有可能处理好。

1.3 生态文明体制下的空间规划改革

1.3.1 生态文明体制改革对空间规划的要求

针对我国国土开发和保护中存在的问题，以及为了解决空间性规划之间的矛盾，2015年中共中央 国务院印发《生态文明体制改革总体方案》，要求以八项核心制度构建产权清晰、多元参与、激励约束并重、系统完整的生态文明制度体系，来推进生态文明领域国家治理体系和治理能力的现代化，其中第三项核心制度即明确提出构建空间规划体系。基于生态文明体制改革，中央层面对建立国家空间规划体系提出了四方面的总体要求：一是把生态文明放在突出位置，实现国土空间格局的优化。二是把规划放在治理体系的过程当中，空间治理体系由空间规划、用途管制、差异化绩效考核等构成。三是通过规划立法、部门整合，实现国家治理体系的现代化，这也是国家治理能力现代化的突出表现。而在规划体系建立上，要整合目前各部门分头编制的各类空间性规划，编制统一的空间规划，实现全国统一、相互衔接、分级管理的规划全覆盖，国家、省、市三级一个标准。四是在国土空间开发保护上，健全国土空间用途管制制度，将开发强度指标分解到各县级行政区，作为约束性指标，控制建设用地总量，将用途管制扩大到所有自然生态空间，划定并严守生态红线，防止不合理开发建设活动对生态红线的破坏。

1.3.2 省级“空间规划”试点的探索

在2014年市县“多规合一”试点的基础上，中央进一步推进了省级“多规合一”的改革试点工作。以海南省为例，为编制《海南省总体规划（空间类2015—2030）》，通过省与市县联动，认真核对了几十万个土地利用规划与城乡规划之间的用地图斑差异，形成了全省统一的现状数据;并通过机构整合与地方立法,初步建立了“多规合一”改革法律体系,来保障规划的实施。该规划编制在深入开展资源环境承载能力等基础评价和专题研究的基础上,从战略、空间、实施管控三个层面搭建框架,形成以战略规划为引领,以空间规划为主体,以实施管控为支撑的内容体系①。具体内容包括:

(1) 以主体功能区规划为基础统筹协调各类空间性规划,并与国民经济和社会发展“十三五”规划充分衔接。重点协调主体功能区规划、生态保护红线规划、城镇体系规划、土地利用总体规划、林地保护利用规划、海洋功能区划等空间规划,并落实到一张蓝图。

(2) 划定生态空间、农业空间、开发空间和生态保护红线、永久基本农田、城镇开发边界“三区三线”,优化空间布局。把保护生态环境、有效配置资源、完善基础设施和公共服务设施、节约集约用地等作为规划的重点。

(3) 构建统一信息平台,为空间管控提供技术支撑。建立海南省“多规合一”信息管理平台,把《海南省总体规划》统一接入发改、农业、国土、住建、交通、海洋、水务、林业、环保等部门和各市县的业务管理信息系统,实现空间总体规划信息数据资源的集中管理。

2017 年,中央提升了试点层级,更全面地部署了省级“空间规划”试点。根据 2017 年中共中央办公厅、国务院办公厅《省级空间规划试点方案》通知,开展试点规划的主要任务是“以主体功能区规划为基础,全面摸清并分析国土空间本底条件,划定城镇、农业、生态空间以及生态保护红线、永久基本农田、城镇开发边界,注重开发强度管控和主要控制线落地,统筹各类空间性规划,编制统一的省级空间规划,为实现‘多规合一’、建立健全国土空间开发保护制度积累经验、提供示范”;试点目标是形成“四个一”,即一套规划成果、一套技术规程、一个信息平台、一套改革建议;试点范围是海南、宁夏、吉林、浙江、福建、江西、河南、广西、贵州 9 个省(自治区)。因此,在省级层面的改革核心,是要将原有的省一级的主要空间类规划,包括主体功能区规划、省域城镇体系规划、土地利用总体规划、海洋功能区划等作为一个整体进行统筹、整合,形成一张蓝图,并且构建统一的信息平台。

1.3.3 国土空间规划体系改革

1) 机构职能改革

多年来的探索和试点建设表明,在我国的现实条件下,仅是在空间性规划编制技术上做探索,而忽视更深层次的空间资源配置中的部门规划和管理协调问题,往往难以实现预期目标。2018 年党的十九届三中全会通过《深化党和国家机构改革方案》,经由部委机构

---

① 张兵,胡耀文.探索科学的空间规划:基于海南省总体规划和“多规合一”实践的思考[J].规划师,2017(02):19-23.

改革将与自然资源保护和利用相关的空间性规划和管理工作职责集中于新组建的自然资源部，希冀可以有效化解以往因体制机制而产生的矛盾。整合后的自然资源部承担规划管控、资源调查、确权登记三大职能，具体包括对自然资源开发利用和保护进行监管，建立空间规划体系并监督实施，履行全民所有各类自然资源资产所有者职责，统一调查和确权登记，建立自然资源有偿使用制度，负责测绘和地质勘查行业管理。因此，机构改革确立了从国土资源管理、城乡规划管理向自然资源管理的转变，注重全域、全要素自然资源保护和利用以及全过程管理的顶层架构，这一职能是国家对于机构改革要求的充分体现（图 1-5）。

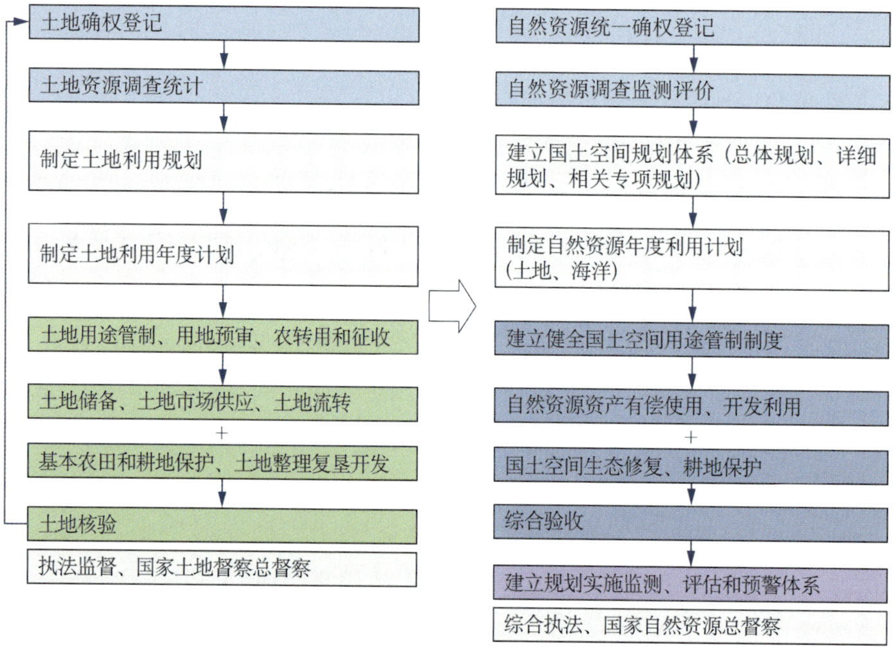

图 1-5　自然资源管理系统的转变

来源：作者根据《自然资源部职能配置、内设机构和人员编制规定》相关内容绘制

针对国土空间板块，明确设立两大核心机构来负责国土空间规划与用途管制工作，一是国土空间规划局，拟订国土空间规划相关政策，承担建立空间规划体系工作并监督实施；组织编制全国国土空间规划和相关专项规划并监督实施；承担报国务院审批的地方国土空间规划的审核、报批工作，指导和审核涉及国土空间开发利用的国家重大专项规划；开展国土空间开发适宜性评价，建立国土空间规划实施监测、评估和预警体系。二是国土空间用途管制司，拟订国土空间用途管制制度规范和技术标准；提出土地、海洋年度利用计划并组织实施；组织拟订耕地、林地、草地、湿地、海域、海岛等国土空间用途转用政策，指导建设项目用地预审工作；承担报国务院审批的各类土地用途转用的审核、报批工作；拟订开展城乡规划管理等用途管制政策并监督实施（图 1-6）。

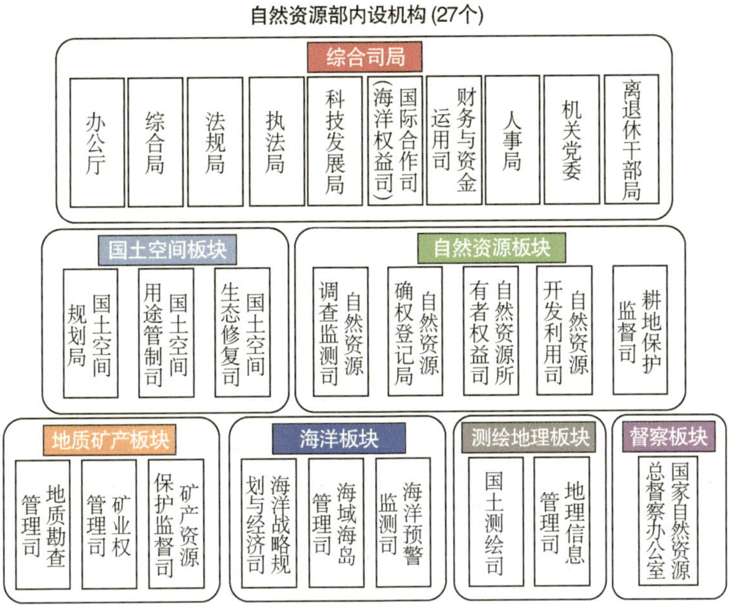

图 1-6 自然资源部内设机构

来源：作者根据《自然资源部职能配置、内设机构和人员编制规定》相关内容绘制

2）国土空间规划体系建构

在机构改革基础上，2018 年中共中央 国务院发布《关于统一规划体系更好发挥国家发展规划战略导向作用的意见》，首先提出了指导性意见，要“理顺国家发展规划和国家级专项规划、区域规划、空间规划的相互关系”，要“建立以国家发展规划为统领，以空间规划为基础，以专项规划、区域规划为支撑，由国家、省、市县各级规划共同组成，定位准确、边界清晰、功能互补、统一衔接的国家规划体系”。2019 年发布《中共中央 国务院关于建立国土空间规划体系并监督实施的若干意见》（以下简称《若干意见》）进一步明确了“建立国土空间规划体系并监督实施”，将国土空间规划作为“国家空间发展的指南、可持续发展的空间蓝图，是各类开发保护建设活动的基本依据”，并制定了 2020 年、2025 年、2035 年分阶段实施国土空间规划体系改革的主要目标。《若干意见》的出台具有极其重大和深远的意义，标志着将主体功能区规划、土地利用规划、城乡规划等空间性规划融合为一体的“国土空间规划体系”整体框架，是一项重要改革成果和具有创新意义的制度建构。2019 年起自然资源部下发《关于全面开展国土空间规划工作的通知》将《若干意见》要求进一步细化落实到具体的工作要求中，并持续推进规划规程、技术指南、技术标准等研究制定工作。

针对规划编制层级，《若干意见》总体明确了包括总体规划、详细规划、专项规划三类，国家、省、市、县、乡镇五级的国土空间规划编制体系，以指导全国国土空间规划工作的展开。全国国土空间规划是对全国国土空间的全局安排，是全国国土空间保护、开发、利用和修复的政策和总纲，体现战略性；省级国土空间规划是对全国国土空间的承接与落实，是全省国土空间保护、开发、利用和修复的总纲，指导市县国土空间规划编制，侧重协调性；市（县、乡镇）国土空间规划是对上级规划要求的细化落实和具体安排，突出地方特色，可因地制宜，将市县与乡镇国土空间规划合并编制，侧重实施性。在这几年的实践操作中，各地也尝试结合针对性的规划编制需求，因地制宜优化规划体系。

此外，需要认识到改革的系统性要求，即国土空间规划体系的建立是全方位的体系建设，由“五级三类”的编制审批体系、实施监督体系、法规政策体系、技术标准体系的四大体系共同构建起完整的国土空间规划体系（图 1-7）。

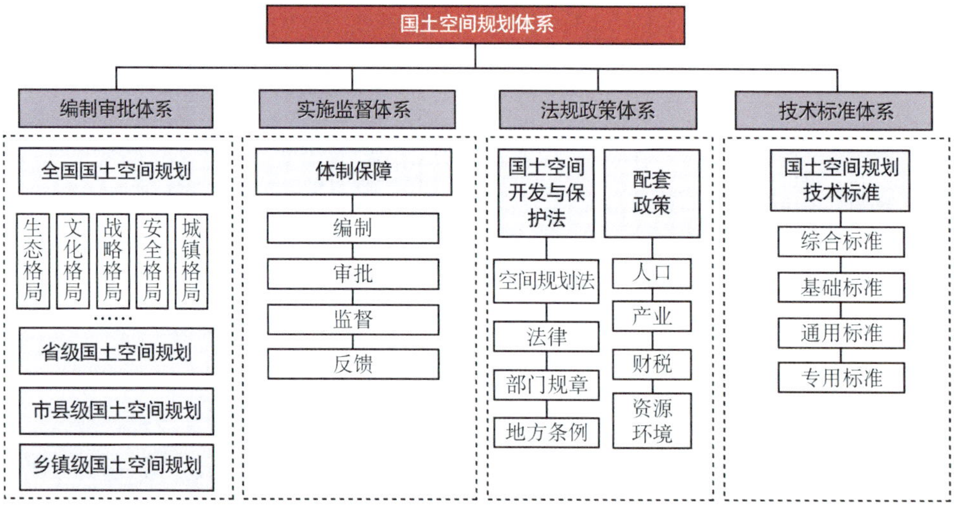

图 1-7 国土空间规划体系建设

来源：作者改绘自潘海霞，赵民. 国土空间规划体系构建历程、基本内涵及主要特定[J]. 城乡规划，2019(05)：4-10.

1.4 国土空间总体规划的编制探索

1.4.1 国土空间总体规划的编制特点

相对于全国和省级国土空间规划，市、县国土空间总体规划更应偏重实施性，是对市、县域范围内国土空间开发保护作出的总体安排和综合部署，是制定空间发展政策、开展国土空间资源保护利用修复和实施国土空间规划管理的蓝图，是编制相关专项规划和详细规划的依据。从国际和国内经验看，市县层面的空间规划编制必定会涉及对区域问题和经济社会发展问题的研究。

实际上，市县层面的总体规划在原城市总体规划和原土地利用总体规划（两规）中都经过了较长时间的实践探索，需要对其特点与弊端进行总结，在国土空间规划中充分吸收与融合两规的技术特点，摒弃原有不足之处。就城市总体规划而言，一是强调战略引领，以发展建设为导向的资源空间引导、管控；二是强调综合性和整体性，综合考虑城市政治、经济、社会、文化和环境等多要素，整体谋划城市长远发展；三是强调公共性和包容性。城市总体规划的制定实际上是公共权力对以土地为依托的财产权利关系的调整，公众参与度高。而其在实际执行中所存在的问题包括城市总体规划编制上报后多年未能获批，或是城市总体规划到期，新的规划不能及时出台；规划法定性与刚性管理不强，批准的城市总体规划经常被突破，或是实施了 5—6 年即要修编（尤其是许多地级城市）；有发展空间，但没有建设用地指标，或是实际建设用地超过用地指标；重视城市空间布局结构，但空间用途管制传导性较差；重视建设用地规划，但忽视非建设用地规划等。

过去的土地利用总体规划的特点是强调刚性管控，强调用地指标的目标控制，自上而下以供定需；土地资源采用“指标 + 边界”的全域用途管控方式，就指标的控制与落实而言简单有效，法律约束力强。但其问题在于对城市发展的现实情况考虑不是很透彻，对城市发展的战略引领作用弱，缺少对城市内部具体功能的空间安排等。

因此，从空间规划的改革要求出发，国土空间总体规划要从各自为战，走向综合、全要素的重实施的国土空间治理。面向复杂的空间治理任务，国土空间总体规划不应只是划定“三区三线”，要将城乡规划和土地利用规划“有用、好用、管用”的内容都纳入国土空间规划，延续和进一步发挥原本的“战略引领”和“底线管控”作用①，实现规划、建设、管理的一体化，指导城市空间优质和高质量发展。

1.4.2 国土空间总体规划的技术路线探讨

以“生态文明”为指引，坚持规划的目标引领作用，从约束导向和问题导向两个维度，支撑国土空间规划编制，以专题研究的形式落实约束导向和问题导向。结合对市县国土空间总体规划的特征认识与实践工作探索，总结 6 个环节的国土空间总体规划编制技术路线（图 1-8）。

（1）循导向。目标导向、约束导向和问题导向是国土空间规划的三大导向，贯穿规划始终。目标导向强调高质量发展，不是只保护不发展，更不是只发展不保护，要清晰规划的战略定位、发展目标和指标体系；约束导向强调以生态文明为基础，强化底线安全，摸清环境资源承载力、空间开发适宜性与国土空间的各项底线；问题导向要把握空间发展与经济社会发展的核心矛盾，包括经济结构、产业空间质量、区域平衡、生态环境等问题，着力以空间规划引导全域生产力布局。三大导向下的空间规划，是经济社会发展的空间支撑。

---

① 董珂，张菁. 城市总体规划的改革目标与路径[J]. 城市规划学刊，2018(01)：50-57.

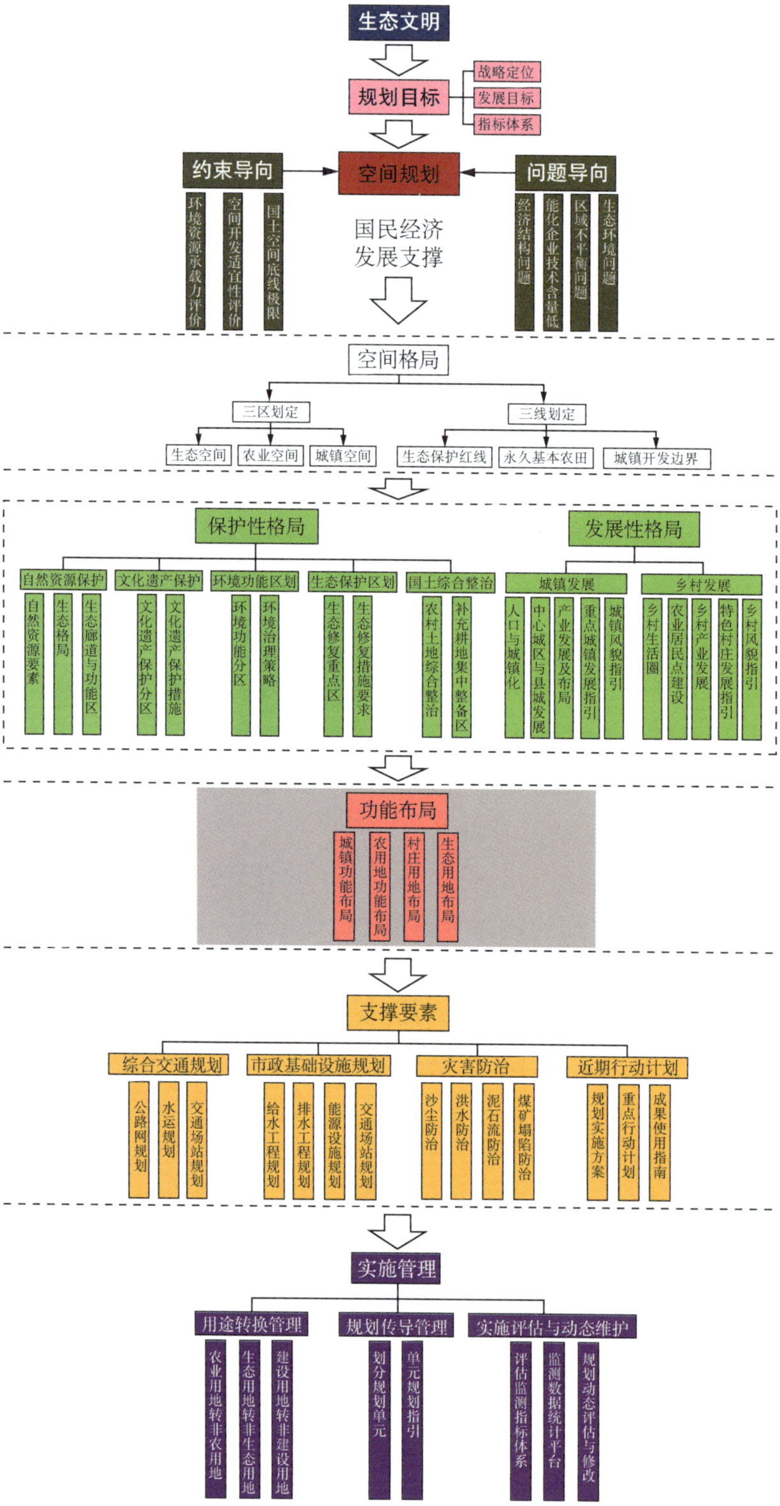

图 1-8 市县国土空间总体规划的技术路线图
来源：作者自绘

(2) 定格局。在三大导向下，明确全域的总体空间格局，确立生态、农业、城镇三大空间之间的关系，统筹划定生态保护红线、永久基本农田保护线、城镇开发边界线，确立全域空间在目标与约束条件下的开发与保护的总体格局。

(3) 明布局。在空间格局基础上，进一步提出保护性布局和发展性布局，也是约束导向和问题导向的进一步延伸。保护性布局主要包括自然资源保护布局、文化遗产保护布局、环境功能区划、生态保护区划和国土综合整治计划；发展性布局明确城镇发展与乡村发展两个方面，针对城镇确立城镇发展目标、功能布局、城镇化水平、产业发展及布局，针对乡村提出乡村发展和布局、特色村庄发展指引、乡村风貌等。

(4) 细功能。功能布局是对保护性布局和发展性布局的具体化延伸，是对市域全要素的具体空间安排。功能布局作为空间规划的总图，以功能版块布局为主，从城镇功能布局、农用地功能布局、村庄用地布局和生态用地布局四个方面，进一步落实保护性布局和发展性布局的规划要求。

(5) 保支撑。支撑性要素布局是为了保证功能布局顺利实施的物质要素和行动安排。主要包括综合交通规划要素、市政基础设施要素和具有地方特点的灾害防治措施，以及近期行动计划。

(6) 落管理。将国土空间规划的内容最终落实到实施管理层面，包括用途转换管理、规划传导管理和实施评估与动态维护。用途转换管理包括农业用地转非农用地管理、生态用地转非生态用地管理和建设用地转非建设用地管理；规划传导管理主要包括规划单元划分和单元规划指引；实施评估与动态维护包括评估监测指标体系、监测数据统计平台和规划动态评估与修改。

1.5 若干思考

1.5.1 国土空间规划改革的前瞻

空间是行政、市场、社会等一切行为的载体，空间治理是通过对国土空间要素进行控制和引导的一系列制度安排，直接或者间接地影响政府治理、市场治理和社会治理的结构和过程，使之全方位地体现出国家在优化国土空间开发格局、促进经济社会可持续发展的战略意图和价值取向。推进空间规划改革是更好地服务未来我国城镇化转型发展的需要，也是实现更高水平、更现代化的空间治理的需要。针对未来国土空间规划改革的方向，提出如下三点思考。

第一，如何建构具有中国特色的国土空间规划体系，以及充分发挥国土空间规划在经济社会发展和城镇化建设中的作用，还需要做好顶层设计和建构起科学的技术平台，并合理划分各个相关管理领域及其主管机构的事权边界。

第二，就国土空间规划工作而言，首先是要基于自然资源的本底环境，因而必须要处理好自然资源与空间资源的开发与保护的关系。同时，城市和乡镇是一种人工环境，对空间资源的配置要从单纯的数量维度转向数量与质量相结合的多元维度，体现多维特征。国土空间规划工作既要致力于对具有自然资源属性的空间资源进行合理配置，也要秉持公平与效率的原则，对经济社会发展的空间秩序和利益分配加以管控和调节。

第三，对于未来的国土空间规划管理，既涉及“国土空间用途管制”，也包括“建设工程规划管理”。针对2015年中央城市工作会议中提到的“五统筹”之一的“规划、建设、管理统筹”，需要进一步去思考规划、建设、管理三大环节统筹的路径与实施平台，进而提高城市工作的系统性。从目前的实践来看，国土空间规划工作与城镇建设管理工作之间的关系还没有完全理顺，如何“统筹规划、建设、管理三大环节，提高城市工作的系统性”，还需要划分好事权、理顺体制和机制。

1.5.2 学科交叉支持国土空间规划体系建设

国土空间规划是一项基于生态文明体制改革而形成的一个全新规划，不是简单的城乡规划与土地利用规划的相加。这就要求高等教育部门积极呼应国土空间规划体系改革，发挥多学科的合力，助推国土空间规划体系的建设。

2011年之前，“城乡规划”是建筑学一级学科下的二级学科，2011年建筑学一级学科分为了建筑学、城乡规划和风景园林三个一级学科。“土地利用规划”所对应的学科是“土地管理”，是一个二级学科，它的一级学科是“公共管理”。也就是说，这两项规划分属于两个不同的一级学科，一个是城乡规划学，一个是公共管理学。

学科是相对独立的知识体系。首先，“独立”意味着不可替代性，意思是某个具体的学科不可被其他学科所替代。其次，“知识体系”不等于“业务体系”，它是依据一定的理论组织起来的。因此，可以说，学科划分遵循的是知识体系自身的逻辑。从这个意义上讲，城乡规划学和土地管理学不能简单地合并成一个学科。这也是为什么在《若干意见》中要提“国土空间规划相关学科建设”而不是简单地提“国土空间规划学科建设”。那么，在建立国土空间规划体系的目标下，从学科建设的角度，需要认真思考如何建设相关学科来支持国土空间规划体系和国土空间规划业务体系的建立，即国土空间规划的编制审批体系、实施监督体系、法规政策体系、技术标准体系等四大体系。

实际上，习近平总书记早就指明了方向。习近平总书记2018年5月2日在北京大学的座谈会上就讲到：“要下大气力组建交叉学科群和强有力的科技攻关团队，加强学科之间协同创新，加强对原创性、系统性、引领性研究的支持。”在2020年10月16日中央政治局学习中，习近平总书记也提到要“加强多学科交叉融合和多技术领域集成创新”。由多规合一而来的国土空间规划具有巨型复杂系统的特征，其复杂性超出了单一学科而具有多学科性。实践也证明,无论是城乡规划学,还是土地管理学,单一学科的知识、方法、工具等已不足以破解国土空间规划这一命题,需要多学科的知识合力来解决问题。从某种程度上讲,学科交叉能够打破原有的学科藩篱,还原科学的整体性,是对完整学问的回归,是对人为割裂了的知识体系的整合。

因此,国土空间规划需要的学科体系支撑应是综合的、系统的。国土空间规划相关学科包括了城乡规划学、土地管理学等,其知识体系应当具有开放性、综合性特征,通过多学科的交叉融合,不断促进规划学科应对经济社会变革的能力。在国土空间规划实践中通过相互支持、相互学习来促进专业知识的融合,解决国家空间治理现代化和生态文明建设中的新课题。

2 新时代国土空间规划理论体系

吴志强*

2.1 什么是空间规划

2.1.1 规划使人类活动区别于动物本能

人类能够在动物界中脱颖而出，不是因为其动物本能的强大，而是因为智力水平。"智人"(homo sapiens)之所以超越动物本能，是因为具有了谋划共同愿景、在共同目标下创造复杂工具、发现规律技术、展开语言沟通交流及大规模集体协同行动的能力。其中包含了三个关键能力：

(1) 具有想象愿景的能力。可通过协商想象，制定出一个共同认同的、尚未现实存在的愿景目标 (visioning)。

(2) 具有为实现目标设置路径的能力。对大规模个体进行系统分工，分头分段推进计划 (approaching)。

(3) 具有语言沟通、协同调整的能力。在实施愿景的过程中，对于没有发生的场景进行过程沟通，不断优化目标，优化途径，优化分工，直到愿景的实现，甚至实现超出原愿景的目标(coordinating)。

这三项能力是人类区别于其他动物的本质能力，也是规划的三大核心要素：目标愿景、实施路径、沟通协调。因此，只要理解人类与动物能力的本质区别，就可以理解人类为什么一定会产生规划。反过来说，任何违背规划三大要素的都是动物性的能力和直觉。

空间比土地的含义更多，也更复杂。土地是人类生存的根本基础，也是动植物的生存基础。人类在现代文明之前，几乎所有的生存、生活和生产活动都在土地上发生。因此，人类在现代文明之前，各民族之间的竞争几乎都可以理解为对生存土地及土地之上的生产、生活资料的竞争。直到马克思主义诞生之前，西方对于财富的认识，一般也认为：土地是财富之母，劳动是财富之父。马克思主义诞生以后，把资本主义产生财富的依托要素，扩展至除土地、劳动之外，还有资本等其他要素。

---

* 吴志强，同济大学建筑与城市规划学院名誉院长、教授，中国工程院院士，中国城市规划学会监事长，《城市规划学刊》主编。邮箱：wus@tongji.edu.cn。

今天，随着世界财富的不断创造，土地已经扩展为空间，劳动已经提升为智力劳动，资本已经扩展到更广泛的金融领域，信息、科技和组织管理模式都成为某一特定空间的财富创造要素。

2.1.2 城市是文明社会的标志物

人类约在8 000年前进入了文明社会，同时也有了城市。也就是说，城市是文明社会的标志物，是人类文明的载体。只有拥有城市，才算有了人类文明。

以上可以从公民(civil)和城市(city)两个词的同源得到印证，拉丁词civic就是城市和市民的意思。从这个意义上来说，英语中的civilization可以翻译为文明化过程，也可以更加直白地翻译为城市化和市民化过程，城市空间是文明的载体。中国人对“文明”的理解是从文字带来的开明开始，并不是从城市化和市民化的理解开始。中国人去寻找自己的文明史的时候，一定是找最早的文字起源，作为文明开始的依据。

鉴于以上对文明的不同认识，联合国教科文组织(United Nations Educational, Scientific and Cultural Organization，简称UNESCO)一般认为文明有三个方面共同特征：是否有城市建设；是否有文字记载；是否有治理架构。联合国为了尊重各个文明之间的差异，加强联合国框架内各文明的互动交流与合作融合，还专门成立了联合国文明联盟(United Nations Alliance of Civilizations，简称UNAOC)。

中华文明是一个多元一体的文明，自良渚文化就有城市建设的遗迹，而甲骨文是中华文明的重要依据，三星堆出土的文物见证了早期的社会统治阶级及其统治制度，这也体现了中华古代文明中的治理体系。

2.1.3 空间区别于土地

空间之所以比土地复杂，可以从以下三个方面来认识：

(1) 从空间维度上，空间有地下、地面、地上、空中的深度和高度。

(2) 从生产维度上，除了包含第一产业之外，更重要的是第二产业和第三产业，甚至更高维度的生产组织和生产关系。

(3) 从构成要素维度上，除了自然物质和人造物质空间外，还有社会空间，以及正在诞生的数字智能空间的多要素空间复合。

因此，我们现在一般称空间是复合的，空间进入了三度空间：物质空间、社会空间和数字空间。而三度空间在某个时段中又是一体化运行推进的，这也说明人类文明正进入更高的维度，空间的规划也变得更加多维、更加系统、更加复合，要求更高的文明来规划和治理。

通常在做农业、畜牧业和采矿业的规划时，尽量用“土地规划”。在做城市和社会、经济的发展规划时，尽量用“空间规划”。“空间规划”应该包含“土地规划”，“土地规划”应该是“空间规划”的重要基础支撑。

空间规划是文明的产物，不同的文明阶段也对应了不同的空间规划。进入工业文明后，随着城市空间的立体化和城市财富要素的高速流动，大城市的规划成为一种职业，也是现代空间规划的起源。现代空间规划从大城市区域的空间规划，逐步发展到中小城市的规划，并延续到农业地区的规划，使得空间规划包含了城市和乡村地区人类居住空间的整体规划。

随着1970年代环境问题在西方国家日益突出，空间规划中逐步导入了环境影响规划。1980年代，社会问题日益尖锐，也使社会发展规划被逐步纳入空间规划之中。1990年代，空间规划已变得更加系统和整体，流域规划、区域规划、海岸线规划等都被纳入空间规划体系之中。而1990年代的全球化又促使空间规划在组织全球生产中发挥作用，逐渐扩展到跨国、跨洲的城镇群之间的关系、信息及物质的交流。

2.1.4 现代国家空间规划的源起

现代国家的空间规划，首先在现代大城市诞生。工业革命引起的空间问题，首先在大城市爆发。这些大城市问题的直接表象与人口集聚、空间密度的大规模提升直接相关。由工业大规模生产造成的大城市问题主要表现在：城市疫情频繁、城市火灾频发、阶级空间分异、团伙犯罪加剧、工业污染集聚等。

对于这些问题原因的追溯直接影响了空间上的处理：限制规模膨胀，设定膨胀空间边界；控制城区密度，设置城市密度和高度的管控；开辟城市大道，形成市中心区域防火分隔廊道；建设排污管道，建成城区现代排污系统网络；制定街坊和街面治安法律，预防大城市集团犯罪和群体事件。

由此，大城市的空间规划形成了五个基本目标：

(1) 安全。防止传染病传播，防止火灾蔓延。

(2) 卫生。污水统一排入地下管道，进行包括雨水系统等大规模市政建设。

(3) 美观。形成大城市沿街立面道路和节点广场的城市设计。

(4) 管理。形成以街坊为单元的对高度、密度、形态以及对社会犯罪团伙的管控。

(5) 经济。在上述大城市空间规划实施过程中，同时考虑如何控制建设成本。

从城市人口集聚与膨胀到伦敦、巴黎城市无产者的群居；从资本家对城市中工业用地的贪婪扩张到英国王室、德国皇室对市民生活空间品质的保障要求；从城市无产者的抢劫暴乱到各城镇警察部队的建立与强行管制；从城镇持续几十年的霍乱肆虐到粪便无序排出造成的城市中心的恶臭；从回到维多利亚时代的复辟梦想到无产阶级革命理论指导下的各党派组织的城市斗争……现代工业文明在欧洲第一批大城市中不仅困惑着城市的无产者、市民，也困扰着资本家和皇室。问题已经爆发，表象到处存在，是从技术上处理，还是从管理上处理？是从理想社会出发，还是逃避大城市？

空间规划就是在这样的背景下，在大城市诞生的。空间规划是在社会理想的指导下，在大城市空间问题集聚爆发、亟待处理的情况下，在城市不同阶级共同呼吁和推动下诞生的。从广义上说，工业革命之前，在封建社会甚至在部落空间都是有空间规划的，但本文所讨论的专指现代空间规划体系。

欧洲发达工业国家的空间规划，基本以国家的现代化为带动，在这些国家的城市化率达到60%左右时开始出现，覆盖整个国家的空间总体规划。较为典型的有德国、英国、法国、卢森堡、比利时的空间总体规划。这些覆盖全国的空间规划，我们一般称为国家空间规划（National Planning），这不仅仅是在国家层面完成空间布局和安排，还包括了各省、州、市、乡、镇、村等不同层面的空间规划；从专业角度，包含了国家自然资源保护规划、区域与河流流域防洪安全保护防灾规划、国家交通主干线网络规划、国家经济布局和产业布局、大型基础设施（如机场、水库、公路、航运、电站等）区域布局，以及人口的分布、社会的发展、教育和医疗设施的区域布局等，几乎涵盖了一个国家的生态、生产和生活的各个方面在空间上的整体战略和布局，成为世界上国土空间规划的经典版本。这些国家空间规划在国家层面基本以抽象的国家战略和大纲开始，到下一层面有更为详细的空间落实安排，到重要节点有细致的空间设计，与之配套的是一整套空间治理制度和空间保护、发展和使用的审批制度。

在1990年后，随着欧盟一体化的推进，欧洲出现了大量跨越国境的跨国规划（Transnational Planning），这也是国土空间规划的一个新的阶段。

2.1.5 国土空间规划的主体与客体

国土空间规划需要主客体同时合一。

第一部分是客体合一。长期以来，我国国土空间中的三大空间（城镇空间、农业空间、生态空间）没有合一，各类规划之间存在矛盾与冲突。2018年，中华人民共和国自然资源部成立，负责建立空间规划体系并监督实施，这一举措适应了我国空间规划多规合一的客观需求，对各专项规划起到指导统筹作用。国土空间规划的“多规合一”不是几类空间以不同章节形式合并的统一，需要在其“形合”基础上，追求多规的“神合”，除了形成空间规划同一文本外，还需要将三大空间各自规划的理论、标准和方法进一步融合。

第二部分是主体融合。这三个空间的规划，其根本原则和原理都没有完成统一，生态空间强调生态绝对的重要性，而没有提及社会发展、历史文化和人民需求；农业空间的重点更多在农民的收入、农村的特色、地方的经济；城镇空间发展更多是综合协调，追求历史与未来的和谐、人和自然的和谐，是复合关系。所以虽然在谈三个空间，但主体价值观的统一是未来客体统一的思想前提。所有空间都需要共同遵守国土空间规划的价值观体系。

2.2 城市的区域与代际

2.2.1 区域发展

城市的发展不是孤立的，尤其是把城市看作文明的标志物的时候，我们会在更大的区域中来观察它的作用。

一个文明的发展既要依托中心城市，也要在一个区域生成的文明空间内进行辐射。文明既依托了城市，在城市中创造和创新，也在城市中进行跨城市的文明基因交往和交流，这正是城市区别于农村地区相对同质的文化基因。也就是说，城市中更密集的空间中聚集了不同文化背景的人。因此，城市更容易孕育创新并促进技术进步。我们可以看到，城市在文明的不断交往中产生新理念、新文化、新技术、新经济和新体制。

城市不仅仅是不断创造文明的核心动力空间，更是文明成果的保存和保护中心。通过治理制度和财富保障，城市保存了文明的精神和物质的创造成果，包括博物馆、剧院、广场、体育场馆以及其他精神活动场所和知识传递场所，如孔庙、书院和大学。

城市在一个文明中除了创新功能、交往功能、保存保护功能外，还有辐射功能。文明的辐射经常在城市和城市之间、城市和农村之间发生，不断进行点到点、点到面的文明辐射。

对一个文明的认同，是在一个区域里进行划分的，因此，城市作为文明的中心点，一定会和它所在的区域构成一个整体。作为文明的特征，同时也是文明所在区域的自然要素的反映，一个文明所在区域的自然条件（如海洋、高原、丘陵、河网、经纬度等）对文明的特征产生了长期的深刻影响。因此，假如把空间看作是文明的载体，一个区域的空间规划更是一个文明生存发展的空间条件的规划，它既对所处的区域自然环境进行主动的适应，又与所处环境进行智慧的互动。

2.2.2 城市代际

城市可以按照文明发展阶段进行代际划分。

一般把现代工业文明之前的城市统称为前工业城市，前工业城市按照其对文明的特殊功能，可以划分为：交易中心城市、统治中心城市、精神中心城市、防御中心城市。

现代工业文明后，城市产生了大规模生产，我们把这类城市称为工业城市。西方国家一般把 1970 年代作为工业文明走向后现代文明的时间标志，中国城市也在改革开放后真正进入了大规模工业化发展阶段。依托各地大量的前工业城市进行文明的升级，进入现代文明和工业文明，也诞生了一批新型的工业新城，在一些大城市现有的城市边缘出现的新区，是这些工业文明的特殊形态，可称为新区、开发区、高新区。

从世界范围来看，工业文明会引发科技文明、生态文明、智慧文明。这既是工业文明引起的更高文明，也是维持和维护工业文明可持续发展的需求。从整个国家的文明进程来看，我国的城市正处在不同的文明发展阶段，一部分城市还处在前工业文明，大量城市正处于工业文明导入阶段，而一部分城市在经历了40年的工业文明导入后，正在跨入科技文明、生态文明和智慧文明的新一代文明。

根据不同城市文明的发展阶段，可以划分不同的城市代际。总结以上，可以把城市的代际划分为：前工业城市，工业城市，后工业的智慧、创新和生态文明城市。

2.3 城市的生命理论

城市是个生命体，城市发展可以分为8个生命阶段，分别是：孕育期、幼儿期、少年期、青年期、壮年期、老年期、衰败期、再生期。

我在城市的生命理论形成过程中，曾经在1980年代末期留德攻读博士期间受到过汤普森教授（R. Thompson）的城市输出模型（Export Model）五个阶段划分和索伯格教授（Sorberg）的三阶段划分的思想影响。

2.3.1 阶段一：孕育期

孕育期的城市主要指现代城市诞生之前的传统封建城市，城市只有四大功能：统治功能、精神功能、交易功能和军事功能。没有物质产品的输出，只有交易和交往。孕育期的城市集中了周边地区的消费，规模未必小（图2-1—图2-3）。

图2-1　1949年前的北京
来源：https://www.163.com/dy/article/GJCDCGSB0552A5FC.html

图 2-2　古长安
来源：https://m.sohu.com/a/358623037_100238527/? pvid=000115_3w_a

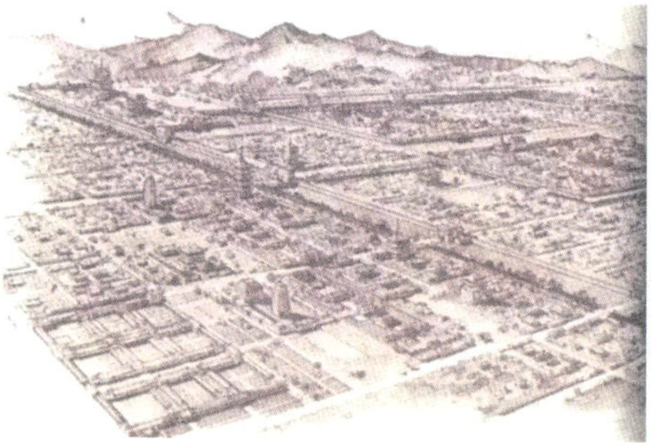

图 2-3　北魏洛阳城复原图
来源：https://www.sohu.com/a/153267691_99904236

孕育期的城市易患城市病：

(1) 城市缺少现代意识与创新意识。

(2) 追求奢华，故步自封。

(3) 以历史的骄傲抵抗创新的需求。

(4) 城市缺乏现代创新带动的产业。

2.3.2　阶段二：幼儿期

幼儿期的城市中，往往一个工厂或一个企业能够决定城市发展的经济命脉，如以重工业为核心产业时期的四川攀枝花、河南新乡。

幼儿期的城市易患城市病：

(1) 以具有一种城市特色的产品为骄傲。

(2) 核心技术来源、外部资本和市场都掌握在外部。

(3) 一旦整个城市的支柱企业发生坍塌，经济和就业问题爆发，城市重新回到农业社会的消费城市。

2.3.3 阶段三：少年期

少年期城市经济由多家企业构成，各企业在历史上有继承关系，城市产业占有本地市场。城市经济从单一企业发育到由不同企业构成的、有上下代际关系的城市产业。

少年期城市易患城市病：

（1）现代产业带来就业功能，但农业社会也在城市工业区内掺杂。

（2）城市发展战略缺乏明确的路线。

（3）城市面貌混杂，城市环境出现点状污染集聚。

2.3.4 阶段四：青年期

青年期城市经济已经成熟，城市支柱产业具有研发和创新能力，具有独立的生命延续能力，产品代际不断更新。

以本市主流产品为基础，形成产品研发创新中心，通过创新带动青年人才资本和新兴产业的集聚。而以当地市场为目标的新兴工业产业将带来更大规模的工业和更多的就业岗位，从而带动当地市场的规模，城市的基础工业不断得到技术提升（图 2-4）。

图 2-4 深圳城中村

来源：https://www.sohu.com/picture/202297247? request_id=1639067097175_202297247

青年期城市易患城市病：

（1）城市缺少细化到城市社区层面的城市管理体系。

（2）城市安全尤其是社区安全受到重大挑战。

2.3.5 阶段五:壮年期

壮年期城市进入领地不断滚动扩张的状态,有三个突出的特征:原有和新兴工业的市场不断向外围地区扩展;城市输出产品多元化;城市的资本和工业带来新的引力。

壮年期城市易患城市病:

(1) 城市在不断卷入新的资本时高度集聚。

(2) 要素不断增多,出现多元混居、文化冲突。

(3) 新型产业区和老城的距离过远造成单摆交通。

(4) 城市在不断长大、长高、长密的同时,对自我管理、自组织能力和未来新生命力失去了长远的谋划。

2.3.6 阶段六:老年期

老年期城市的专业技术生产和服务已在国家或国际上取得垄断地位,然而原有功能逐渐被其他城市争夺去,新功能却尚未注入。1980 年代的世界级城市,如纽约、伦敦、上海正是处于这个阶段的城市。

老年期城市易患城市病:

(1) 城市往往以历史的辉煌为骄傲,地下的基础设施在日益衰败,甚至出现局部基础设施衰竭的现象。

(2) 城市的集中奢华与斑块式的衰弱之间的差距日益加大。

2.3.7 阶段七:衰败期

衰败期城市原有功能完全被其他城市取代,无法通过新功能的植入激发创新活力,城市生活、生产空间缺乏活力,无法吸引青年人的聚集、生活、工作和创新,城市人口急剧下降。

衰败期城市易患城市病:

(1) 城市中创业者的生产成本和生活成本急剧上升。

(2) 城市生态环境出现群落性的恶化。

(3) 城市抵抗经济自然社会冲击的能力越发脆弱。

2.3.8 阶段八:再生期

城市一旦注入了新的城市功能,尤其当具有产业革命先导性的技术带动新兴产业、创造性产业发展时，城市在原有城市的基础上诞生新的生命。如美国纽约布鲁克林海军船坞区域更新、上海浦东新区开发、浙江杭州下沙西湖-钱塘江区域开发、北京副中心通州和河北雄安新区开发(图 2-5)。

新生的城市生命需要预防的问题：

(1) 城市的旧空间效率低下。

(2) 新生的城市功能得不到应有的区位场所。

(3) 城市原有的生命基因要得到保护，新生命的成长也必须维护，城市政府、已有企业和城市市民都会进行新旧之间的平衡和站队，任何一面的失衡都会造成城市的动荡。

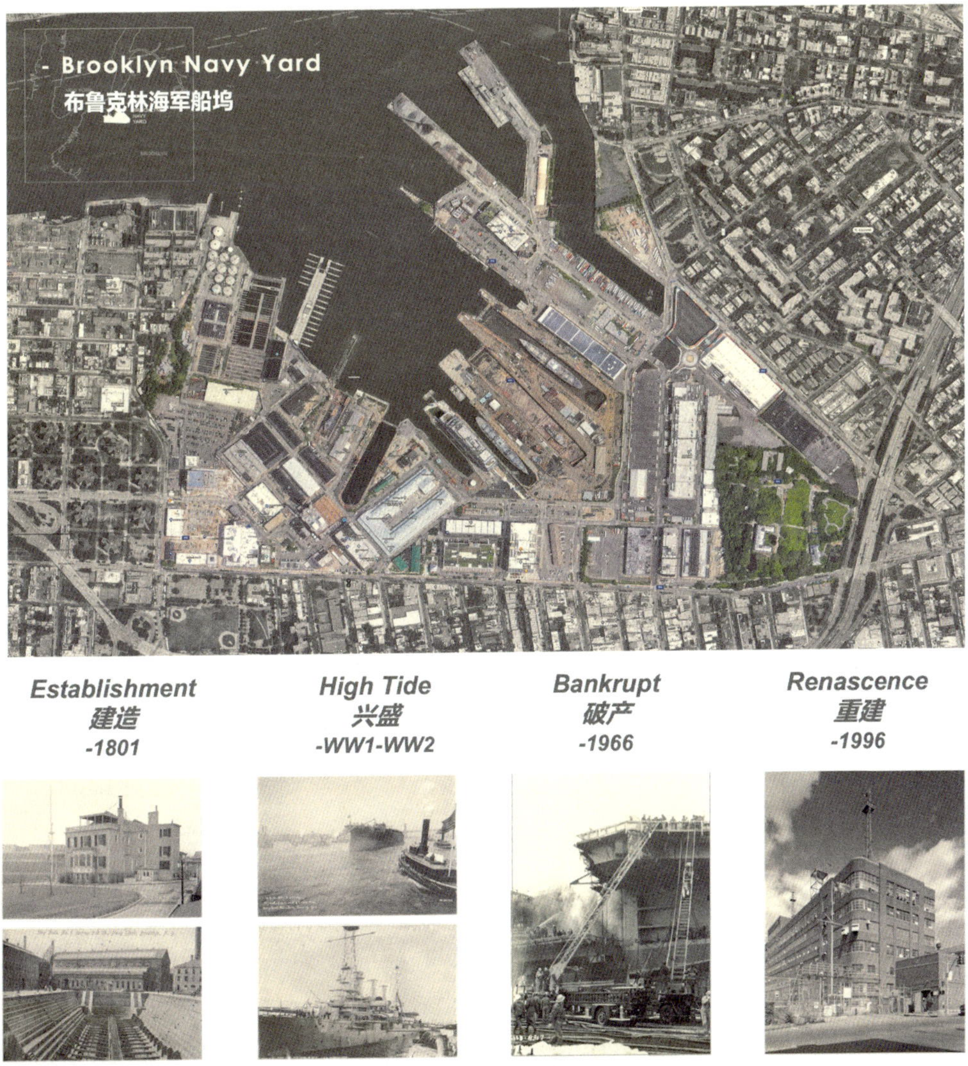

图 2-5 布鲁克林海军船坞演化进程

来源：https://brooklynnavyyard.org/about/history

2.4 城市内系统生态

2.4.1 城市病

空间规划是指对空间内部要素之间的关系及要素与空间外部的关系，在时间上有序运行的总体安排。

随着文明的发展，城市作为一个完整的系统，其要素逐步增多，相互之间的关系越来越复杂，但是基本原则不变：系统内各个要素不可以单个独大，影响其他要素的发育，最终造成作为文明整体的城市发育过程受损。

几乎所有的城市病都是因为城市中的某一要素被过分夸张和膨胀，而其他要素得不到充分发展而形成的。具体的表现有：

（1）只强调城市的行政统治功能，而没有经济、生产和交易功能，城市陷入长久的寄生，缺乏经济的活力和动力。

（2）只强调生产功能，忽视城市中支撑生产的教育、交通和交往功能，造成城市生产缺乏人才、缺乏优秀的劳动力、缺乏技术的交往交流，使经济只得以短期爆发，一代产品生产热潮过去后，城市经济快速衰弱，引发城市经济的亢进和萎缩。

（3）只强调历史文化的保护，忽视保护历史文化的专业人员，忽视保护文化产业的互动，忽视对经济支撑的长久保障，城市进入一种否定创新、阻碍文明发展的病态。

（4）只强调生活高水准、高福利，忽视并损害城市创新创业者的积极性，如一些发达国家和地区的创新成本过高，使得创新创业青年的积极性受到挫伤，离开这些城市迁至创新创业环境更好的城市去，造成城市高福利光鲜下的不可持续。

（5）只强调地面上的空间形象，忽视城市地下基础设施的更新迭代，城市的物质流动和能量流动能力老化，造成城市的防洪防涝能力、供水供气能力受损，甚至出现安全灾难隐患。

2.4.2 城市十大系统

从城市的功能进行剖析，城市的要素分为以下十大系统：

（1）生态系统。包括土地、水流、能源、动植物等。

（2）居住系统。包括房屋、宅前院落等。

（3）生活系统。包括商业、服务、教育、医疗、娱乐、交往、养老等。

（4）生产系统。包括原料、能源、生产采集、运输、生产加工、销售、储存、物流、供应等。

（5）创新系统。包括科创、设计、产品展示、交往交易等。

（6）文化系统。包括演出场馆、图书馆、博物馆、文化馆、少年宫、画室、会议中心、展览展示中心等。

（7）安全系统。包括警卫系统、驻军系统、道路安全系统、消防系统等。

（8）市政系统。包括桥梁、轨道交通、供气供暖基础设施等。

（9）管理系统。包括住区街道管理等。

（10）数字智慧系统。包括数字中心、感知、计算、判断、连接、学习等。

2.5 城市各个要素之间的空间关系

城市十大系统的要素在城市空间中都有特定的空间需求，城市的每一个功能都需要空间来承载。且与其他功能之间具有以下四种关系：相融关系、相伴关系、相避关系、相害关系。城市中的要素之间相互联结，不存在没有空间关系的情况，只是有直接关系和间接关系之分。

2.5.1 城市各要素间的直接与间接互动关系

一般能够观察到的是直接互动关系，如生产区与科研中心存在相融关系；居住区与学校和幼儿园存在相伴关系；污染工业区与居住区存在相避关系；而危险品存储区与市中心存在相害关系。

对于间接互动关系，需要城市学的系统研究才能发现两个功能之间通过多要素的连接发生的多环影响关系。如何同时处理大量的要素关系，是人类不断探索城市的永恒命题。

2.5.2 空间要素的数量增长与需求增长

城市要素在数量增长的同时，所有要素之间的空间关系也形成了诸多动力学模型，如果把各个要素之间的关联关系进行梳理并进行表达，城市运行系统中的互相影响的空间关系会变得无穷复杂。要素之间的复杂关系，使城市动力学模型成为复杂科学中的攻关难题。

城市空间的规划是人类对于城市中不同要素的关系不断补充的过程，这一过程使城市发展所涉及的要素伴随着文明发展而不断增多。城市的文明越发达，城市包含的要素越复杂，需要更丰富的专业知识、更强大的治理能力来支撑城市。

2.6 城市生命的维护

2.6.1 城市更兴的基本问题

城市是个生命体。我们强调城市“更兴”而不是城市“更新”,“更兴”不仅指物质空间的更新,还包括生活、工作在其中的百姓的共同富裕。

城市更兴改造下至关乎百姓生活是否幸福美满,上至关乎整个城市生命是否永续健康,横向关乎城市经济、就业、生态、防灾。城市更兴包括几个基本问题:城市更兴改造的理论是什么?城市为什么要更兴?城市更兴如何测度?城市更兴的要素有哪些?城市如何更兴?需求的发起人有哪些主体?城市更兴遵照什么原则?

2.6.2 城市更兴的联动原则

城市更兴问题到了一个需要学界在理论、思想、方法和技术上有所跨越和创新的关键时间点。国内外的学者在学科建设上对城市更兴有过大量的思考,并凝练成部分理论成果。如何面对中国不同的城市发展状态,提出当下的思想和知识,如何将现在分割的领域(包括物质的、精神的、文化的、技术的和生态的)进行联动形成网络,构建整体理论和知识体系,并为实践和政策制定提供支撑?有八项联动原则非常重要:

(1) 科学诊断与百姓感知相联动。

(2) 城市新区建设与老城更兴资金相联动。

(3) 老城更兴生活服务设施与城市新区提升相联动。

(4) 老城更兴资金的地方投入与国家财政资金相联动。

(5) 城市政府与老城更兴行政主体职能相联动。

(6) 地方传统与国际经验设计相联动。

(7) 国际组织与地方文化交流相联动。

(8) 百姓就业与城市更兴生活相联动。

城市生命过程中,物质存在可以超越一代人的生命。人的生命发展阶段的不同需求和不同代际的需求带动了对物质载体需求的变化,这种需求的变化造成了城市不可能一成不变,城市的变化是绝对的。

城市的生命过程中的绝对变化并不是无边际的,其广度、深度是有边际和规律的。超越边际的变化,城市将不是城市。因此城市的绝对变化和绝对边际,是城市规划设计的两个极端状态,超越了绝对边际就是破坏了一个城市的主体基因,失去主体基因,城市将变化成为另一个城市;反对迭代和发展的城市空间,只能以昨天的载体承载今天的需求，造成的结果是无法最好地嫁接城市的生命力发展，成为阻碍城市生命力发展的空间载体。

城市、家园及其老旧建筑中绝对变化要素包括：需求的绝对变化，包括空间使用主体的生命年龄段、不同代际的人的需求；技术的变化，如老建筑中的照明、防火、空调、通信工具、投影、屏幕等，并不能影响空间载体的主体基因的变化，相反，可以作为主体基因保护的辅助和提升；城市、家园和单体建筑中物质构成材料的变化，包括新型的隔热减排绿色门窗、减少污染的地面材料和墙面材料、给排水管道、卫厕材料等。以上三方面都是随着时间变化而变化的不断提升的要素。

所谓不能变化的空间主体基因，包含了以下要素：建筑的设计风格；空间的组织模式及其结构肌理；作为本空间的社会记忆的符号，被社会长久认同的该空间和建筑的特征形象，如色彩、屋顶、墙面材料及其建造方式，这些内容是被记忆固化下来的城市和家园建筑的主体基因。

因此主体基因可以分为两大类型，一是主体自身特有的内基因，特征由内而外地传达出来被社会认知；二是由外而内地被社会认定的，在更兴中不能改变的外基因。由内而外和由外而内的两种主体基因是交互的。

主体基因中的内基因的构成中，有一个非常重要的技术进步和时代标志基因——人类在创造城市街区和建筑的历史演进过程中，会把思想意识，包括科技的最新创新成果，文化艺术的最新创意思潮，创造生产、人居空间与自然关系的最新哲学思考，以及建造技术的最新创造方式，落到空间中进行固化和封装。

这四个创新（科技、艺术、思想、建造创新）可被称为空间的人类文明进步的里程标志，也是在空间发展中、在旧城改建和老建筑复兴中，最需要被认识、被发掘的关键的主体基因。没有这部分的分析，任何城市更兴都是表象的，只是丢失文明发展视野的修补，甚至在修补过程中丢失了主体基因。城市更兴的高低，可以从这个视野判定是表面的鲜亮还是本质的对生命、价值的维护。因此，在听取不同更兴方案时，只要听取对四个创新的关键主体基因的分析深度，就可以知道设计师的工作和思想的深度。

如何协调物质空间的迭代滞后与使用者的需求迭代矛盾？这里的使用者并不是一个人，而是一个社会，社会中产生了专业，产生了捕捉、理解、把控未来需求和技术的一批人。于是在城市领域产生了规划师，在建筑领域产生了建筑师，而规划师和建筑师能力高低的衡量标准，是对未来人的需求和未来技术的把控。对未来把握得越精准的人，能力越扎实，能够成为专业领域的高手，其作品更具时间的生命力。

2.7 新空间的新基建

2.7.1 新型基础设施定义与特征

千百年来，人类创造城市，都是人类膜拜空间。随着城市技术的发展，新基建完成了人类城市建设的千年跨越。新型基础设施（新基建）让城市空间开始“膜拜”人，感知人的需求，感知人的情感，并做出即时反应。新基建塑造城市新空间。

“基础设施”的本质是维护城市生命体的能源、物质、信息在体内与体外的交换与处理。而“新型基础设施”是指由新一代城市技术驱动的基础设施。新一代城市技术在当今时代特指第七波技术浪潮对应的“大智移云链”技术（表 2-1），但是结合中国智慧城市发展现状及技术应用水平，还应包括生物信息技术和可持续发展技术。而新型基础设施的“建设”，狭义可理解为基础设施的建造过程，但广义来看还应包括基础设施建成之后，运行、管理、维护的全流程。

新基建的革命性变化涉及“前—中—后”三段。前段：最新的理念；中段：技术的创新；后段：理念—技术—资本—建造—运营—使用—管理层全打通。

表 2-1 技术浪潮与城市空间迭代

技术浪潮	城市内涌现的代表性技术	城市中的典型应用	兴起时间	对应城市空间类型举例
第一波	劳作机械化、高炉冶炼技术	纺纱机、水力织布机、冶铁高炉	1785—1845 年	产业：工厂、货站仓库区、商业区； 卫生：城市给排水设施、污水处理、垃圾收集处理站
第二波	蒸汽动力技术、钢铁制造技术、化学材料技术	蒸汽机、火车及铁路、硫化橡胶	1845—1900 年	能源：火电厂、水电站； 交通：火车站、地铁、轨道；港口码头、轮渡船、桥梁； 建筑：钢结构建筑、高层建筑
第三波	电力技术、内燃机技术、无线电技术	电梯、红绿灯、汽车、有线电话、电报、广播电台	1900—1945 年	能源：各类发电站、输电廊道； 交通：城际公路、隧道、轻轨高架、停车场、客运场站； 通信：电话交换局、信号中继站、广播信号塔
第四波	电子技术、石油化工生产技术、航空航天技术	有线电视网、飞机	1945—1900 年	产业：石油加工与炼制厂、电子工业区； 交通：航空港（飞行区、运输区、维修区、商务区等）； 科研：航天器研制发射场； 通信：通信基站、信号塔

续表

技术浪潮	城市内涌现的代表性技术	城市中的典型应用	兴起时间	对应城市空间类型举例
第五波	生物技术、信息技术、基因克隆、转基因作物、数据技术	电子邮件、城乡互联网	1990 年—	科研：标本实验室、基因库、生物技术中心； 通信：通信卫星、通信网络、光纤光缆通道
第六波	再生能源技术、可持续技术、碳中和技术	建筑屋顶光伏发电、风力发电厂、地源热泵、海绵城市、城市地下水库	2000 年—	能源：新能源发电厂、潮汐电站；建筑屋顶发电、分布式能源； 交通：充电桩； 生态：雨水综合利用管廊
第七波	大数据技术、人工智能技术、移动互联网技术、云计算技术、区块链技术	智能手机、无人驾驶汽车	2020 年—	智慧城市：城市感知传感设备、城市数据中心； 通信：5G 基站

来源：作者自绘

2.7.2 新基建的空间规划要点

1）新空间的新基建特征

新空间的新基建特征在于：

（1）立足基建的一个本质。新基建是城市智能化过程中的智慧系统空间，与城市街道智化、创新园区智化一样，新基建是城市物质信息运输体系的智化，是保障城乡生存、持续发展的支撑体系，支撑城乡社会、经济及生态运行。

（2）感知体系分为两大类。内感知解决城市运行系统间的协同，是城市智能体系保障城市生命健康和生存的基本前提。外感知解决城市生命与周边环境群落间的协同，是城市能否长周期持续兴旺的基本保障。

（3）城市应用总结三方面。一是传统基础设施的信息化、智能化提升；二是将新一代技术进行设施化转译，成为能够应用于城市、提升人民生活质量的设施；三是为新型基础设施规划必要的城市空间，满足设施的正常运行。

2）新基建全球竞争力版图重塑

目前，全球各国均已着力布局新一代基础设施的研究和应用。美国大力推动工业互联网、5G、人工智能（AI）等技术在城市空间的集成应用；欧盟发展战略数字基础设施；新加坡“智慧国 2025”计划中提出建设高效、安全的通信基础设施。各国各地区都在结合智慧城市的建设，制定城市战略、行动方案推动新型基础设施的发展。

从2015年起，我国社会各界开始新一代城市基础设施的讨论。2018年12月，中央经济工作会议正式提出“新型基础设施建设”。随后的两年时间里，中央颁布多项政策，着力发挥新基建带动城市发展的作用。

全国各地在2020年也陆续出台相关措施：北京、上海等12个省(自治区、直辖市)颁布具体行动方案，山东省出台指导意见①，安徽省发布新基建产品名录②。同时，湖南、江西、河北、河南四省以“数字经济发展规划”③，青海、贵州两省以“5G产业发展意见”④，辽宁省以“工业互联网行动”，湖北、天津两地以“疫后重振举措”⑤，海南省以“智慧海南总体方案”引导新型基础设施的建设和发展⑥。

3）城市空间是新基建的载体

新基建带来新型空间节点的不断涌现。目前新基建的探讨大多聚焦于企业层面(to B)的投融资分析、政府层面(to G)的政策制定和用户层面(to C)的产品开发。但是技术只有落地到空间才能真正实现其功能，因此各地要以空间(to Space)整合企业、政府、用户三者，统领新型基础设施建设。在每一波技术浪潮的影响下，新型基础设施和新兴的城市空间类型伴随产生、不断涌现。

4）新基建推动城市智能升级发展

智慧城市是新型基础设施最广阔的应用场景，随着政府、企业、市民三大主体的智慧化诉求不断丰富，以及5G、物联网、大数据、人工智能等信息化技术的快速发展，原有智慧城市发展理念、实现路径、运营模式越来越显现出各种问题，制约着城市的智慧化发展进程。加快以新一代信息技术驱动的新型基础设施建设进度，才能使其融入经济社会各个系统之中；利用新技术与城市固有秩序和利益进行博弈，才能为推动智慧城市建设迭代升级，提供重构智能治理体系的新契机；有了好的新基建作为发展载体，新型智慧城市才能加速推进。

驱动新型基础设施的新一代城市技术处于快速发展中，新基建必须要与技术迭代紧密结合，规划建设宜适度超前，否则设施的建设周期远远长于技术迭代周期，始终处于不匹配的局面。

---

① 《山东省数字基础设施建设指导意见》。

② 《安徽省新型基础设施建设领域技术产品服务目录》。

③ 《湖南省数字经济发展规划(2020—2025年)》《江西省数字经济发展三年行动计划(2020—2022年)》《河北省数字经济发展规划(2020—2025年)》《2020年河南省数字经济发展工作方案》。

④ 青海省《关于加快推动5G产业发展的实施意见》、贵州省《关于加快推进全省5G建设发展的通知》。

⑤ 《天津市有效应对新冠肺炎疫情影响促投资扩消费稳运行的若干举措》《湖北省疫后重振补短板强功能“十大工程”三年行动方案(2020—2022年)》。

⑥ 吴志强，何睿，徐浩文，等. 论新型基础设施建设的迭代规律[J]. 城市规划，2021，45(03)：9-14.

在数字化、信息化为特征的智能化转型浪潮席卷全球的背景下，新型基础设施的建设也需要积极开展国际合作，结合“一带一路”将“走出去”“引进来”高效结合。同时将技术研发、产品生产、设施运营、政府决策、用户消费五个主体全方位融合，全面构建新基建的创新生态建设环境。

2.8 空间规划编制的决策过程

2.8.1 空间规划的回路过程

城市规划包含了完整的回路过程，包括感知，踏勘调查，城市的问题诊断与分析，城市战略的研制制定，城市的实现目标的不同路径选择和比较，城市发展过程中的动力确定和措施配置、政策维护，城市整体编制的时间、空间决策，城市编制完成后的实施机制、实施主体，城市运营过程中的绩效评价，以及对未来规划优化的要求，最后又会回到下一轮规划。其中还包括民主的决策、科学的决策和依法治理的决策，决策后效果的预评估、预评价等，这些复杂体系决策，传统做法是专家个体、编制团队依据知识积累进行直观判断。随着“大智移云链”等数字技术的出现，面对大量复杂系统的定量化学习过程，城市规划学科正在走向科学的技术化道路。

2.8.2 人工智能辅助规划决策

人工智能是城市治理中强有力的技术支撑。人工智能可以用于解决城市治理中的难题，如复杂系统的感知、数据收集、规律发掘、发展推演、决策预判等。在这方面，中国城市规划界已经做出了引领世界的持续探索，但从人工智能发展的历史阶段看，其在城市治理中的应用还处于起步期，我们希望形成完整的城市规划-人工智能的数字复杂科学的支撑体系，通过数字世界应对物质、社会世界产生的大量挑战，应对规划决策过程中的问题，也应对空间的复合生态，形成自然生态、社会生态、创新生态、数字生态四大生态的融合。未来，随着人工智能的不断导入，人工智能自身的快速发展和提升，以及人工智能不断被导入城市规律学习和城市规划决策的过程中，城市规划将变得更加强大①，人工智能必将赋能城市规划和城市设计，为规划决策带来智慧和贡献。

---

① 吴志强．人工智能辅助城市规划[J]．时代建筑，2018(01)：6-11.

2.9 空间效益的竞争及其诊断

2.9.1 城市诊断的思想基础

1）城市规划理性思想

彼得·霍尔(Peter Hall)将城市规划理论发展划分为七个阶段，现代城市规划对城市问题的研究始于“从病理学观察城市”(1890—1901 年)，经历了美学(1901—1905 年)、功能(1916—1939 年)、幻想(1923—1936 年)、更新(1937—1964 年)、纯理论(1975—1989 年)等阶段后，又回到了“再从病理学观察城市”(1980—1989 年)，可见“城市诊断”的思想始终若隐若现地对城市问题的研究产生着影响。

人工智能技术为城乡规划的工具理性提供历史性技术变革的可能：城乡发展动态的大数据超级感知；城乡发展状态的规律智能化挖掘；城乡发展过程的问题理性化诊断；城乡发展决策的共享性公众参与。从而快速实现“见民心、见流动、见动态、见理性、见关系、见文脉”的城市诊断效果，支撑城乡规划设计向着更加合理的方向发展①。

2）城市生命体思想

从生命特征视角来看，人们对城市的认识经历了机械体、有机体、生命体的变化。从 20 世纪后期开始，微观生物学领域的发展给了宏观生命现象全新的解释。这也直接引起了哲学认知领域的变革，并逐渐引起科学各个领域认知思想的变化。在城市研究方面，人们开始认识到城市和生命在很多方面都具有相似性，如它们都具有复杂、自组织、主体性等基本特性。各方面的比较奠定了两个概念相连接的基础，也为新的城市发展理论奠定新的认识基础。

城市是一个具有生命力和高度智能的开放复杂巨系统。这体现在：

(1) 城市具有生命体的子系统。构成城市的土地、人、交通、建筑、能源、信息、资源等多要素，可以借鉴医学中的生命体组成部分。生命体子系统的良好运转，支撑了整个城市的健康发展。

(2) 城市具有在时间和空间上的生长消亡和自我更新的演化过程，并能进行自我调控。城市的发展、突变和更新、衰退、进化四种空间现象均可以从生命特征的视角进行理解。

(3) 未来城市具有“活体”的特征。这并不是指生理意义上，即生物自然属性的存在，而意味着生命的内在规律以及价值观、精神、文化意识方面的存在。

---

① 吴志强，李欣.城市规划设计的永续理性[J].南方建筑，2016(05)：4-9.

3）以数明律思想

城市诊断的基本假设是城市具有正常/健康的状态，诊断就是寻求偏离正常/健康状态的数值和个案，从而以寻找恢复正常的途径。

“大智移云链”，即大数据、人工智能、移动互联网、云计算和区块链五项技术，使得城市规划与城市诊断有了更好的工具与手段，不再囿于理想和问题导向的工作模式，能够通过总结城市生命发展的规律，寻求偏离正常/健康状态的具体数值，运用规律对城市未来的灾害冲击进行准确的预测和推演。

以城市生命规律为导向、以智能技术为支撑的智能城市规划与城市治理研究，引导城市走向更健康、更为可持续的未来。借助大数据、人工智能等技术，可以建立全球、城市、社区等多尺度的空间数据感知、收集与呈现，保障信息的公开透明。充分的数据感知与监测分析，能够深入研究要素流动的空间传播特征、机理和演化规律，预测城市要素的时空演变趋势。同时，借助机器学习等人工智能核心算法，能够加强对城市运行状态的动态监测和未来的推演模拟。

4）“形流互动”思想

对于城市规划而言，城市空间和用地，即“形”，是规划控制和干预的主要对象，世界上大部分国家都有自己的城市用地分类标准和规划控制原则。相比之下，规划手段往往无法直接作用于“流”，而需要借助干预“形”来间接影响城市中的各种“流”。

根据城市规划工作中对“形-流”关系的认知和判断，可以分为两种不同的思想方法：

方法一将“形”作为城市规划的终极服务对象，以形态学、政治形象、空间序列，甚至平面图案作为推敲城市形态的基础，而将城市中的“流”作为城市形态的附属品。

方法二尽管也以城市的“形”作为管理和干预的主要对象，但同时也认为相比于“形”，城市中“流”的顺利运行是规划更为深层次的目标。这种思想更多地将城市作为生命体看待，将城市中的“流”与自然界的水流、空气流等无意识的流加以区分，强调前者是具有特殊生命力、流动意愿和价值标准的，意愿和标准的本源则是城市中人的需求。

这两种不同的思想方法分别呈现出“以形定流”和“形流互动”的特点，前者绵延千年，影响至今，而后者更体现对人的重视，接近城市运行的本质，近百年来才萌芽初现，一方面是社会民主进步的产物，另一方面随着认知科学技术的发展而逐渐成熟①。

2.9.2 城市诊断的体系建构

城市作为一个文明的载体，其发展不仅仅聚焦于物质性，更重要的是社会性、文化性

① 根据作者2015年在世界城市发展与规划大会的发言《以流定形的城市规划方法》整理。

和生态性。因此，在城市发展过程中需平衡和把握人造城市空间作为文明载体和所处自然环境之间的关系；城市作为复杂生命体，存在不同系统之间不同要素的匹配关系，诊断不同领域之间的关联，需要更多复杂科学导入，对系统之间的要素进行关联与突破；城市作为一个生生不息的可持续发展的个体，需要在城市诊断过程中投以动态的视野，如果没有时间相位动态的导入，就单个要素诊断而诊断，就不能区分其偏离正常值但可自修复现象和偏离正常值且不能自修复现象。

1）城市诊断的理论体系

城市作为生命体，具有以下四大治理能力：

（1）城市安全生存治理能力（Survival Power，简称 SP），主要指用于防御灾害、保障城市安全底线的能力，具体包括城市灾难预警、城市灾难应急、城市灾后恢复等治理能力。

（2）城市高效运营治理能力（Operation Power，简称 OP），主要指为城市居民提供无障碍地流动、高效的经济与社会交往的能力。

（3）城市幸福创新治理能力（Innovation Power，简称 IP），主要指能够激发城市居民在知识、技术、产业、文化和文明制度的创新的能力，并在多维的创新中得到社会尊重、个性的解放与群落的幸福。

（4）城市群落协作治理能力（Collaboration Power，简称 CP），主要指一个城市与周边群落城市之间的协同治理能力，通过群落的协同完成城市个体的安全、有序、高效和幸福创新。

最终，形成 CIOS 城市诊断的理论体系①。

2）城市诊断的技术体系

城市作为生命体，具有不同的生命系统，可将诊断体系分为 72 项不同的诊断子项，分别落于 9 个领域：区域、生态、产业、动力、社会、文化、流动、空间、安全健康，形成城市诊断的技术体系。

（1）诊断维度 1：区域诊断

综合利用机器学习、可视化分析、空间计量模型等技术手段，构建区域创新网络、信息联系网络、产业经济网络、交通联系网络，诊断分析城市在区域群落中的网络结构与搭接问题。

以长三角三省一市为例，分别从创新、经济、高铁、信息等方面综合分析区域中城市协同网络的特征，并对网络进行组团划分，辨析城镇群落网络的结构与格局，诊断各城市在城镇群落中的等级地位，对城市未来的发展提供战略引导（图 2-6）。

---

① 吴志强，李翔，周新刚，等. 基于智能城市评价指标体系的城市诊断[J]. 城市规划学刊，2020(02)：12-18.

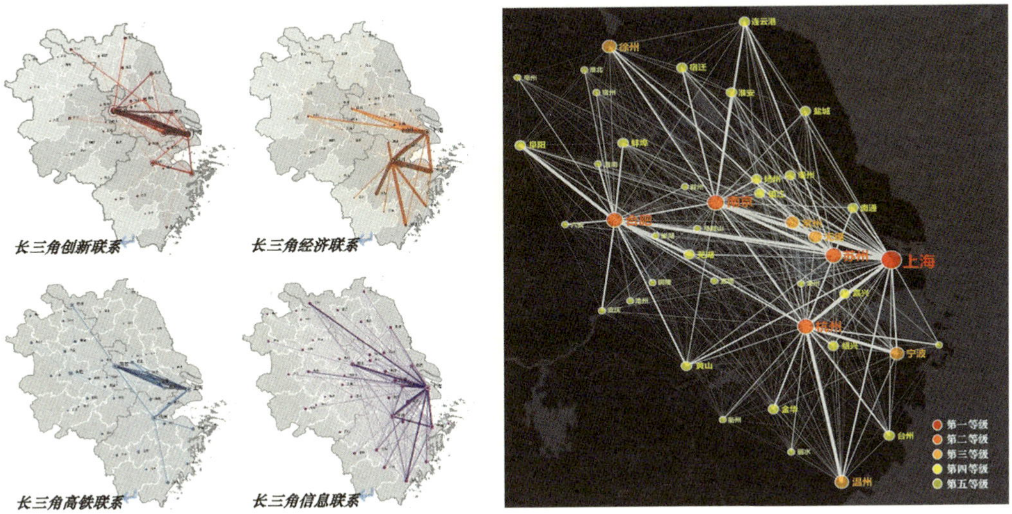

图 2-6　长三角区域网络诊断
来源：作者自绘

（2）诊断维度 2：生态诊断

在城镇化的高速进程中出现了土地的过度开发利用、生态环境斑块的大量侵占，从而导致生物多样性减少、生境斑块破碎化、生态环境不稳定等诸多问题。生态诊断包括城市能源环境诊断、城市水环境诊断、城市碳中和诊断、城市大气环境诊断、城市生物多样性诊断、城市生态格局与生态适宜性评价等。通过大数据与人工智能赋能生态诊断，揭示能、水、物、气、地、生等城市生态流动要素的特征与规律，为科学的生态治理提供建设性意见（图 2-7）。

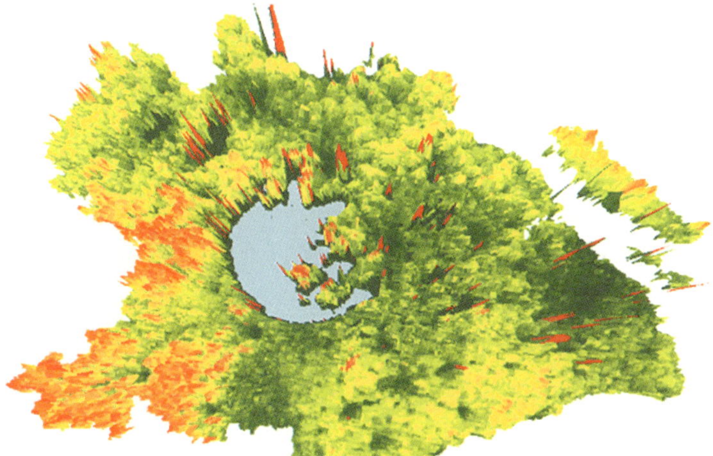

图 2-7　环太湖区域碳汇生态诊断
来源：作者自绘

(3) 诊断维度 3:产业诊断

通过大数据和人工智能技术建立城市及其周边区域的产业知识图谱,发掘城市的优势聚集产业,并通过区域补强产业,在精确构建分析产业图谱网络的基础上,重点围绕国家战略性新兴产业厘清关键产业节点,进行城市及其区域的产业结构优化。同时,提取城市中不同行业的企业信息及其精确落点,通过空间聚类和降维算法搜索不同行业的企业聚集区域,并结合由知识图谱构建的产业链进行分析,针对性地提出城市的产业发展和补强路径(图 2-8)。

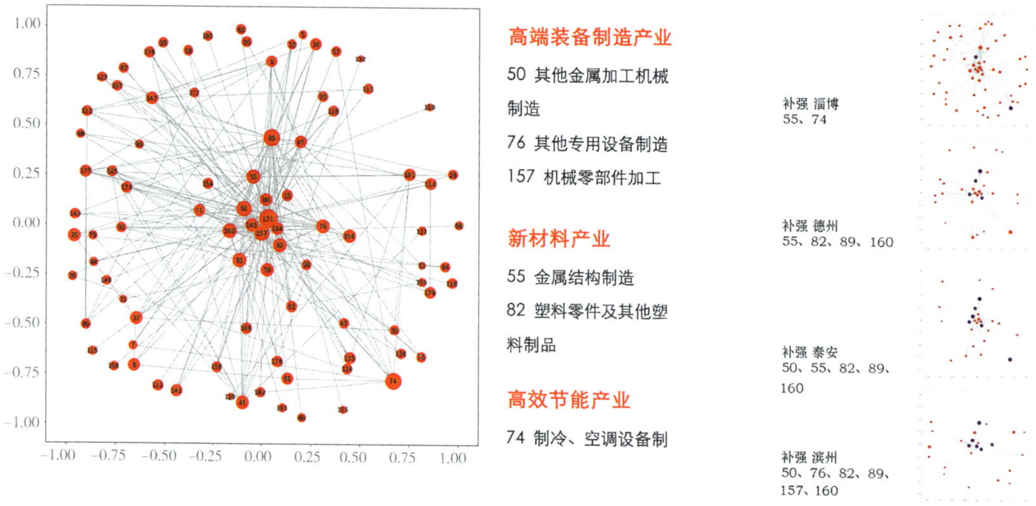

图 2-8 济南市产业知识图谱以及环泰山城镇群补强产业
来源:作者自绘

(4) 诊断维度 4:动力诊断

城市发展动力机制是城市发展的根本原因,是转变城市发展模式的基础动因,是推动城市化进程的支撑力量,是体力城镇化向智力城镇化转型的关键因素。对城市发展动力机制的研究,将有助于了解和把握城市发展的根本动力,进而确保城市的可持续发展。在大数据动态采集与人工智能技术基础上,学习城市发展规律,从动力影响关键要素出发,建构城市动力发展模型,对城市发展的动力机制进行全面考察,诊断城市智商、城市投资、城市创新力、城市动力引擎、城市动力机制、城市动力效益、城市动力持续性、城市创新力与创新要素等方面,发现城市发展的问题与关键点,为城市未来可持续、高效地发展提供科学依据。

(5) 诊断维度 5:社会诊断

一个城市的社会经济发展很大程度取决于创新力,而创新力从根本上取决于人口,包括人口规模、地理聚集程度和人口年龄结构。基于大数据采集与处理技术,利用社交媒体数据、用户生成数据、移动终端数据、智慧交通数据以及多元遥感数据等,诊断分析城市的人口演变规律、人口分布特征、人口年龄结构特征,以提升创新力为目标,对城市未来人口规模、人口空间分布和人口年龄结构进行科学预测。还可以基于人口创新力驱动规律,深度剖析城市人才发展特征，诊断城市人口创新力，为城市实现科技引领的高质量发展提供思路(图 2-9)。

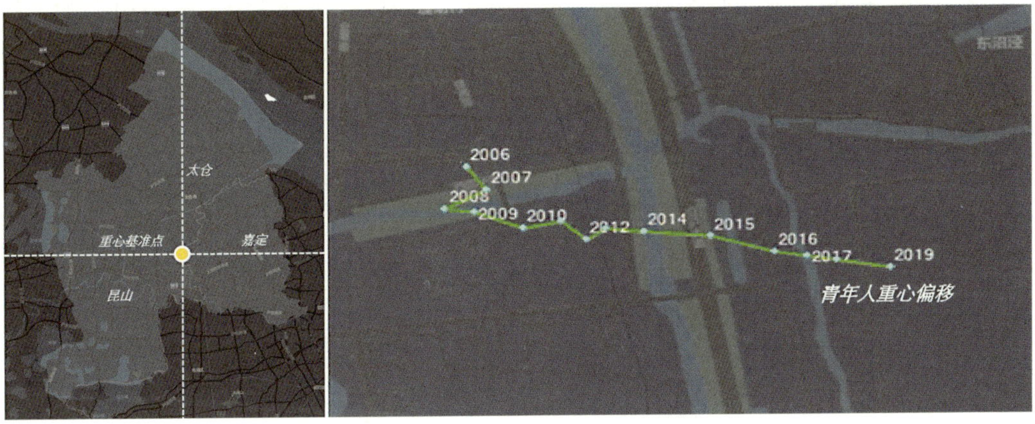

图 2-9　嘉昆太地区青年人重心偏移路径演进
来源：作者自绘

(6) 诊断维度 6：文化诊断

广义的城市文化包括文化指导系统，主要指对区域、全国乃至世界产生影响的文化指挥功能，以及高级的精神文化产品和文化活动；社会知识系统，主要指具有知识生产和传播功能的科学文化教育基地，以及具有培养创造力和恢复体力功能的文化娱乐、体育系统等多种内容。① 文化诊断包括城市历史文化价值诊断、城市历史文化节点诊断、文化创意产业发展诊断、城市街区居民活力诊断等(图 2-10)。

图 2-10　台州湾新区历史文化要素感知诊断
来源：作者自绘

① 吴良镛. 芒福德的学术思想及其对人居环境学建设的启示[J]. 城市规划，1996(01)：35-41+48.

(7) 诊断维度 7:流动诊断

流动诊断主要基于空间句法中的“接近度”。可以分析目标城市道路的连通度,对于应当优化道路线型和可达性的部分提出参考意见。也可以叠合空间句法中的“中间度”和交通站点、公共服务设施等重大基础设施,对于重大基础设施现状布点的合理性做出评价。同时,基于开源交通大数据,诊断城市交通流、交通网络、交通源及其有效覆盖范围,评估现有道路网络的交通绩效,科学支撑城市交通系统的现状及其方案的评价(图 2-11)。

嘉昆太地区小汽车交通可达性覆盖面积

区县	15分钟覆盖	15分钟覆盖均值	30分钟覆盖	30分钟覆盖均值	45分钟覆盖	45分钟覆盖均值	60分钟覆盖	60分钟覆盖均值
嘉定	58km²	—	785km²	—	2248km²	—	5196km²	—
昆山	47km²↓	52.33km²	351km²↓	536.67km²	1112km²↓	1724.67km²	2914km²↓	4089.67km²
太仓	52km²	—	474km²	—	1814km²	—	4159km²	—

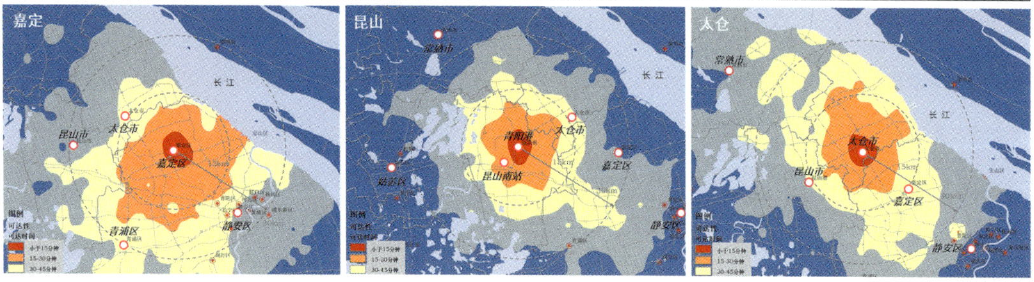

图 2-11 嘉昆太地区小汽车交通可达性覆盖面积比较研究
来源:作者自绘

(8) 诊断维度 8:空间诊断

国土空间使用及其治理不能仅仅聚焦于经济或生态。国土空间使用及其治理无论规模大小,都应该是这块土地与文明发展过程中生态效益、经济效益、社会效益的共同组成。因此,利用大数据技术从生态、经济和社会等方面对城市的空间效益进行考量,综合考虑生物多样性、植物多样性、水域涵养重要性、人群活动和地均产值等要素的作用,采用机器学习算法对城市的生态效益、经济效益和社会效益进行基于空间的整合评价,为优化土地使用结构和提高集约使用效率提供参考(图 2-12)。

(9) 诊断维度 9:安全健康诊断

现代城市规划的缘起与公共健康密切相关。城市规划与公共健康相关的重要环节在于建成环境。建成环境作为城市规划建设在空间上的反映,是影响居民公共健康的重要载体,具有不容忽视的作用。健康不仅受到遗传因素、生活方式、社会经济等要素的影响和作用,还与建成环境有着极其密切的联系。健康包含了三个层级:活着、活久、活好。因此,安全健康诊断挖掘建成环境要素对城市安全感、预期寿命、幸福感的影响规律,为健康城市的发展提供精准支撑,包括城市安全诊断、社区健康诊断、城市情商诊断、城市幸福诊断等。

城市诊断学是一个古老的学科,其发展可追溯于人类建居民点,伴随着文明的诞生,

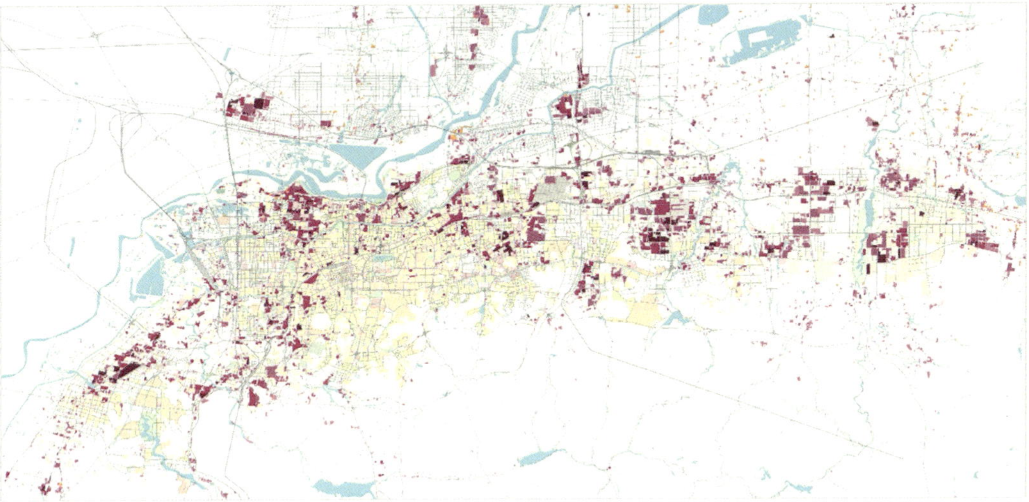

图 2-12 济南市国土空间效益动态监测平台
来源：作者自绘

伴随着直觉的本能。在现代科学诞生以后，人类一直试图找出群体的基本规律和个案的偏移，以及合理偏移的阈值，但是始终没有办法完成精准诊断。

“大智移云链”的诞生，为观察、认知和剖析城市问题提供了全新的视角和方法，城市诊断的“体温计”“血压计”乃至“X 光”“核磁共振”已然进入实践，城市诊断学的构建和发展正迎来前所未有的优越环境。同时，只有“大智移云链”诞生之后，针对作为人类文明载体的城市的治理，才有可能进行系统性、精准性、全面性、动态性的诊断。人工智能技术手段的导入，将完成大数据技术上的规律学习，建立精准规划和精准治理的理论方法体系（图 2-13）。

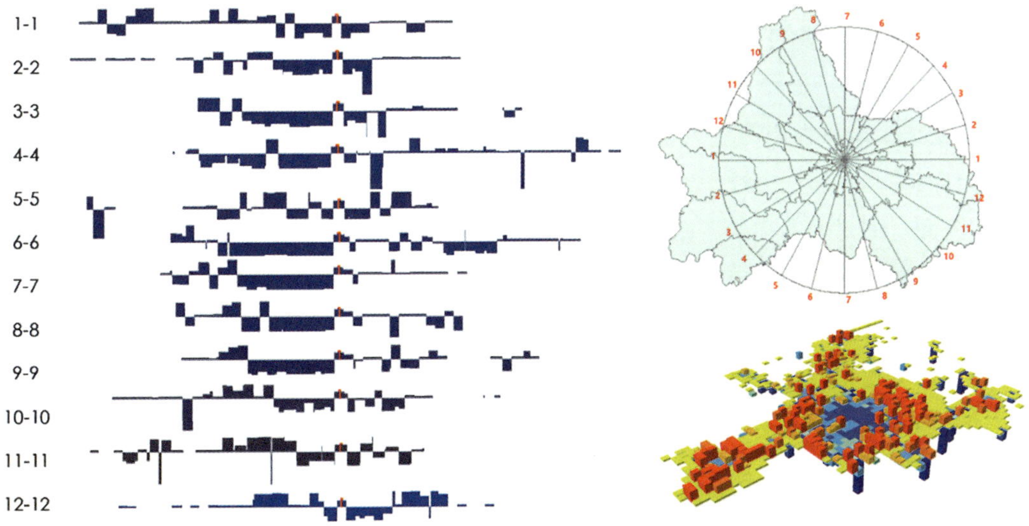

图 2-13 成都健康社区人工智能预测及其空间分布规律
来源：作者自绘

2.10 城市治理的问题及其哲学本质

2.10.1 我国城市发展及其治理问题

随着中国城镇化进程的高速发展，城市治理问题不断涌现，推进城市治理体系和治理能力的现代化日趋迫切。中国城市的发展及其治理面临着诸多挑战，具体表现为：生态失衡、人口众多与资源浪费、城市历史文化遗产的毁灭和城市特色的消失、能源消耗、人居环境恶化、城市灾害频繁等。①

我国城市发展及其治理的问题还包括宜居土地和水资源稀缺，人地矛盾尖锐；候鸟式农民工规模巨大，流向分布失调；能源存量结构失衡，建筑能耗过快增长；机动化与城市化同步发生，城市蔓延趋势明显；城镇化推动力失调，环境污染排放失控；自然和历史文化遗产受到破坏，城市风貌类同；城乡居民收入差距日益扩大，社会冲突增加；城市之间恶性竞争加剧等。②

在《国家新型城镇化规划（2014—2020 年）》中，对我国所面临的城市病问题做了相应的描述，主要包括城市空间无序开发问题、城市人口过度集聚问题、交通拥堵问题、公共安全问题、环境污染问题、管理效率问题、公共服务供给问题和人居环境问题等。

总体而言，在城市高速发展过程中，由于缺乏科学合理的价值体系引导和相关工程学科的通力合作，城市建设产生了一系列严重的城市病，对中国可持续发展造成巨大威胁。

2.10.2 城市治理的哲学本质

以中华生态理性思考今天世界上的城市面临诸多复杂问题，其哲学本质可以归结为三个层面：失和、失合、失续。

“失和”，即对外不和谐。具体体现在：东部与西部地区城市发展不和谐，南方与北方地区城市发展不和谐，城市地区与乡村地区发展不和谐，城市与自然发展不和谐。

“失合”，即内部不协调。具体体现在：城市空间发展不合，城市资源环境与城市发展不合，城市工程建设与城市发展不合，城市交通与城市发展不合等城市内部各系统、各要素之间的不协调。

“失续”，即时间维度上不可续。具体体现在：城市人口急剧增长不断加剧生态环境的

① 吴良镛. 中国城市发展的科学问题[J]. 城市发展研究，2004(01)：9-13.

② 仇保兴. 转型期的城市规划变革纲要[J]. 规划师，2006(03)：5-14.

压力，短期发展与长远规划不可持续，当代人的生存与发展透支下一代人的资源，历史传承与未来创新代际失续。①

好活、好用、好看是城市生命力发展的要求，也是任何生命体系发展的要求。把握“和”与“续”，万变不离其宗。

① 吴志强.论新时代城市规划及其生态理性内核[J].城市规划学刊，2018(03)：19-23.

3　国土空间规划体系建构的逻辑及运作策略探讨*

赵　民**

《中共中央 国务院关于建立国土空间规划体系并监督实施的若干意见》(以下简称《若干意见》)具有极其重大和深远的意义,标志着将主体功能区规划、土地利用规划、城乡规划等空间性规划融合为一体的"国土空间规划体系"的整体框架已经明确。这是一项重要的改革成果和具有创新意义的制度建构。

统一的国土空间规划体系建构可谓开创了新的历史。在这之前,我国先后形成了多种类型的空间性规划,它们在服务我国改革开放以来的经济社会发展和城镇化发展、促进国土资源合理利用和有效保护等方面发挥了积极作用;同时,正如《若干意见》所指出的,原先的空间规划存在着规划类型过多、内容重叠冲突、朝令夕改等弊端。克服这些弊端,首先要真正树立并践行科学发展观,同时也必须要解决好体制和机制方面的问题。中国共产党第十八次全国代表大会以来,随着生态文明建设的不断推进,中央一直在推进相关领域的制度改革①②。

2018 年 3 月召开的第十三届全国人民代表大会第一次会议批准了国务院机构改革方案,其中包括新组建"自然资源部"。根据所公布的机构方案,全国陆海域空间资源管理及空间性规划的编制和管理职能基本上都被整合进了自然资源部。在解决了空间资源管理"政出多门"的体制机制问题以后,建立全国统一、责权清晰、科学高效的国土空间规划体系便提上了议事日程。

国内外以空间为基本对象的规划有很多,如国土规划、区域规划、城乡规划、城市群规划、都市圈规划、自然保护区规划等;横向上涉及多个政府部委的职能,纵向上分为国家、省、地州市、县、乡镇等多个层级。在此情形下就必须要理顺各项规划的关系,建构起统一的空间规划框架。可以有两种模式选择:一是统一框架下的多类空间规划并存模式;二是采用多规融合模式。与之相对应,"模式一是在不改变现有部门规划本身的基础上进行的协调策略,相对温和、渐进和结构性;而模式二则是整合部门规划基础上的规划编制改革,

---

* 本文发表于《城市规划学刊》2019 年第 4 期。

** 赵民,同济大学建筑与城市规划学院教授,中国城市规划学会规划实施学术委员会副主任委员、国外城市规划学术委员会副主任委员。邮箱:tjup@sh163.net。

① 林坚,吴宇翔,吴佳雨.论空间规划体系的构建:兼析空间规划、国土空间用途管制与自然资源监管的关系[J].城市规划,2018,42(05):9-17.

② 赵民.论新时代城市总体规划的创新实践与政策导向[J].城乡规划,2018(02):8-18.

相对剧烈、彻底和实质性”①。经数年试点后，中央决定采用“多规合一”的融合模式，即将我国特有的主体功能区规划与土地利用规划、城乡规划融合为“国土空间规划”。解读《若干意见》，“国土空间规划编制体系”是由“国土空间总体规划”“详细规划”和“专项规划”等多个类别的规划所组成；此外，还要建立“多规合一”的规划编制审批体系、实施监督体系、法规政策体系和技术标准体系。

自然资源部为了落实《若干意见》，已经发文启动编制全国、省级、市县和乡镇国土空间规划。这是一项庞大的系统工程，还有许多问题要解决，所以在学习领会《若干意见》的同时，边开展规划边探讨新规划体系的理论和技术问题非常有必要。本文从历史维度切入，解析国土空间规划体系建构的逻辑，进而探讨相关的运作理念和策略。

3.1 我国空间性规划的形成与演进

3.1.1 计划经济年代的运作以及改革开放后的反思

新中国的空间性规划起步于计划经济年代，基础很薄弱，早期主要是为了配合国家基本建设而开展城市规划，注重于物质性空间规划设计。以 1950 年代的包头、太原、洛阳、西安、兰州、武汉、成都和大同这几个城市的总体规划为例，主要是为了落实“一五”时期苏联等援助我国建设的 156 个重要工业项目的厂址选择任务②。当时的城镇建设用地使用则是按照基本建设计划程序申请选址和办理征地；1958 年 1 月国务院公布的《国家建设征用土地办法》对此作了明确规定。

在计划经济年代，城市规划和土地管理本质上都是国民经济计划的继续和具体化；城市规划编制工作可以因经济发展的起落而大上大下，既出现过“大跃进”式的“快速规划”，也出现过“三年不搞规划”以及取消高等院校城市规划专业的倒退③④。城市发展和规划的科学性得不到尊重，规划学科和规划职业也就没有其正常地位和独立性。

1978 年改革开放以后，市场经济发展和空间开发管控的现实需求推动了规划事业的发展和规划的法制化进程。基于对历史经验教训的反思，1980 年发布的《全国城市规划工作会议纪要》指出，“我国城市规划长期被废弛，造成了严重后果”，“为了彻底改变多年来形成的‘只有人治，没有法制’的局面，国家有必要制定专门的法律，来保障城市规划稳定地、连续地、有效地实施”。

---

① 罗震东，宋彦．变与不变之间：二战以来美国土地使用规划的演进及其对中国的启示[J]．国际城市规划，2018，33(04)：4-11．

② 李浩．战略谋划城市设计院的成立和八大重点城市规划[J]．城市规划，2017，41(10)：122-124．

③ 赵民．在市场经济下进一步推进我国城市规划学科的发展[J]．城市规划汇刊，2004(05)：29-30+95．

④ 李浩．历史回眸与反思：写在“三年不搞城市规划”提出 50 周年之际[J]．城市规划，2012，36(01)：73-79．

3.1.2 1980—1990 年代的城市规划与土地管理

1984 年国务院颁发了行政法规《城市规划条例》，规定“城市规划分为总体规划和详细规划两个阶段”，确立了地方政府主管部门编制城市规划及城市规划的分级审批制度；同时还创立了城市规划区内的“建设用地许可证”和“建设许可证”管理制度。1989 年全国人大通过了《城市规划法》。这是新中国历史上第一部城市规划法律，以立法方式确立了城市总体规划、详细规划和城镇体系规划的编制审批制度；并针对空间用途管制，建立了较以往更为明晰和完善的“一书两证”（即建设项目选址意见书、建设用地规划许可证、建设工程规划许可证）制度。至此，城市规划法规和法律可谓赋予了城市政府管理地方城市规划建设的明确事权。

在土地利用制度方面，1982 年国务院公布了新版《国家建设征用土地条例》，该条例仍然沿用了计划经济时期的管理模式。为了适应改革开放的新形势，1986 年全国人大制定了《土地管理法》（同时废止了《国家建设征用土地条例》），将土地利用和保护问题上升到了国家立法层面；同年设立了国家土地管理局。该法规定，“各级人民政府编制土地利用总体规划，地方人民政府的土地利用总体规划经上级政府批准执行”（第十五条）；“在城市规划区内，土地利用应当符合城市规划”（第十六条）。此外，该法还确立了国家建设征用土地的“分级限额审批”制度，即：“国家建设征用耕地一千亩以上，其他土地二千亩以上的，由国务院批准”，“征用耕地三亩以下，其他土地十亩以下的，由县级人民政府审批”（第二十五条）。

由此可见，改革开放初期的土地利用规划与城市规划一样，都是由地方政府组织编制，报上级政府批准。总体而言，当时的城市规划和土地利用规划编制和实施均不严密、严格。城镇空间发展基本上由地方政府自我主导；建设供地主要是行政划拨方式，国土空间用途管制通行的是“计划批准—规划许可”模式。

当时的城市规划和土地管理服务于改革开放的新情势，在我国的经济崛起和社会发展中发挥了不可或缺的作用；但是自下而上的规划编制和国土空间资源使用的局限性也日益凸显——规划偏重于建设空间拓展，且只覆盖局部空间；增量土地的管控机制趋于失效，尽管土地使用有限额审批的约束，但地方政府往往用“化整为零”等手段来规避。其空间表象则为各类新区、开发区遍地开花，导致耕地占用过多、土地资源消耗过快，总体开发绩效低下。

为了治理建设用地的无序蔓延和改变土地资源过快消耗的态势，1990 年代中期中央提出了要实行“最严格的耕地管理制度”。全国人大于 1998 年修订了《土地管理法》；同年组建了国土资源部，土地管理权上收中央和省级政府，随后还在省以下实行土地垂直管理等土地管理体制的重大改革。新的立法规定,“下级土地利用总体规划应当依据上一级土地利用总体规划编制”(第十八条);“城市总体规划、村庄和集镇规划中建设用地规模不得超过土地利用总体规划确定的城市和村庄、集镇建设用地规模”(第二十二条),并规定了要依据规划实行土地利用计划管理,实行建设用地总量控制和年度供地计划。

至此,自下而上的“城市规划”与自上而下的“土地利用规划”因其各自的逻辑、行政体制和作用机制不同,进入了矛盾—协调—冲突的循环局面。

3.1.3 21世纪的城乡规划立法

进入21世纪以后,中央提出了包括“城乡统筹”在内的一系列新发展理念;为了落实“城乡统筹”,全国人大对既有的《城市规划法》做了大幅修改,形成了《城乡规划法》。新的立法于2007年10月通过,2008年1月起施行。《城乡规划法》创设了包括城镇体系规划、城市规划、镇规划、乡规划和村庄规划在内的五级城乡规划编制体系。至此,“城市规划”演进为“城乡规划”,城乡规划建设被纳入了统一的法制和管理框架。此外,《城乡规划法》还明确了控制性详细规划与建设用地规划许可管理和建设工程规划管理之间的羁束关系。《城乡规划法》的施行,在提高我国城乡规划编制审批水平、完善城乡建设空间用途管制的诸多方面发挥了重要作用。

同时,由于各项空间性规划由不同的中央机构管辖,缺乏顶层设计,机制体制改革也未能跟进,城乡规划与其他部门规划的交叉和矛盾也就更难以避免。尽管《城乡规划法》规定了“城市总体规划、镇总体规划以及乡规划和村庄规划的编制,应当依据国民经济和社会发展规划,并与土地利用总体规划相衔接”,但事实上难以真正落实。住房城乡建设部、国土资源部等部门继续各编各的规划,规划范畴、规划期限、技术标准等各搞一套,导致同一国土空间对象的城乡规划(简称“城规”)“土地使用图”与国土规划(简称“土规”)“土地利用图”之间往往会有数十万块差异图斑。“以厦门为例,通过‘多规合一’工作,发现在城市规划与土地利用总体规划之间有12.4万块差异图斑,导致约55 km^2 的土地指标不能有效使用。”①不但是“城规”与“土规”有矛盾,“林规”“草规”等与“土规”也会有矛盾(图3-1、图3-2)。同时,有的城市亟需发展空间,但没有建设用地指标;有的城市实际建设用地则突破了土地利用规划的建设用地指标。如此不免会降低行政效率,并影响经济社会的健康发展。

① 王蒙徽.推动政府职能转变,实现城乡区域资源环境统筹发展:厦门市开展“多规合一”改革的思考与实践[J].城市规划,2015,39(06):9-13+42.

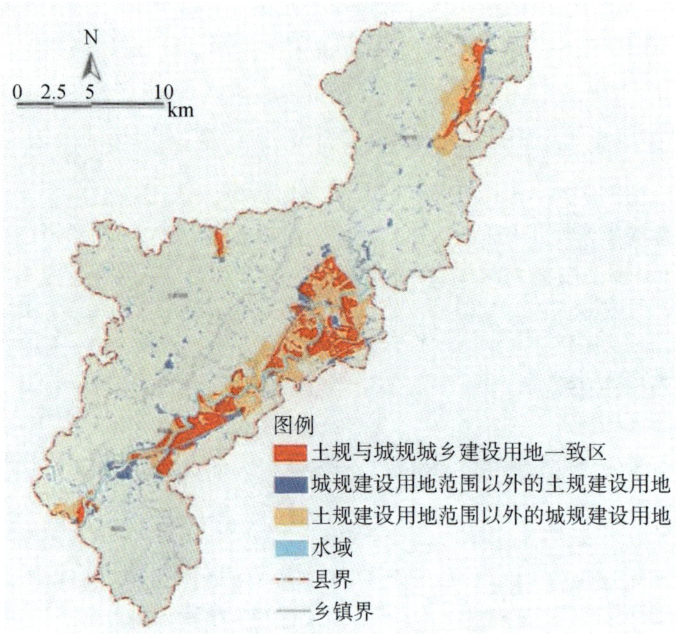

图 3-1 西南某县"城规"与"土规"矛盾示意

来源:上海复旦规划建筑设计研究院.贵州省玉屏侗族自治县"多规融合"规划[R],2015.

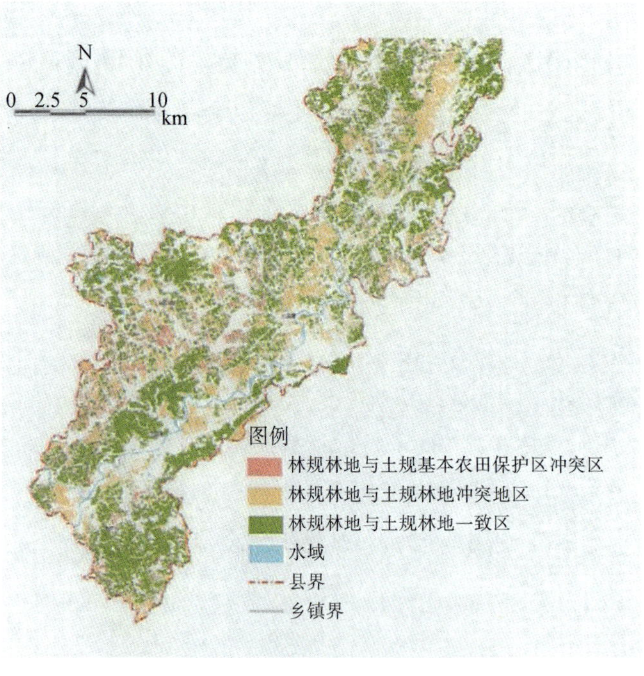

图 3-2 西南某县"林规"与"土规"矛盾示意

来源:上海复旦规划建筑设计研究院.贵州省玉屏侗族自治县"多规融合"规划[R],2015.

3.1.4 《全国主体功能区规划》的产生与评析

为了规范空间开发秩序，形成合理的空间开发结构，2006 年全国人大通过的《国民经济和社会发展第十一个五年规划纲要》提出了要推进编制“主体功能区”规划，即要“根据资源环境承载能力、现有开发密度和发展潜力，统筹考虑未来我国人口分布、经济布局、国土利用和城镇化格局，将国土空间划分为优化开发、重点开发、限制开发和禁止开发四类主体功能区，按照主体功能定位调整完善区域政策和绩效评价”。据此，主体功能区规划应是定位于“发展”与“空间”相结合的战略性规划。

2007 年国务院发出了《关于编制全国主体功能区规划的意见》，指出：“全国主体功能区规划是战略性、基础性、约束性的规划，是国民经济和社会发展总体规划、人口规划、区域规划、城市规划、土地利用规划、环境保护规划、生态建设规划、流域综合规划、水资源综合规划、海洋功能区划、海域使用规划、粮食生产规划、交通规划、防灾减灾规划等在空间开发和布局的基本依据。”据国务院文件，全国主体功能区规划由国家主体功能区规划和省级主体功能区规划组成，分国家和省级两个层次编制。国家主体功能区规划由全国主体功能区规划编制工作领导小组会同各省（区、市）人民政府编制，规划期至 2020 年；省级主体功能区规划由各省（区、市）人民政府组织市、县级人民政府编制，规划期至 2020 年。

2010 年 12 月《全国主体功能区规划》由国务院发布（《国务院关于印发全国主体功能区规划的通知》）。据该规划文件的阐述，“我国国土空间分为以下主体功能区：按开发方式，分为优化开发区域、重点开发区域、限制开发区域和禁止开发区域；按开发内容，分为城市化地区、农产品主产区和重点生态功能区；按层级，分为国家和省级两个层面”；“本规划的优化开发、重点开发、限制开发、禁止开发中的‘开发’，特指大规模高强度的工业化城镇化开发。限制开发，特指限制大规模高强度的工业化城镇化开发，并不是限制所有的开发活动。”

由此可见，一方面，主体功能区规划作为我国国土空间开发的战略性、基础性和约束性规划，无疑有着重要意义；另一方面，作为一项新的规划，其严密性似不够，例如怎么处理政府选择与市场选择的关系？如何定义“大规模高强度的工业化城镇化开发”？规划所确定的“优化开发区”，诸如“环渤海”“长江三角洲”以及“珠江三角洲”等地区，实际上在现阶段都仍然需要有一定的大规模高强度开发建设；从其规划图示看，则是显得过于抽象和简化。另据林坚等的分析，主体功能区规划只是功能性区划，并无实现针对具体地块进行管理的途径。“在管理实施手段上，土地利用总体规划、城乡规划的成熟度高，林地保护利用规划、水功能区划、海洋功能区划等成熟度较好，主体功能区规划、生态功能区划等则尚无明确手段”①。由此可以认为，主体功能区规划必须要与其他空间性规划形成紧密的传导和协调关系，才能发挥预想的作用。

3.2 新规划体系的探索历程与建构逻辑

3.2.1 从市县“多规合一”试点到“省级空间规划”试点

针对愈演愈烈的“政出多门”的空间性规划不协调，甚至“打架”的情形，国家发展改革委会同原国土资源部、环境保护部和住房城乡建设部（以下简称“四部委”）于 2014 年 8 月发布了《关于开展市县“多规合一”试点工作的通知》。

根据该通知，“开展市县空间规划改革试点，推动经济社会发展规划、城乡规划、土地利用规划、生态环境保护规划‘多规合一’，形成一个市县一本规划、一张蓝图，是 2014 年中央全面深化改革工作中的一项重要任务”；开展试点工作的主要任务是，“探索经济社会发展规划、城乡规划、土地利用规划、生态环境保护等规划‘多规合一’的具体思路，研究提出可复制可推广的‘多规合一’试点方案，形成一个市县一本规划、一张蓝图。同时，探索完善市县空间规划体系，建立相关规划衔接协调机制。”

从实际效果看，这种“自下而上”的试验有其价值，但也有着明显的局限性。若是现行的“多规”均有存在的必要性，“多规合一”的题中之义应是将“多规整合在一个框架内”，从而协调运作②。但如果“政出多门”的问题不解决，即使这次消除了至 2020 年的差异“图斑”，实现了特定时空的“多规合一”，今后可能仍会重蹈覆辙。就四部委抓的试点来看，实际是提出了三种方案。可见大家对于“多规合一”的理解并不完全相同③。在此情形下，试点成果也就难以推广。

随后，中央提升了试点层级。2017 年 1 月，中共中央办公厅、国务院办公厅印发了《省级空间规划试点方案》。其宗旨是：“为贯彻落实党的十八届五中全会关于以主体功能区规划为基础统筹各类空间性规划、推进‘多规合一’的战略部署，深化规划体制改革创新，建立健全统一衔接的空间规划体系，提升国家国土空间治理能力和效率，在市县‘多规合一’试点工作基础上，制定省级空间规划试点方案。”试点范围为海南、宁夏、吉林、浙江、福建、江西、河南、广西、贵州等 9 个省份。试点工作的基本原则是，“针对各类空间性规划存在的问题，加强体制机制、法律法规等顶层设计，研究提出系统解决重点难点问题的一揽子方案，打破各类规划条块分割、各自为政局面”。

---

① 林坚，吴宇翔，吴佳雨. 论空间规划体系的构建：兼析空间规划、国土空间用途管制与自然资源监管的关系[J]. 城市规划，2018，42(05)：9-17.

② 张捷，赵民. 从“多规合一”视角谈我国城市总体规划改革[J]. 上海城市规划，2015(06)：8-13.

③ 孙安军. 空间规划改革的思考[J]. 城市规划学刊，2018(01)：10-17.

省级空间规划试点工作的难度很大。就国土用途管控而言，空间规划与土地利用规划的目标和手段是基本一致的，但要求在省域尺度上划定“三区三线”则是技术上难以完成的任务。就空间规划与城乡规划的关系看，全国城镇体系规划、省域城镇体系规划、城市总体规划与拟议中的空间规划的层次是重合的。可见空间规划的探索与城乡规划、国土规划等的改革密切相关，着眼于顶层设计的改革终究绕不开体制和机制问题。

3.2.2 国土空间规划体系建构的逻辑

对于一个幅员辽阔的大国而言，政府管理体系的某种程度条块分工有其必然性；就我国各项空间性规划的形成和发展而言，也都有其必要性和合理性，但必须要建构起统一框架下的国土开发保护和城乡空间管理体系。针对我国国土开发和保护中存在的问题，以及为了解决空间性规划之间的矛盾，2015 年《生态文明体制改革总体方案》明确提出要“构建以空间规划为基础、以用途管制为主要手段的国土空间开发保护制度”，“构建以空间治理和空间结构优化为主要内容，全国统一、相互衔接、分级管理的空间规划体系”。

多年来的探索和试点表明，在我国的现实条件下，仅是在空间性规划编制技术上做探索，往往难以实现预期目标；而机构及相应行政管理体制的优化调整，则一般都会产生所需要的治理效果。如果深入探究空间资源配置中的部门规划和管理的不协调问题，包括自成体系、内容重叠冲突、缺乏衔接等，可以发现其最根本的原因在于“政出多门”及部门之间的规划逻辑不同和“话语权”争夺；其外在表现便是各编制各的规划，规划范畴、规划期限、技术标准等各搞一套，从而人为导致了困境。

如果仅是从技术层面去解决“多规合一”问题，难免是“治标不治本”。中央通过部委机构改革，将与自然资源保护和利用相关的空间性规划和管理工作职责集中于新组建的自然资源部，希冀可以有效化解以往因体制机制而产生的矛盾①。在此基础上，“多规合一”的国土空间规划体系建构可谓是水到渠成，同时这也显示了新规划体系建构及其称谓选择背后的行政逻辑。

从我国各类空间性规划的缘起和演进看，都有着特定的目标设定，且无不基于充分的技术理性，因而改革及新的规划体系建构应是一个“扬弃”的过程，而并非是要全部推倒重来。亦即，在机构改革和顶层设计完成后，因体制而产生的摩擦消除了，原先的各级各类规划的合理内涵都可以且应该要得到保留，并融合进新的体系。诸如主体功能区规划的大局观和宏观调控功能；土地利用规划的“保护、开发土地资源，合理利用土地，切实保护耕地”等作用；城乡规划对于“协调城乡空间布局，改善人居环境发展”以及实施建设用地和建设工程规划许可管理等功能；此外，各个专项规划在其各自与空间相关的领域中也发

---

① 赵民. 论新时代城市总体规划的创新实践与政策导向[J]. 城乡规划，2018(02)：8-18.

挥着不可替代的作用。所有这些均是不可或缺的国土空间治理工具,需要整合在新的框架之内,并充分发挥其功效。这可谓是新规划体系建构的技术逻辑。

新的规划编制体系的主体为"多规合一"的"国土空间总体规划",对应政府层级而分级编制;在市县及以下则是编制城乡两类详细规划,以落实细化总体规划和实施国土空间用途管制。作为国土空间规划编制体系组成部分的还有涉及空间利用各个领域的专项规划;可以说这个规划体系既具有"多规合一"的融合性,又具有一定的开放性,但其相互之间必须是协调和统一的。《若干意见》明确阐述了它们之间的关系:一是要"强化国土空间规划对各专项规划的指导约束作用";二是各专项规划"不得违背总体规划强制性内容,其主要内容要纳入详细规划"。

3.3 新规划体系的法制建设和若干运作策略

3.3.1 加强契合新规划体系的法制建设

建立国土空间规划体系并监督实施,要基于法治理念和重视法制建设。一方面,由于改革及新的规划体系建构具有继承性,原先的各类各级规划的合理内涵都得到保留,所以新的规划体系建构与既有的《城乡规划法》《土地管理法》等相关法律的立法精神以及国务院政策文件的基本要求具有内在的一致性,所以从法理和行政规则角度分析,国土空间规划体系的建立和监督实施有其法源可循。另一方面,为了更好地落实依法治国方略,法制建设必须要与重大改革相衔接,及时将改革创新的成果制度化,并提供科学和系统的法律规范和技术标准。同时,具体的制度设计和事权安排等还需要在实践中探索和趋向优化。

同时也要认识到,新的立法需要一定时间,诸如国土空间开发保护法、国土空间规划法等新法律的制定不可能一蹴而就。但国土空间规划的编制、审批和实施亦不可能等到一切立法和技术标准都完备后再开展,因而这里存在着一个《若干意见》称之为"过渡时期的法律法规衔接"问题,需要各级人大和政府加以关注和妥善处理。《若干意见》第六部分阐述了"法规政策与技术保障"问题,要求"加快国土空间规划相关法律法规建设。梳理与国土空间规划相关的现行法律法规和部门规章"。由于融合土地利用规划、城乡规划等的"多规合一"改革,在操作层面必定会出现突破现行法律法规规定的内容和条款的情形;对此,《若干意见》明确要求要"按程序报批,取得授权后施行"。这些规定体现了依法治国的精神,必须得到遵守。

在全国人大和中央政府出台新的法律、行政法规和规章的同时,有立法权的地方人大和政府也应较以往更为主动地制定地方性规划法规和政府规章。由于国土空间规划、相应的专项规划和详细规划涉及方方面面的关系及技术问题,技术标准和规范的制定任务极为繁重,需要紧迫而有序地推进。根据 2017 年修订的《标准化法》,今后既要制定国家标准,同时也要发挥地方政府和行业组织等社会主体的作用,积极开展地方和行业规划标准的制定,从而全面满足新时代国土空间规划工作的需要。

3.3.2 国土空间规划的分级分类编制和传导机制

国土空间规划体系的建构和监督实施,可谓是完善国家治理的具体举措,因而国土空间总体规划需要强化上下层级传导,并发挥对专项规划的指导约束作用,并最终转译和深化为国土空间用途管制详细规划,进而核发建设用地规划许可证和建设工程规划许可证,从而实现国土空间用途管制和城乡规划管理的目标。

新的规划体系在各级国土空间总体规划的作用设定和机制设计上突出了重点,并强调"自上而下、上下联动"原则。据《若干意见》中的阐述:全国国土空间规划是全国国土空间保护、开发等的总纲,侧重战略性;省级国土空间规划是对全国国土空间规划的落实,并指导市县国土空间规划的编制,侧重协调性;市县国土规划是本级政府对上级规划要求的细化落实,并对本行政区域的开发保护作出具体安排,侧重实施性。

从全局看,这样的上下传导和确定规划的侧重点无疑很必要,与原先的土地利用总体规划的上下传导机制相类似,有利于克服地方编制规划的盲目性。就地方层面的规划任务看,本次省级、市县级自上而下编制国土空间总体规划,以 2035 年为年限、展望到 2050 年,这就势必要在细化落实上位规划要求的同时,还要结合本地实际开展多方面研究,从而对省域、市县域国土空间发展作出科学和系统的安排,同时还要反馈到上级总体规划和传导到下级总体规划或详细规划,并指导和约束各专项规划。

新的规划体系在编制和审批上仍是沿用了分级分事权模式,但更为重视"实施和监管",强调下级规划服从上级规划,专项规划和详细规划服从总体规划。同时,下级规划对上级规划,专项规划和详细规划对总体规划等,也都有反馈作用,需要有合理的互动,并有相应的保障机制。由于国土空间规划的制定和监管实施是一个系统工程,唯有如此才能确保国土空间规划体系的顺利运行和充分发挥效用。

3.3.3 市、县国土空间总体规划的战略引领和底线管控作用

相对于全国和省级国土空间总体规划,市、县国土空间规划应是偏重于实施性;从国际和国内经验看,市县总体层面的空间规划编制必定会涉及对区域问题和经济社会发展问题的研究。以现行城市总体规划为例,它既是以空间发展为对象,同时也具有很多经济社会发展规划的内涵,已经走向了综合规划(comprehensive planning),早已经不再局限于土地使用规划(land use planning)。

例如关于北京的城市总体规划,习近平总书记曾明确要求,北京的城市规划要深入思

考建设一个什么样的首都，怎样建设首都这个问题，把握好战略定位、空间格局、要素配置，坚持城乡统筹，落实“多规合一”，形成一本规划、一张蓝图。关于上海的城市总体规划，国务院的批复指出：要在《总体规划》的指导下，着力提升城市功能，塑造特色风貌，改善环境质量，优化管理服务，努力把上海建设成为创新之城、人文之城、生态之城，卓越的全球城市和社会主义现代化国际大都市。可见承载着诸如“建设一个什么样的首都”“建设一个什么样的上海”方略的总体规划，是经济社会发展与空间安排相结合的战略性规划，其编制和实施应是地方党委政府领导下的各主管部门的共同任务。规划期至2035年、展望至2050年的全国、省级、市县级国土空间总体规划，应是五年期的地方“经济社会发展规划”和五年期的“城乡近期建设规划”等行动性规划的共同上位规划。

总之，由主体功能区规划、土地利用规划、城乡规划等空间规划融合而成的国土空间规划，就其市县总体规划的定位而言，仍应当延续和进一步发挥原本的“战略引领”和“底线管控”作用①。按照张庭伟教授的说法，地方层面规划的编制内容应该覆盖经济、社会、生态以及社会服务管理四方面②。故而不能望文生义地就空间论空间，更不能将发展规划、空间规划、建设规划等截然分开，再搞出个新的“三规”打架。

3.3.4 国土空间规划体系下的详细规划编制方法

在市县层面的国土空间总体规划编制中，“多规合一”必定要体现为市县域空间规划总图的政策区划城乡全覆盖；纵向的传递和深化也应该实现市县域的城乡全覆盖。根据《若干意见》，在市县及以下编制详细规划；详细规划是对具体地块用途和开发建设强度等作出的实施性安排，是开展国土空间开发保护活动、实施国土空间用途管制、核发城乡建设项目规划许可、进行各项建设等的法定依据。具体分为城镇开发边界内的详细规划和城镇开发边界外的乡村地区详细规划，亦即通过两类详细规划，实现城乡全覆盖。《若干意见》中所指的详细规划，其作用应大致同于现行“控制性详细规划”（以下简称“控规”），但在新体制下“控规”也需要改革和完善。

考察北美和欧洲国家的区划（zoning by-law）和地方规划（local plan），其开发控制层面的规划编制一般都是全政区覆盖的，规划图的比例、用地分类及其他规划控制要素的设定则有很大灵活性，以契合密集建设区及农业地区等的不同规划对象。反观我国以往的“控规”编制，基本是一个模式，较忽视空间对象的多元特性。在“多规合一”的新规划体系下，设想可对“控规”编制施以城乡统一建构和实行分类指导，即针对城区和郊区乡村地域统一编制“控规”，但采用差别化的编制方法及技术标准，包括图纸比例、用地分类、控制要

① 董珂，张菁. 城市总体规划的改革目标与路径[J]. 城市规划学刊，2018(01)：50-57.
② 张庭伟. 中国城市规划：重构？重建？改革？[J]. 城市规划学刊，2019(03)：20-23.

素设置等均可以有所不同；在市县域较大比例图纸上，针对局部密集建设地段，可以借鉴英国地方规划的局部“插入”(insert)方法，以满足对“控规”编制深度的要求(图 3-3)。

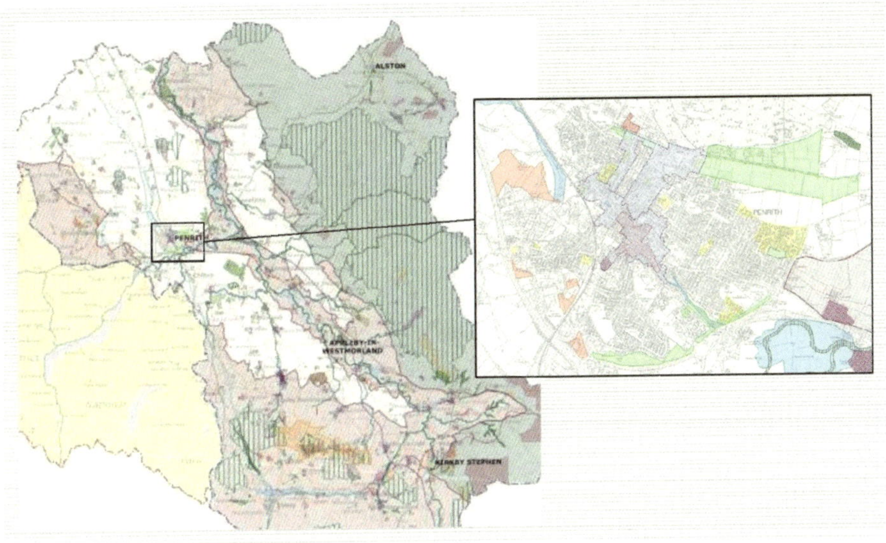

图 3-3　英国地方规划的全域与局部“插入”关系示意

来源：作者根据英国地方政府网站资料 https://www.eden.gov.uk/planning-and-building/planning-policy/改绘

实际上，就“控规”的方法论而言，即使在规划建成区，对不同的功能地域(如工业区、商务区、居住区)、不同的特性地域(如新城区、老城区、历史街区)及发展的不同阶段(如确定性开发、不确定性开发)，也均应该采用差别化的策略——控制要素的选择及“严格”与“宽松”不一概而论。只有保证了“控规”的“控权”适用性，才能真正有助于严格执行规划。

3.3.5　规划行政事权划分及规划成果体系创新

为了提高规划行政管理的效率，需要对规划行政事权作合理划分。规划学界曾对此有过不少讨论。一般认为，上级政府应关注下级城市的功能定位、发展规模、环境和资源、重要历史文化遗产、区域性基础设施和生态保护等涉及国家和区域利益的规划内容。至于城市用地布局和公共服务设施、商业服务业设施、道路交通设施、市政公用设施、绿地与广场、城市风貌景观建设等都可以归为地方性建设管理事务①。

在以往实践经验的基础上，《若干意见》提出了各级政府的规划编制、审批和监管实施的事权划分的原则，即“管什么就批什么”，并“按照谁审批、谁监管的原则，分级建立国土空间规划审查备案制度”。为了落实这一改革思路，规划编制内容、成果体系和报批方式

① 赵民，郝晋伟. 城市总体规划实践中的悖论及对策探讨[J]. 城市规划学刊，2012(03)：1-9.

等都需有所创新或调整。

就规划成果体系的创新目标而言，既要更好地契合规划行政事权划分，同时也要有助于彰显市县总体规划的战略定位和公共政策属性。规划成果要让公众看得懂和愿意看，为此一定要改变以往那种干涩的“技术性”条文和图件表达方式。在新的实践中，要力求良好的公众界面，包括采用图文并茂的编排、有理有据的阐述和应用新媒体手段。

这方面，上海新一版总体规划的经验值得参考。上海采用了“1+3”成果体系，其中的“1”为《上海城市总体规划（2017—2035 年）》总报告，是在战略层面上指导城市空间发展的纲领性文件，以图文并茂的形式编排，具有较好的可读性。“3”则分别为“分区指引”“专项规划大纲”和“行动规划大纲”，作为“1”的附件①。大体上，“1”关系到中央政府事权，报请国务院审批后由地方政府负责实施；“3”的内容都是地方事权，在总体规划阶段只做框架性安排。上海市政府依据国务院批复组织实施城市总体规划，包括组织编制和审批区级总体规划、专项规划和各项重大建设规划。

需要指出的是，依据《宪法》，地方人民政府既要“对本级人民代表大会负责并报告工作”，也要“对上一级国家行政机关负责并报告工作”；“全国地方各级人民政府都是在国务院统一领导下的国家行政机关，都服从国务院”（《宪法》第一百一十条）。因而，事权的划分并非是绝对的，即使是“地方事权”，上级政府及中央政府也仍可以行使监察权和进行问责。

3.4 结语

国家治理离不开国土空间规划工作，中共中央 国务院作出建立国土空间规划体系并监督实施的重大决策部署，体现了新发展理念，反映了新时代的发展诉求；《若干意见》全面阐述了新规划体系建立的意义和运作原则，对各级国土空间规划及专项规划的编制审批和实施等提出了诸多要求，指明了今后的工作方向。

本文的研究表明，各项空间性规划的产生和演进均有其特定缘由和轨迹；统一的国土空间规划体系建立有着行政和技术的双重逻辑。就规划的职业实践而言，无论是规划编制体系，还是规划监督实施机制，都要契合新发展理念以及国家治理现代化的需求。从规划职业实践与规划学科发展的关系看，正如罗震东、宋彦所言，“新的不同职能规划的出现既是对问题和挑战的应对，也是对城市规划实践和知识体系的不断丰富和发展。而这种丰富和发展可能在一段时期体现为相对独立的规划类型，然而随着知识的交流和碰撞，最

① 张尚武，王颖，王新哲，等．构建城市总体规划面向实施的行动机制：上海 2040 总体规划中《行动规划大纲》编制与思考[J]．上海城市规划，2017(04)：33-37.

终会整合在一个更为综合、强大的知识体系内”。①

随着国家的经济、社会和城镇化的不断发展，自然资源环境条件等持续变化，空间规划体系、职业实践及其背后的学科体系也必然会发生变化。就我国城市规划而言，多年来不但是空间不断延伸，范畴也在不断跨越——从规划方案设计到规划许可管理，从城区规划到城镇体系规划，从物质性规划设计到经济社会发展战略，从城市规划到城乡规划（城市、镇、乡、村庄）及“城市-区域”规划。可以说城市规划已经演化为综合规划，需要处理“城区”与“区域”、“城市”与“乡村”、“发展”与“空间”以及“开发”与“保护”等多个层面和多种性质的问题。因而城市规划职业与其他规划职业的交叉和交融不可避免，城市规划学科也因不断汲取其他学科的知识和方法而不断发展甚至蜕变。

但变中亦有不变，不变的是规划的初心，无论是埃比尼泽·霍华德（Ebenezer Howard）的“田园城市”及“田园城市和城市规划协会”所倡导的理念，还是为了克服市场机制的缺陷而形成的公共干预思维，以及保护生态环境、历史文化、追求资源配置效率和公平等价值观念，都应继续得到坚守并不断有新的升华。

---

① 罗震东，宋彦. 变与不变之间：二战以来美国土地使用规划的演进及其对中国的启示[J]. 国际城市规划，2018，33(04)：4-11.

4 国土空间规划的知识基础及其结构*

孙施文**

根据《中共中央 国务院关于建立国土空间规划体系并监督实施的若干意见》(以下简称为《若干意见》)的总体部署,国土空间规划相关制度的建设正在有序开展,不同层次规划的编制工作也在紧锣密鼓地准备和开展之中。与此同时,有关国土空间规划工作的各类学术研究等也在不同的方向、不同的学科和专业领域、不同的层面上百花齐放,当然这些讨论和研究更多关心的是国土空间规划做什么、怎么做、做成什么等方面①②,对于支撑国土空间规划工作开展的知识基础以及这些知识之间的相互关系还甚少涉及。从学理上探究国土空间规划的实质性内容及其构成,以及与此有关的各类知识之间的相互关系,对于深入认识国土空间规划、完善规划内容以更好地开展相关工作,有着积极的意义。

4.1 国土空间规划的实质性内容

《若干意见》非常明确地定义了国土空间规划:"国土空间规划是国家空间发展的指南、可持续发展的空间蓝图,是各类开发保护建设活动的基本依据",并指出了国土空间规划的主要工作内容是:"整体谋划新时代国土空间开发保护格局,综合考虑人口分布、经济布局、国土利用、生态环境保护等因素,科学布局生产空间、生活空间、生态空间,……"由此可见,国土空间规划是针对未来发展的,是对未来发展作出整体谋划和安排,并约束各类开发保护建设活动;同时,在统筹社会经济环境等各方面的基础上,对未来的空间使用,即生产、生活、生态空间作出科学布局。因此,作为国家规划体系中的重要组成部分,国土空间规划首先是规划,即在预先协调和安排各类国土空间使用的基础上,通过对国土空间使用活动的管控来实现未来发展目标。由此,《若干意见》在构建国土空间规划体系的基础上,在"编制要求"中分别以"体现战略性""提高科学性""加强协调性""注重操作性"等

---

* 本文发表于《城市规划学刊》2020 年第 6 期。

** 孙施文,同济大学建筑与城市规划学院教授,中国城市规划学会常务理事、学术工作委员会主任委员。邮箱:shsun@tongji.edu.cn。

① 潘海霞,赵民.关于国土空间规划体系建构的若干辨析及技术难点探讨[J].城市规划学刊,2020(01):17-22.

② 王新哲.地级市国土空间总体规划的地位与作用[J].城市规划学刊,2019(04):31-36.

为核心，明确了国土空间规划的具体工作内容和要求；在“实施与监管”等内容中，对保证国土空间规划有效实施建立了一系列的制度框架，从而为国土空间规划工作的开展指明了方向。

“整体谋划新时代国土空间开发保护格局”，是国土空间规划的核心任务，格局是在各类空间使用过程中形成的总体结构和布局关系所形成的，需要在未来发展过程中，通过各类开发保护建设活动予以实现。因此，国土空间规划不仅是描绘一张蓝图，也是需要对各类开发保护建设活动进行管控才能实现的空间结果。由此也可以看到，规划的本质属性是各类空间使用行为的管控，从广义上讲，国土空间的保护、开发、利用、修复、治理，都是人类对国土空间的使用活动。如果就国土空间构成要素的未来状态而言，最终仍然是需要人的活动(即保护、开发、利用、修复、治理等)才能形成的。而规划的核心就是要通过过程规制的方式，才能使之达成的。因此，国土空间规划安排和管控的对象是国土空间使用，是对各类空间使用行为的规制而不只是安排具体的国土空间构成要素，这也是国土空间规划作为一项社会建制存在的含义所在。而各类国土空间的构成要素，是社会各类主体具体实施的行为对象，即空间使用的对象；对于国土空间规划而言，就是对各类空间使用行为进行规制的基础及其导向的结果。从这样的角度来说，国土空间规划的重点在于国土空间变化的管理，是以筹划来予以引导和以宣示来为管制提供依据的，从而达成目标所欲的变化①。

根据这样的理解，从规划的学理逻辑出发，国土空间规划的知识内容包括了这样三个层面：第一是关于规划本体的，即什么是规划以及规划怎么做；第二是关于规划对象的，也就是国土空间规划统筹安排和管控的对象和内容，即各类国土空间规划使用及其相互关系；第三是构成国土空间使用的对象，也就是国土空间的构成要素。因此，作为支撑国土空间规划开展的知识类型，也可以大致划分为这样三个部分，即关于规划的知识、关于国土空间使用的知识以及关于国土空间构成要素的知识。根据国土空间规划的实质性内容，这三部分知识既有密切的关联性，但也存在着内核与外延的区别，而更为重要的是，在每一部分的知识类型内部有着源自不同学科和专业的知识内容，在规划的运用过程中相互交织，从而在整个规划过程中，这些不同层次、不同来源和类型的知识共同组成了复杂网络，共同支撑国土空间规划工作的开展②③。

为了便于叙述，下文的讨论由物质实体的内容说起，再讨论与物质空间使用相关的知

① TEWDWR-JONES M. Spatial planning and governance：understanding UK planning[M]. New York：Palgrave, 2012.

② INNES J E, BOTHER D E. Planning with complexity：an introduction to collaborative rationality for public policy [M]. London and New York：Routledge, 2010.

③ SANYAL B, VALE L J, ROSAN C D. Planning ideas that matter：livability, territoriality, governance, and reflective practice[M]. London：The MIT Press, 2012.

识,最后讨论规划本身。

4.2 有关国土空间构成要素的知识类型

国土空间的完整概念是指由国家疆界范围所构成的包括领土、领空、领海在内的整体空间,包括了已利用和未利用的陆地表面和水面以上、以下的空间。就其构成而言,是由不同的地貌、土壤、岩石、水文、植被、建筑等构成的综合体;如果以表层投影及其集合来区分的话,山、水、林、田、湖、草、滩、漠、海、岛、城、镇、村等大致可以概括。

就这些要素构成的空间特性来区分的话,大致可以分为三类:自然空间(环境)、人工空间(环境)以及人工自然混合空间(环境)。现在经常看到用“生产空间、生活空间、生态空间”或者“生态空间、农业空间、城镇空间”来区分国土空间的构成,但这种区分实质上是在外部显像以及对功能性和基本属性未予区分下的划分①,而且一些用词也会带来使用上的歧义,例如生态空间、生产空间、生活空间本应是贯通在所有以上三种类别的环境中的,就纯粹的人类的生产生活而言,即使在城镇之类人工空间环境中也仍然有生态空间的,也同样有生态功能的空间存在的。

严格意义上讲,现在地球上纯粹的自然环境已经不多,许多可以被称为自然的环境也已经经过人类的改造或者是受到人为扰动影响,但其中仍然有相当部分还没有被完全改变性状。因此,这里所称的自然环境是指非人力营造、未经人类大规模改造和不受人力持续扰动的空间环境,以及仍然保持着基本自然生境属性的地区;这些自然环境所具有的人文意义,是由人类赋予其意义的,但并未以改变性状为前提。而人工环境指的是完全由人力营造形成的空间环境,这种人工环境是由人类对自然环境进行改造后形成的,其中有些还保持着自然的性征,如山、河、湖、树林等,但通常也已经在某些方面经过人力的干预或处于人类的不断扰动之中;人工环境的人文性是以改变自然形状、根据人类的意愿及文化意义创设出新的、非自然化的性状而形成的。所谓人工自然混合环境,是指经过人工改造形成,但其使用方式或其运行过程仍然依赖于自然特性,或者说以自然生长为主要特征。广大的农业生产地区显然具有这样的特点:这些空间都是经过人力开垦改变了自然特征,但其生产的方式仍然需要按照自然的节律、依赖于自然的生长力量来获得收成,当然人类的扰动和干预是不间断的,因此这种人工与自然的交互作用是这类地区的最显著特征,其环境的人文性也是由这种交互作用所形成的性状所表达的,无论是稻田、“青纱帐”还是花海。

从对环境认知的知识来源上看,从自然环境到人工环境,自然性的要素以及人为实体

① 吴次芳,叶艳妹,吴宇哲,等.国土空间规划[M].北京:地质出版社,2019.

要素都有各类自然科学和工程技术学科进行研究，如地质学、地球物理学、海洋学、水利学、农学、林学、生物学、土木工程学等，这些学科为现实世界的认识提供基本的知识；而对其中的人工环境要素以及由社会性因素所影响或决定的实体要素之间的关系等，则由一系列的社会科学学科和工程类学科提供相应的知识，如经济学、社会学、历史学、心理学、建筑学、交通运输学、安全工程学等；此外，还有一些复合了自然和人工要素，覆盖了自然环境到人工环境整体，为我们认识国土空间提供基础性知识的学科，如地理学、环境学、生态学、测绘学等。

就认识国土空间各构成要素而言，这些学科以认识现实现象、探求事物本身的机理为主要任务，通过运用一套明确的概念系统和逻辑一贯的解释原则，来揭示事物本然的法则——规律。但同一事物，往往都有不同的属性和面相，因此，也就成为多个学科进行研究的对象，比如有关土壤的研究，就有土壤物理、土壤化学、土壤生物、土壤地理等不同学科的研究，这些研究往往依据物理学、化学、生物学、地理学等的学科视角和问题导向、概念框架和方法来展开。同样，对于城市研究也有经济学中的城市经济学、社会学中的城市社会学、地理学中的城市地理学、政治学中的城市政治学等。这也说明，学科之间的区分并不是以研究对象，而是根据不同的研究疑旨(problematic)、方法以及概念体系所形成的学科传统来区分的，各个学科研究的都是客观对象的某一方面，而这些方面尽管都聚合在一个对象上，但这些学科的研究成果相互之间所遵循的并非是同一逻辑，这也就是科学哲学中说的知识之间的"不可通约性"①②。

而就实体构成的空间而言，往往也是由多个要素构成的，要认识这些空间内的各要素自身的特性及其演变特征，即使不将人类的改造和干预、使用活动等包括在内，仅仅就认识客观对象而言，也会构成一个非常庞大的知识网。比如，针对某种特定类型的地貌地区，就可能和地质构造、地层、土壤、植被、气候、生物、水文、矿物等有关，它们之间又相互作用、彼此影响。因此，在实践的过程中，在处理同一个对象的工作时，就需要对源自各个学科的相互之间不具有通约性的各类知识进行转换和综合的考虑，从而使各类知识相互交织在一起共同发挥作用，而绝非只是简单的拼合③④⑤⑥。

---

① 卡恩，特纳，罗思．社会科学哲学[M]．杨富斌，译．北京：中国人民大学出版社，2009.

② CAHN S M，TURNER S P，ROTH P A. The blackwell guide to the philosophy of the social science[M]. London：Wiley-Blackwell，2003.

③ 威尔逊．知识大融通：21 世纪的科学与人文[M]．梁锦鋆，译．北京：中信出版集团，2016.

④ WILSON E O. Consilience：the unity of knowledge[M]. London：Vintage，1999.

⑤ 吉本斯，利摩日，诺沃茨曼，等．知识生产的新模式：当代社会科学与研究的动力学[M]．陈红捷，沈文钦，等，译．北京：北京大学出版社，2011.

⑥ GIBBONS M，LIMOGES C，NOWOTNY H，et al. The new production of knowledge：the dynamics of science and research in contemporary societies[M]. London：SAGE Publications Ltd，1994.

4.3 有关国土空间使用的知识类型

国土空间使用，就是人类对国土空间的自然要素进行改造和利用的行为和方式。国土空间的现状格局，既是客观实存，也是过往人类对国土空间使用的结果。所有的空间使用都是人类为了达成自己的需求，以自己的价值诉求和改造能力来达成的对自然环境的利用，所以都是有目的行为。城镇、农业农村地区等都是人类在不同程度、以不同方式改造自然，并不断细化使用方式的成果。即使就自然环境的保护而言，也同样是人类对自然空间的一种使用方式。因此，森林草原、沙漠戈壁、高山峻岭、江河湖海、无居民海岛等空间之所以还能够以相对自然的状态继续留存，也是人类主动或被动的选择结果。从这个角度来说，人类的空间使用行为包括了保护、开发、利用、修复、治理等主要类型，在每一种类型中针对不同的对象即国土空间的不同构成要素，有着多种的使用方式。

空间使用通常以土地使用或土地利用①来表达，毕竟土地是所有人类活动的载体，也是空间的基底，空间使用都是以土地使用为基础的。但二者还是有些区分，土地使用往往是指地块上具体承载的实体，强调的是物的被用及其物质性的存在；空间使用反映的是人的使用方式及其行为，是人的空间活动的反映。从另一个角度讲，土地使用注重功能，空间使用更注重关系，这就如同“居住”和“住宅”的区别一样。在国土空间规划体系中，总体规划层面应当以空间使用的组织为主，详细规划层面则要将空间使用落实到土地使用的安排上；在用途管制中，区域性的用途管制应当以空间使用为主（把控的是主体功能实现的空间关系，而不是以功能类别来制定大量的准入规则），规划许可则可以土地使用作为管制依据，但土地使用的分类应当按照空间使用的特性进行，从而达到土地使用的兼容要求②③④。

正由于空间使用是人的行为，是人类有目的的活动，因此，国土空间规划所面对的并不只是国土空间的实体状态，这些实体状态都是人类对自然空间的有目的、有意识选择并采取

---

① 既往在不同的规划中所使用的“土地使用”和“土地利用”，它们的基本含义应该是一致的。之所以有这样的区分并被各自固化，源于过去的部门意识和规划类别差异的规定。从语言上讲，“使用”是正向的，而“利用”则有“被利用”的含义，这种语式在中文中通常带些贬义；此外，“利用”有一次性作用或单一性使用的含义，而“使用”可以是连续的和变化的，即不同的使用。因此在“多规合一”的语境中应当使用“土地使用”和“空间使用”为妥。

② 过去习用的土地使用分类很多是根据管理机构或管理方式进行划分的，而不是按照空间使用的特征及其外部效应来进行划分的，如城市中的旅馆用地，是纳入商业用地而不是居住用地。

③ 席尔瓦，希利，哈里斯，等. 规划研究方法手册[M]. 顾朝林，田莉，王世福，等，译. 北京：中国建筑工业出版社，2016.

④ SILVA E A, HEALEY P, HARRIS N, et al. The Routledge handbook of planning research methods[M]. London: Routledge, 2015.

主动行为的结果。因此，在国土空间规划中，就需要研究大量有关人的知识，包括人的各类需求、各类活动的方式、生产和生活方式等，及其与空间之间的关系以及改变空间使用的能力和方法，等等，这就涉及从个体、家庭、社会群体、组织及至整个社会的空间需求以及与空间决策相关联的各类知识，这些知识源自各类社会科学、人文学科以及如生理学、人体学等自然科学的研究成果。人的行为、社会发展也自有其规律，但很显然并非是自然规律，而是在人的主观能动性以及群体性的文化意识、社会规则等的作用下形成的总体性特征，这种总体性特征具有一定的客观性，这也是一系列社会科学研究的基础①②。在空间使用中，为了适应空间使用活动的需要也会有改变空间、改造空间的需求，这就涉及对自然状况的认知以及相应的工程学要求③④，这部分内容将结合下文关于空间变化管理继续讨论。

任何的空间使用都有外部性，有正外部性也有负外部性，一块地的使用，无论是做什么用还是怎么使用，并不完全是由其自身能做什么决定的，而是需要在与周边的关联中进行判断，这就是空间关系，在规划中需要重点关注的。而就各类使用本身而言，它也同样需要依赖于周边地区使用的外部性。而各类使用方式，由于其核心的使用类型不同，所面对的空间对象不同，其所需要的条件、所采用的方式也是不同的。对于任何的保护、开发、利用、修复、治理的空间使用方式而言，都是一个与特定区域之外发生紧密关联的系统性工程。即使是原始森林的保护，也涉及周边各类污染的防治及对其的影响，如空气污染、酸雨、污水流入或者外部地下水过度抽取导致的地下水位下降、外来物种和虫害等。而对于生态修复、耕地修复、国土治理、流域治理等，不仅其自身的修复、治理要求、方式不同，其对外部的要求和产生的影响更加不同。

就开发、利用而言，也同样不仅仅是地貌地物的改变，更为重要的是与外部关系的改变，例如农地的开垦或者在农地上进行建设，就会涉及耕地需要灌溉用水的引入，城市建设需要有基础设施管网、交通的引入等，同时还需要考虑农作活动以及建成空间使用与各类生产、生活活动之间的关系等。由此也可知，各类使用活动绝不仅仅只是由对自然状况的评定所确定的，它涉及人们的目的、意愿和具体使用行为，也就涉及具体的操作，从谋划到实际落地是一个完整的过程，其中有大量的工作，尤其是工程性的工作才能达成更好的使用目的。这些工作是由相关的决策者、工程承担者或者使用者所开展，但是其外部需求以及工程过程中可能产生的外部效应，则往往是较少顾及的。这是需要在国土空间规划

① 卡恩，特纳，罗思．社会科学哲学[M]．杨富斌，译．北京：中国人民大学出版社，2009.

② CAHN S M, TURNER S P, ROTH P A. The blackwell guide to the philosophy of the social science[M]. London: Wiley-Blackwell, 2003.

③ 伯克，戈德沙克，凯泽，等．城市土地使用规划[M]．吴志强，译．北京：中国建筑工业出版社，2009.

④ BERKE P R, GODSCHALK D R, KAISER E J, et al. Urban land use planning[M]. 5th ed. Urbana: University of Illinois Press, 2006.

过程中仔细权衡和把控的。

值得注意的是，空间使用活动是由具体的使用者而不是规划师或者规划管理机构开展的，而一些空间的改变是由他们委托其他机构开展的，或者是由相关的机构做完后通过承租或产权转换的方式来获得并使用的，甚至很多活动本身的开展还是由其他公共部门进行管理的①。对于这些活动和管理的开展，实体空间的拥有者、使用者、营建者或者空间活动的管理者都有自己的出发点、关注点和思考问题的逻辑体系。因此，他们的空间使用行为都是从各自的认识、价值观等出发的。而对于各类不同空间使用改变的谋划、决策以及实施的行为而言，还涉及社会及团体的组织能力和方式、国家和地方的法律法规以及工程技术等内容，这类知识不仅分布在各类自然和社会科学、工程技术学以及相关的应用性学科中，而且是在具体情境的实践过程中被统合在一起的。

因此，要在规划中对所有空间安排组织做透彻的认识并进行个案似的明确安排显然是不可能的，所有的空间组织都是基于愿望和一定价值观导向下的策略性和方向性的安排，具体的空间使用的确定是需要在实施时进行再评估和再权衡的，这也是国土空间规划必须具备的基本观念。对于空间使用的安排，不用说预期性的安排，即使是事后的实证性研究也只能是根据实施结果及其过程的回顾进行分析推演的，难以还原到个体、机构的原初意图、当时的认识以及具体的策略调整等，因为所有原初的认识都需要在当下情境中、在统筹各方关系并与参与各方的“讨价还价”中折中妥协，这是实践活动的重要特征②③。

就此而论，国土空间规划的编制者要充分认知未来的不确定性，规划编制无法就此决定未来空间使用者的知识体系和价值判断，他们是不同的人群，而且相对于规划编制者而言是在不同时代和群体中的人，因此规划成果中的安排应当是有相当的包容度的；国土空间规划的管理者也要充分认知，规划实施管理也是重要的转换过程，规划成果所确定的是基本方向，具体的使用仍然需要进行战略性的评估和全面的权衡，而不只是一个按图索骥、依图办证的过程。总之，需要建立从规划编制到规划实施全过程的规划理念和制度架构④。

4.4 有关规划的知识类型

规划是人类预计和安排未来事项能力的集中体现。国土空间规划安排和组织未来国土空间发展，而这些发展是建立在社会各类人群的空间使用行为基础上的，并且是由国土

---

① 孙施文. 有关城市规划实施的基础研究[J]. 城市规划，2000(07)：12-16.

② 鲍德温，凯夫，洛奇. 牛津规制手册[M]. 宋华琳，李鸻，安永康，等，译. 上海：上海三联书店，2017.

③ BALDWIN R, CAVE M, LODGE M. The Oxford handbook of regulation[M]. New York: Oxford University Press, 2010.

④ MORPHET J. Effective practice in spatial planning[M]. New York: Routledge, 2011.

空间使用的变化所达成的。因此，国土空间规划的实质就是对未来国土空间使用的变化进行管理①。

在现代科学条件下，国土空间资源使用具有多宜性的特点，但国土空间资源总量是固定的，建成空间的扩大，必然会挤占自然空间或者农业生产空间，这就会影响到诸如新鲜空气、水、食物等的供应以及废弃物的净化等；而建成空间过小，会造成人类生活需求得不到满足、生活品质下降。同样，在城市中，随着生活水平的提高，人们希望住宅面积增大，这就要增加居住用地，在其他用地不变的情况下，城市就需要扩张，就需要占用更多的自然空间或者农业生产空间；而如果为了保证自然空间和农业生产空间不发生改变，城市不予扩张，就需要缩减城市其他设施的用地，会导致学校、办公、基础设施、道路等用地和设施配置不足，同样也会影响到整体的生产生活质量。而如果因此减少居住用地的总量，会导致房价上涨，在同等收入状态下生活品质下降。

总之，资源配置的核心是权衡各类空间使用的需求关系，从而解决空间使用竞争的问题。就此而言，国土空间使用资源的配置是基于各类资源使用的产出能力，依据未来发展目标而进行的分配和组合。资源使用的产出能力，不仅仅只是经济的（如 GDP 或者地均产值），也有其社会、环境等方面的产出，而且更为重要的是要将适应未来社会、人群生存、活动的各类因素都考虑进去，比如氧气、清洁的水、食物、能源的生产，以及废弃物和污染的净化等需要，当然也包括人类各种生活、生产、游憩等方面的需要。从根本上讲，就是满足人类未来生存、安全、愉悦和发展的各种需要。

资源配置是建立在不同空间使用之间的科学合理关系的基础上的，而且随着需求的变化、目标的变动以及产出能力的变化，各类资源使用之间的关系也需要不断地调谐，这就需要有相应的社会经济和生态学等方面的知识不断地予以支撑。同时，受到区域尺度和国土空间既有格局等的影响，难以在较小区域范围内封闭式地予以统筹协调，这就有建立由国家到地方、由区域到城市，自上而下进行配置的制度的必要性。当然在小的区域或者城市中，也需要有相应的均衡，但肯定不是自给自足似的就地平衡。这同样需要有相应的与在地原生环境相适应的、基于人类生存和健康发展的国土空间使用资源配置的方式方法②。而建基于国家和大区域的资源配置不可避免地会带来利益上的差异性，尤其是对于大量提供公共物品产出的地区，因此就有可能存在区域间的公平问题，需要建立相应的专门制度来予以解决。

随着需求和目标的变化、技术的进步，为实现高质量发展和高品质生活，需要不断地调谐各类空间使用之间的关系，进行有目的的再组织。当然，这种调谐和再组织并不是整

① TEWDWR-JONES M. Spatial planning and governance：understanding UK planning[M]. Basingstoke and New York：Palgrave，2012.

② 中国城市规划学会.城乡规划学科技术路线图[M].北京：中国科学技术出版社，2020.

体性的重构，而是在既有格局基础上的调整完善，但在其中局部地区和某些方面也存在着重构的可能和需要①。国土空间使用的变化始终都在发生着，而任何变化都有可能带动周边地区的变化或产生变化的需求，这是由空间使用的外部性所决定的。外部性有正也有负，而且每一种使用，使用者关注的是周边的使用对其使用的影响，这也是其进行使用决策所考虑的基本内容；而该项使用对周边的影响，使用者通常较少考虑，正负都不在其考虑范围之内，而周边地区恰恰是在其无论正或负的外部效应下震荡似地发生变化。规划师要关注的就是这种外部效应，关注不同使用的外部效应究竟如何，并在此基础上组合各类使用，协调相互之间的关系，从宏观的区域尺度到街区的地块尺度都同样如此。任何国土空间的使用绝非是这个空间的本体所决定的，而是由外部关联，甚至可以说是周边地区的使用决定的。

比如陆海统筹，通常在不同空间资源使用时，会从稀缺性、战略意义以及创设同类空间类型的难易程度等方面选择决策基点，因此，以海定陆的实质就是将海洋资源在与陆地资源的比较中占据重点。这就要从海洋使用出发来确定陆地海岸的使用，比如在特定海洋资源的保护地带、渔业资源以及红树林、湿地等的岸边，不应安排建设项目，也不应设置吸引人流的休闲娱乐设施，即使有很好的水深条件和岸上建设条件也不应开设大吨位码头、用海或依靠海洋运输的工业项目，因为这些使用可能对海洋资源带来干扰甚至危害，带来海洋污染等。同样，根据海洋使用功能分布以及航线、锚地和水深条件等，可以确定哪些地区可以设立集运码头，这些地区有可能岸上建设条件并不理想，在区域性港口布局的基础上，在没有其他选择的情况下，只能选择这样的地区进行建设，而不是在有可能对海洋生态空间造成负面影响的地区进行建设。

同样，对于不同的空间使用，需要考虑不同的组织原则。比如，在自然空间中，需要充分考虑不同生物群落的自然生境要求，在农村地区需要考虑农业生产方式及其与生活空间的匹配，在城市地区更需要考虑人的活动联系要求等。在处理相互之间关系时，需要针对具体安排进行具体的使用分析。但很显然，空间的区分绝对不是划一根线就算解决好了。

例如，永久基本农田与高新技术开发区并置，绝不是靠一根红线、一条沟渠或道路进行区隔的，甚至实体的围栏也不行。实际上，在实际使用中其具有相互的干扰性，这不仅仅是相互之间空间扩张的问题，而是任何一方的使用都可能对另一方产生不利的影响。同样，永久基本农田如果不能很好地与村庄有机结合，也会影响农田的实际使用和生产效率。在自然保护地，围栏的设置不仅隔绝了环境之间的交互作用，还干扰到物种的交换、动物的迁徙等。而在城市中，由于人口和活动更加集聚，这种相互影响更为显著，这也是空间规划，无论国内国外都是先从城市开始的重要原因。且不说工业和居住、居住与办公

---

① 孙施文.从城乡规划到国土空间规划[J].城市规划学刊，2020(04)：11-17.

的关系，以及邻避设施等的设置，即使是同为生活性设施的居住区与医院，哪怕是相隔一条城市道路布局，也会给居民生活带来很多困扰；中学、小学、幼托设施尽管都是文教类设施，但相邻布局也会有相互干扰；甚至学校与居住区相邻布局，也会产生干扰。这些设施不得不相邻布局时，需要从实际使用状况进行分析，作出组合性安排，并在出入口的安排、建筑物的布置等方面予以修正和改善。

空间使用的变化都是相对于现状而言的，因此需要关注对现实状况改变所带来的影响和问题，同时也需要关注改变后对实际使用的可能影响。这既包括比如农业用地转变为城市建设用地后带来的农业用地减少和补偿，也包括农业生产单元的变化、农业地区沟渠水利、农村生产和生活匹配度的调整等，还包括城市用地产生的污染对农业生产的影响等。同样，将林地或者荒山地开垦为耕地，改变的不仅仅是地形地貌、植被状况，由于农业生产引入的水量会改变地区的小气候、地下水甚至改变地质条件，而人的活动的增加以及农作物生产所使用的化肥等，都会对周边林地或自然保护地产生干扰。而退耕还林、退耕还海等，对已经形成的耕地系统、沟渠水流等会产生调整需要，同时也会对已经经过多年生态适应的林、海地区产生干扰和影响。

在城市中，不仅新的建设将改变城市或者城市特定地区的空间结构，即使是城市更新，比如把原先的居住区更新为商业区使用，或者把原先居住商业相间的地区更新为纯粹的商业区或者纯粹的居住区使用，都会对该地块上的原居民产生影响。由于引入了新的居民、新的设施和新的使用者，同时也改变了经过此地、日常使用该地区设施的其他地区的市民的生活轨迹，导致城市或特定地区的空间结构的重塑。正由于此，在规划制定和规划实施过程中，需要充分研究这些变化并评估这些变化的可能影响，才能更好地对空间使用进行组织，而且从某种角度讲，正是由于存在着这样的外部影响，才需要规划的预先研究和安排以及管制。当然，要改变现状、重新塑造各类空间使用之间的相互关系，就需要有充分的理由，需要从地区整体的共同福祉角度进行考虑，充分发挥外部正效应，减少或消除对他人、其他社群和其他物种的外部负效应，并且需要采取可行的方式和手段，尽量缩减转变过程的不适宜性和调整期。

需要强调的是，规划实施以及进行用途管制的规划许可时，并不仅仅是核对所要实施的项目的用地性质和开发强度是否与规划图一致，还需要对以上这些内容作出实际的评估并综合决策。规划编制的成果是在未来不确定情况下的意愿和方向的指引，而规划实施管理和规划许可则是在项目和周边状况相对确定的条件下进行的，因此不能也不应该只是简单、机械地套用规划编制成果来作为唯一依据作出决定。

4.5 国土空间规划的知识本体及各类知识的组合

国土空间规划，从本质上讲，就是建立在特定治理结构中的对国土空间开发保护的公共干预。这种干预的目的就是要解决现存的问题和保证未来目标的实现,因此就是要改变现有的状况或既有的使用模式,并通过国土空间资源的配置和各类空间使用关系的调谐,推动合目的、合意的变化的发生,并对不合目的或不合意的变化进行控制。无论是解决现存问题还是实现未来目标,都是要使未来的国土空间发展比现状更高质量、更高品质,都是需要经过一定的人为努力才能实现的,而这些空间变化也都是将在未来展开的,是现在尚未发生的,因此,对未来以及未来变化的认知是至关重要的。而人类的绝大部分知识,都源自过去的经验,如何从这样的知识出发,结合对未来的预测并转化为可以操作的具体行动,这之间存在着大量与价值观相伴生的判断和选择,而这是一个将世界观和认识论、方法论相统一的过程,并且规划的成果就是在这个过程中不断调谐的产物①。

而同样重要的是,规划是一项公共干预,是针对分散的空间使用的决定而开展的,因此,除前面所说的对规划对象——空间使用的因果关系及其逻辑的认识之外,对干预施行的前提条件如制度、政策和规制以及施行过程的机制及其可能后果的外部效应的认识和判断,直接决定了规划的有效性。这是所有公共政策所具有的特点。公共政策的实施不仅关系到政策实施的成效问题,而且也是政策内容,包括政策目标、政策措施等的重要决定因素。因此,国土空间规划应当将规划的内容和过程真正融入治理的目标和过程之中。

规划显然不只是制定目标或者确定未来的目标状态,更不只是绘制未来的目标图景,重要的是通过国土空间的使用安排去实现目标或者是为目标实现提供基础,也就是说要建立实现目标的行动纲领并不断付诸实施。规划目标在规划制定和实施中具有举足轻重的地位,是规划制定和实施中所有安排和决策的依据,各类国土空间要素的发展、各类空间使用的组织和管理需要依据未来发展目标进行评估和权衡,然后才能做出适宜的决策。而对于国土空间规划这样一个由多个学科、多专业共同参与的工作而言,由于学科和专业的关注点、概念体系以及认知方式和逻辑基础等方面都存在着较大的差异,因此对国土空间资源和要素的认识,对国土空间使用、可能结果以及对相互之间关系的权重和安排的优先性等就会有不同的认识,在相互配合和协作的过程中产生不同的要求和矛盾是正常的现象,而要解决这些矛盾就需要在统一的目标下进行评判和达成共识,这是规划能够达成统一整体的必然途径。

当然,规划目标本身既是上层次规划目标的分解,是实施上层次规划目标的行动方略的组成部分,又是上层次战略要求落实和本层次行动方向相结合的成果②。因此,规划目标的确定是未来预测、战略研究、社会愿景、上层次规划安排等的综合。这就是说,无论在

---

① WEBER R, CRANE R. The oxford handbook of urban planning[M]. New York: Oxford University Press, 2012.
② 赵民.国土空间规划体系建构的逻辑及运作策略探讨[J].城市规划学刊,2019(04):8-15.

社会经济环境方面，还是在国土空间保护、开发、利用、修复、治理等方面，规划目标是复合预测研究、对策研究和实务工作及其交互作用的成果而形成的，而且，规划目标制定的结果就是要达成社会共识，是一个重要的政治过程。因此，社会动员和社会工作也是其中非常重要的工作基础。与此相同的是，人类对空间使用的要求或者说空间使用的目标是多样的，这些多样的要求之间并不存在必然的逻辑关系①，即使如建造一栋房子，既要安全坚固，又要经济适用，还要美观漂亮，每一个项目要求中都存在着价值观的差异，这些要求是平行的，不能由一个要求的好坏、多少推导出另一个要求来；同时也不能将它们叠合在一起，不是由一个要求占比多少，另一个要求占比多少来决定的，需要在实践过程中，在不同群体的共同参与之下，根据特定的目标要求进行具体权衡，当然这还需要建立一整套的评价方法，从社会整体福祉的角度来进行综合评估，并根据目标要求做出选择②③④。而这一点在规划过程中将进一步放大，不仅在具体的空间使用上，而且在整个规划的各项目标之间都存在这样的状况，甚至可以说，在规划的各个层次、各方面内容中都会存在着的一个关键性问题：任何的选择和决定都需要同时满足这些平行的、离散的目标要求。这是规划作为实践活动所实际面对并必须予以解决的问题。

因此，关于规划的整体性知识，大量来自对具体空间使用的分析和对出现问题的解决过程中，历史的经验和先例可以提供部分的知识，但在具体问题的解决中往往只具有对问题界定和解决的先导性作用，实际运用过程仍然是需要不断修正、充实和完善的。也正因如此，单一学科无法提供全面的知识，需要多学科的共同协作，而这种协作也没有固定模式和通用方式，甚至连不同学科的组合方式也需要根据具体场景中的问题分析来予以确定，知识需要在国土空间规划制度施行过程中不断确立和完善。而国土空间规划中，由于国土空间使用的需求和决策是源自多类型、多群体、多维度的考量，各类国土空间使用的结果和影响也关系到社会、经济、环境、生态等方面，多学科协同工作尤为重要。而作为一个共同作业的平台，既要有专业视角，又要有基本的共识，这种共识是建立在共同价值观、对未来发展目标的共识、对好的国土空间格局以及国土空间使用之间的基本认识基础上的，从而才能站在不同的学科立场、运用各自学科知识和分析工具，通过共同协商和交叉换位思考，达成综合的解决方案⑤。而这个过程的建立，既需要各个学科清理各类空间使用自身的内外部条件、要求以及质量提升的方式及其结果，分析各类使用之间的交互作用及其可能结果，又需要融合对自然规律、社会规律的认识和发展前景

① 徐长福.理论思维与工程思维：两种思维方式的僭越与划界[M].上海：上海人民出版社，2002.

② 达利，柯布.为了共同的福祉：重塑面向共同体，环境和可持续未来的经济[M].王俊，韩冬筠，译.北京：中央编译出版社，2017.

③ DALY H E, Jr. COBB J B. For the common good: redirecting the economy toward community, the environment, and a sustainable future[M]. Boston: Beacon Press, 1994.

④ 中国城市规划学会.城乡规划学科技术路线图[M].北京：中国科学技术出版社，2020.

⑤ 顾朝林，武廷海，刘宛.国土空间规划经典[M].北京：商务印书馆，2019.

预测以及各类规律的运用条件，建立交互作用及其结果的评判准则，这同样是个多学科的协同过程。

马克·图德-琼斯(Mark Tewdwr-Jones)在概括规划工作时，认为它是由四部分内容所组成的：规制过程(a regulatory process)、战略评估(a strategic assessment)、管制框架(a governing framework) 以及未来计划(a futures project)。在整个规划中，规制是最为显在的对外部作用的权力和方式，也就是对各类开发保护建设活动进行管理的过程。而规制施行的范围及其程序，是由法律法规界定、授权的，并受其约束的；规制施行的实质性内容，也是由法律法规界定并经由法定规划具体明确的。在规划规制的实质性内容中，通过战略性评估进行资源配置和结构性的组合，结合各层级的管控职权设定管控体系，统筹组合形成未来空间使用安排和行动纲领，作为社会性的契约而得到执行。正如前面已经指出的，国土空间规划的本质是规划，规划的直接对象是国土空间使用及其变化，这些使用和变化是基于人们的行动而形成的，因此，对于规划工作而言，人类有目的行为的组织和管控的知识内容是其核心。这里既涉及法律法规、行政管理方面的内容，也涉及建立在空间要素与使用方式相统一条件下的各类使用活动之间的综合协调，政策目标、各类空间使用活动之间的关系逻辑、目标导向下的综合评估、社会组织协调过程等，是这种协调的知识基础①②。而要认识国土空间使用的方式及其变化的趋向，就需要对源自各类群体和个人的空间使用需求、愿望、实施能力及其使用的可能后果和外部效应等方面有充分的掌握；也需要认识到这些空间使用行为能够开展的条件，这就要求对各类空间的状况及其变化相关的工程技术方面有充分的了解，国土空间规划的知识基础就是这样有层次地融合为一个整体。

国土空间规划的制度建设正在初创似地建设中，规划编制工作也在尝试性地推进中，探索是这一时间段的主旋律。在此过程中，原先被隔离的发展与保护、自然环境与人工环境、城市建设与非城市建设等规划的内容被放置在从自然环境到人工环境的连续统一体中进行综合部署和安排，从而构造新的规划体系，而在规划中运用的各类知识也就面临着调适和重新组织其相互关系的需要。在这种结构过程中，首先需要清理的是各类知识的层次，本文提出了关于规划本体、规划对象以及作为构成规划对象基础的三个层次的知识类型及其特征，从而为全面的国土空间规划的知识体系架构以及国土空间规划体系的运行提供了讨论基础。规划知识的运用和知识生产，具有非常鲜明的实践性思维和对既往过程的反身性(reffective)学习的特征，这就要求在规划的过程中，不断针对具体问题的解决，开展跨学科的协作研究，从而使各类专业知识能够相互协同地作用在同一个规划之

---

① 海涅曼，布卢姆，彼德森，等. 政策分析师的世界：理性、价值观念和政治[M]. 李玲玲，译. 北京：北京大学出版社，2011.

② HEINEMAN R A, Bluhm W T, Peterson S A, et al. The world of the policy analyst: rationality, values, and politics[M]. 3rd ed. Thousand Oaks, CA: CQ Press, 2001.

中，并产生出新的知识内容和类型①。这也就要求规划编制和规划实施的组织者和操作者，认识规划过程中的层次性特征和规划问题的组成面相及其维度，建构合理的包纳主要知识领域的工作队伍，并把决策过程组合在完整的工作过程中。

① 吉本斯，利摩日，诺沃茨曼，等. 知识生产的新模式：当代社会科学与研究的动力学[M]. 陈红捷，沈文钦，等，译. 北京：北京大学出版社，2011.

5 空间规划改革的议题与展望：对规划编制及学科发展的思考*

张尚武**

《中共中央 国务院关于建立国土空间规划体系并监督实施的若干意见》(以下简称《若干意见》)于2019年5月正式出台，空间规划改革的大幕已经拉开。将主体功能区规划、土地利用规划、城乡规划等空间性规划融合为统一的“国土空间规划”，实现“多规合一”，是这次改革的基本要求。其重大意义在于健全国土空间开发保护的制度，体现战略性、科学性、权威性、协调性和操作性，促进空间治理体系和治理能力现代化，推动国土空间开发保护模式的转变，实现国土开发更高质量、更高效率、更加公平和更加可持续。

建立国土空间规划体系是国土空间规划的顶层设计，是国家层面自上而下推动的一次重大的规划制度改革，强调发挥国土空间规划在国家规划体系中的基础性作用；体现的是生态文明新时代空间供给侧结构性改革要求，按照国家空间治理现代化的要求进行的系统性、整体性、重构性构建①；涉及了对规划作用的重新认识、规划体系的重建、行政机构的重组等各个方面。

建立国土空间规划体系将对规划编制工作及城乡规划学科发展产生深远影响②③④⑤，当前需要理清改革的基本要求、任务及其内在逻辑。特别是规划编制作为一项具体的技术工作，如何把握改革背景下规划编制工作的任务和重点，如何看待规划的“基础性作用”和“战略谋划”的关系，以及空间规划改革与城市规划学科发展的关系，等等。本文认为空间规划改革要放在改革开放的宏观环境和中国规划语境下来理解，从规划改革的主线、规划改革的议题以及空间规划发展趋势和学科发展展望等方面，探讨空间规划体系改革背景下对规划编制工作的认识及对学科发展的思考。

---

* 本文发表于《城市规划学刊》2019年第4期。

** 张尚武，同济大学建筑与城市规划学院副院长、教授，上海同济城市规划设计研究院有限公司院长，中国城市规划学会常务理事、乡村规划与建设学术委员会主任委员。邮箱：zhshangwu@tongji.edu.cn。

① 庄少勤. 新时代优化国土空间规划的思考[C]. 第一届全国国土空间优化理论方法与实践学术研讨会，2018-11-26.

② 城市规划学刊编辑部.“空间规划体系改革背景下的学科发展”学术笔谈会[J]. 城市规划学刊，2019(01)：1-11.

③ 孙安军. 空间规划改革的思考[J]. 城市规划学刊，2018(01)：10-17.

④ 吴唯佳，吴良镛，石楠，等. 空间规划体系变革与学科发展[J]. 城市规划，2019，43(01)：17-24.

⑤ 张庭伟. 中国城市规划：重构？重建？改革？[J]. 城市规划学刊，2019(03)：20-23.

5.1 空间规划改革的缘起与内在逻辑

我国改革开放 40 年也是各类空间规划不断发育、演化的过程。《若干意见》指出“各级各类空间规划在支撑城镇化快速发展、促进国土空间合理利用和有效保护方面发挥了积极作用，但也存在规划类型过多、内容重叠冲突，审批流程复杂、周期过长，地方规划朝令夕改等问题”。空间规划改革的要求和内在逻辑，要放在改革开放 40 年的宏观背景下来认识。

5.1.1 认识空间规划改革的主线

1）城镇化转型：规模、质量与空间治理的挑战

第一条主线是城镇化转型。不断经历阶段性转型是城镇化演化的基本规律，必然会不断带来空间治理的问题和挑战。一方面，城镇化作为一种非均衡发展的空间现象和更富效率的经济形态，是现代化的必由之路，会经历由慢到快再到相对稳定的速度变化过程。另一方面，城镇化也是一把双刃剑，在促进经济增长的同时，其背后不断积累的矛盾也在加深。国际经验表明，当一个国家城镇化率达到 50%—70% 的发展阶段，会经历一个由规模型向质量型转变的过程，不仅需要经济发展动能的转变，也将引发一系列的社会变革和社会治理问题。吴志强等将其称之为“体力城镇化”向“智力城镇化”的转变①。

我国对城镇化问题的高度关注主要是在进入 21 世纪之后。“十五”期间首次将城镇化纳入国家科技发展中长期规划。“十一五”规划第一次将新型城镇化纳入国家发展战略。2013 年召开中央城镇化工作会议，提出要遵循规律，加强城镇化宏观管理。2014 年出台《国家新型城镇化规划（2014—2020 年）》，明确新型城镇化的内涵和基本原则，提出走“以人为本、四化同步、优化布局、生态文明、文化传承”的中国特色新型城镇化道路。2015 年召开中央城市工作会议，提出城市发展要以人民为中心，体现五大发展理念，及“一个尊重、五个统筹”要求，这是对城市治理能力和治理体系现代化的全面论述。2017 年党的十九大报告中，全面提出我国社会经济发展阶段正在发生历史性转变的论断，必须从高速度转向高质量发展，明确新时代“经济建设、政治建设、社会建设、文化建设、生态文明建设”的内容和要求。从城镇化发展阶段视角，适应从高速度转向高质量发展要求，提升空间治理能力成为中国现代化建设和可持续发展的关键。

2）市场化转轨：计划、规划与多规合一的矛盾

第二条主线是市场化转轨。改革开放带来市场化转轨，也是“计划”不断向“规划”转

---

① 吴志强，杨秀，刘伟. 智力城镇化还是体力城镇化：对中国城镇化的战略思考[J]. 城市规划学刊，2015(01)：15-23.

变的过程，伴随着规划的地位、作用的日益凸显，与市场化环境相适应的规划运行体制并未有效建立，多规合一矛盾由之而生。

这一过程在1980年代首先显现在城市规划建设领域，之后是土地利用规划，2000年以后拓展到发展规划。“十一五”规划首次将过去的“发展计划”转变为“发展规划”。“计划”向“规划”转变，“空间”是应对发展不确定性的重要手段，由国家发展和改革委员会主导着手编制了具有空间意义的“国家主体功能区规划”，在2010年前后出台了一系列“经济区规划”。

空间对于发展和保护具有基础性作用，但各类规划空间重叠，冲突越来越明显，不仅是规划本身缺乏统筹，规划制定的逻辑、依据、技术、方法也存在差异。中央与地方、政府与市场、不同行政管理主体之间，以及规划与实施和管理体制的矛盾也越来越突出。

2013年中央城镇化工作会议提出建立统一的空间规划体系，推动市县多规合一，形成“一本规划、一张蓝图”。2014年四部委(国家发展改革委、国土资源部、环境保护部、住房城乡建设部等)联合发布《关于开展市县“多规合一”试点工作的通知》。2015年开始试点省域空间规划。2016年出台了《中共中央 国务院关于进一步加强城市规划建设管理工作的若干意见》。2018年进一步推动了国家层面的机构改革。这反映了多规合一不仅仅是规划编制本身的问题，更是规划运行体系和行政管理体系改革的深层次过程。

3）生态文明建设：发展、保护与生态文明体制改革

第三条主线是生态文明建设。城市社会经济的快速发展离不开地方政府发挥的主导作用，但地方发展冲动造成的发展与保护的矛盾越来越加剧。我国是一个生态环境脆弱、自然资源短缺且分布不均衡的国家，必须以生态资源环境承载力为前提，走一条集约化、生态化发展道路。

改革开放40年是发展理念不断转变的过程，从关注效率与公平的关系拓展到发展与保护的关系。党的十七大报告首次提出生态建设。2011年出台的“国家主体功能区规划”，其基本理念是引导人口分布与经济发展趋势相适应，引导人口、经济分布与资源环境承载能力相适应。党的十八大报告进一步将生态文明建设纳入“五位一体”总体布局。2015年出台《生态文明体制改革总体方案》，提出了以加强自然资源管理为核心的生态文明制度体系建设要求，建立空间规划体系作为八项改革任务之一。党的十九大报告提出全面建设中国特色社会主义现代化强国总体方略，生态文明建设是指引新时代发展的重要导向，是中国未来现代化建设的基本纲领。

5.1.2 空间规划改革的任务与内在逻辑

分析空间规划改革的三条主线，是对《若干意见》出台的背景认识，有助于理解规划改

革的任务和内在逻辑。

空间规划改革的目的是构建以生态文明为导向、高质量发展的空间治理模式。其基本的任务分解为三个方面，即推动生态文明建设、实现多规合一、引领高质量发展。

(1) 严守发展底线，突出绿色发展。严格划定生态保护红线、永久基本农田保护红线、城镇开发边界，严格遵守自然资源开展保护的约束性要求，以底线约束作为绿色发展的前提和基础。

(2) 统筹空间发展，实现多规合一。强调城镇、农业和生态空间的整体管控，改变部门分治、多规打架的局面。

(3) 以人民为中心，促进高质量发展。对发展要划定不可逾越的红线，其含义不是限制发展，而是寻求更好的发展，"实现国土空间开发保护更高质量、更有效率、更加公平、更可持续"。

从三者关系来看，"实现多规合一"是改革的抓手，"推动生态文明建设"是改革的内容，而"引领高质量发展"是改革的核心任务，也是其他两个任务内含的目标归属。其内在逻辑在于把握两个主要关系，一是保护与发展的关系，高质量发展必须以保护为前提和基础，保护是为了实现更好的发展；二是规划改革与高质量发展的关系，促进城市高质量发展是空间规划体系改革的目的，空间规划体系改革是引领城市高质量发展的保障。

对应空间规划改革的任务和要求，是规划体系整体重建的过程，规划编制工作需要体现对高质量发展的支撑性作用、对多规合一的推动性作用、对资源保护的基础性作用，这也构成规划编制工作的复杂性、综合性。进一步可以概括为三个议题：第一，战略议题，建立支撑高城市质量发展的空间体系；第二，制度议题，建立面向规划实施的多规合一的机制；第三，技术议题，建立适应规划改革要求的技术体系。

5.2 空间规划体系改革的议题

5.2.1 战略议题：建立支撑城市高质量发展的空间体系

我国的城镇化已经进入后半场，建立支撑城市高质量发展的空间体系，实现更高质量、更有效率、更加公平、更可持续的国土开发保护格局，是规划编制的核心工作。

1) 把握当前转向城市高质量发展的重点

体现城市发展理念和发展模式的转变，适应从规模型增长向质量型增长模式转变要求，以保护为前提，推动城市发展的质量变革、效益变革、动力变革。

(1) 高质量发展需要城市发展方式的转变。确立生态优先、内涵发展、底线思维、动态适应的发展模式。

（2）宜居性和生活品质是城市高质量发展的基本内涵。城市发展质量最终体现的是满足人民对美好生活的追求，高质量发展的根本是为了实现高品质生活。

（3）区域协同和城乡融合是城市高质量发展必须跨越的门槛。

（4）城市更新逐步成为城市规划建设管理的重点，需要从城市管理向城市精细化管理、城市精细化治理转变。

2）把握面向未来城市高质量发展的要求

面向2035，将面临科技革命、经济全球化、社会转型、环境变化带来的未来发展不确定性，高质量发展会面临更多的挑战和发展中的矛盾。

（1）生态、文化、宜居、创新是城市竞争力和可持续发展的根本。以生态文明为导向，以人为本、以人力资源生产为核心是城市面向知识经济时代发展的基本路径。

（2）高质量发展是新旧动能转换过程，也是城市综合转型的过程。包含了治理能力提升、生活品质营造、城市功能升级、产业动能培育四个层面，这四个层面有递进逻辑，治理能力提升是基础层面的，最终目的是为了实现新的经济发展模式。

（3）未来的竞争是开放的竞争。城市发展要有更加开放的视野，未来的城市地位取决于区域整体的影响力和竞争力，区域协同是城市发展的基本思维。

（4）化解城乡矛盾是国家战略，也是地方高质量发展的任务，通过城乡融合促进乡村振兴是国家现代化建设的一项长期挑战。

3）多层次空间结构的调整和优化

建立支撑城市高质量发展的空间体系，涉及在宏观、中观、微观不同空间尺度上空间结构的调整和优化，以及对各类空间要素组织关系的控制和引导。

在《上海市城市总体规划（2017—2035年）》（简称“上海2035”）提出的空间战略框架中，界定了三个层面空间战略调整的重点，形成“3×3”的分析框架①②。宏观层面，重点围绕全球城市目标的空间布局战略性调整，包括全球城市功能与空间布局调整的关系、上海与长三角的关系、上海中心城与郊区的发展关系；中观层面，重点围绕高密度超大规模城市结构效能的提升，包括生态空间保护与城市发展的关系、交通与多中心空间体系的关系、不同分区间差异化引导策略的关系；微观层面，重点围绕建成环境质量和生活品质提升，包括城市特色与文化内涵的关系、生活品质与社区生活圈的关系、城市生活与公共空间品质的关系。

---

① 庄少勤，徐毅松，熊健．超大城市总体规划的转型与变革：上海市新一轮城市总体规划的实践探索[J]．城市规划学刊，2017(02)：10-19.

② 张尚武，金忠民，王新哲，等．战略引领与刚性管控：新时期城市总体规划成果体系创新——上海2040总体规划成果体系构建的基本思路[J]．城市规划学刊，2017(S1)：52-60.

5.2.2 制度议题:建立面向规划实施的多规合一机制

面向规划实施,建立多规合一的规划运行机制,统筹规划、建设、管理三个环节,是规划改革的关键,也构成了规划编制工作的重要取向。

1) 一张蓝图:体现新时态空间规划的作用

空间规划改革是内部技术体系与外部运行环境的双向变革过程,是提升城市治理能力、推动多规合一的规划运行机制设计。《若干意见》指出“国土空间规划是国家空间发展的指南、可持续发展的空间蓝图,是各类开发保护建设活动的基本依据”。这是空间规划的基本定位,包含“战略蓝图、法定依据、政策平台、行动纲领”四个方面的内涵。一是战略蓝图,空间规划作为一种战略,是引领未来发展的蓝图;二是法定依据,空间规划作为自然资源保护和空间用途管制的依据,是实施底线管理的蓝图;三是政策平台,空间规划作为系统协同的空间平台,是协调各类空间发展政策、实施规划管理的蓝图;四是行动纲领,空间规划作为公共政策,需要凝聚社会共识,是指导全社会行动的蓝图。

规划地位是外部制度环境赋予的。不仅需要规划编制工作面向实施,增强规划的前瞻性、科学性、协调性和操作性,更重要的是规划编制的组织和工作方式,以及规划实施方式的转变。规划编制要加强对组织工作的整体领导,摆脱“部门规划”的局限,通过“开门编规划”使规划成为社会共识,并建立一套保障规划有效实施的机制,使规划成为社会行动的共同纲领。

2) 空间规划改革是规划体系系统性重构过程

空间规划改革是规划体系系统性重建的过程,具体的编制工作只是整个体系的一个环节。按照《若干意见》提出的要求,规划体系的内涵包含了规划编制体系、规划管控体系、规划运行体系三个方面。

(1) 建立分级分类的国土空间规划编制体系。包括国家、省、市、县、乡镇五级规划,及总体规划、专项规划、详细规划三类规划构成的空间规划体系。

(2) 建立全域、全要素、全过程的空间规划管控体系。全域空间覆盖,包括生态、农业、城镇空间的覆盖;全要素管控,包括各类保护类和开发类要素的管控;全过程管控,包括规划、建设、管理各环节的统筹。

(3) 建立面向规划实施的规划运行体系,涉及四个方面的体系重建。一是编制审批体系,建立与事权对应、五级三类的编制体系和审批制度;二是实施监督体系,建立监测、评估、预警、反馈机制,以及支撑实施监督的基础信息平台;三是法规政策体系,建立法律、法规和政策体系保障;四是技术标准体系,重构多规合一的空间规划技术标准体系。

3）强化实施维度是建立多规合一运行机制的核心环节

规划实施是规划编制的目标，规划编制需要面向规划实施和运行，同时需要建立行动维度的机制设计。一方面，从规划编制角度。需要加强规划编制体系和规划传导、反馈机制的研究，加强对规划管理和规划实施事权的关注，加强对规划实施政策和保障机制的研究。

另一方面，从规划实施角度。加强近期规划、年度计划在规划实施框架中的作用，建立起规划滚动实施机制；加强法律法规体系和政策体系建设，包括国家和地方层面的立法工作；加强规划实施动态监测、定期评估、监督反馈，建立规划实施监督和动态适应机制；完善规划委员会制度、社会参与等规划实施的组织制度。

5.2.3 技术议题：建立适应规划改革要求的技术体系

规划编制本身是一项技术工作，要放在规划改革的整体框架下，面向规划实施，发挥规划的战略引领与刚性管控作用。

1）规划编制体系的整体运行

《若干意见》界定的五级三类的规划编制体系构成了整体运行关系，在纵向上国家、省域和市县层面分别侧重战略性、协调性和实施性，在横向上总体规划对专项规划具有约束和指导作用。对应不同事权，各层次、各类型的规划在规划体系运行中的作用不同，这是建立整体的规划编制技术体系的基础。例如市县层面的总体规划涉及市（地）级、县（市）级两级政府，但规划作用不同，市（地）级规划具有上下衔接、统筹协调和监督实施的作用，而县（市）级规划则是“纵向到底、横向到边”的重要落实单元，规划编制内容和深度存在差异。在总体规划和详细规划关系方面，总体规划突出结构性、框架性，而详细规划作为保护开发的依据，是落实各类管控要求和实现多规合一的基础层。整体技术逻辑的建立，要求技术体系的一致性，用途分区和分类体系以及建立整体的传导机制是关键技术环节。规划编制需要上下联动，并通过基础信息平台建设，保障规划目标与体系运行的协调性。

2）底线约束与规划传导体系

加强底线约束是体现规划基础性作用的关键，也是规划体系重建的重点。在技术层面需要加强两个方面的研究工作。一方面，加强对重大问题的识别和评估、评价工作，有效诊断城市存在的重大风险及影响城市运行质量和效率的关键性因素，对涉及资源、生态、文化、民生、安全、重大设施等约束性内容及相应的规划策略，做出科学、准确的判断；

另一方面，针对不同的管控要素，对应规划编制体系，建立分层落实、分类传导的整体管控体系，并能够有效监测、评估执行情况。

3）全域规划与结构控制方法

建立全域、全要素的空间规划管控体系，涉及三个层面的技术内容。一是针对全域覆盖要求，建立合理的保护和开发分区方法，按照各类保护和开发要素的管控要求制定相应用途管制策略；二是针对整体空间体系的运行质量，加强对总体布局的结构控制研究，在区分建设空间和非建设空间的基础上，明确生态空间廊道、城镇功能要素和交通体系整体组织关系、生活圈体系等的研究；三是针对功能布局和空间结构优化目标，加强各类空间政策体系的整体设计，包括生态保护政策、人口分布政策、产业布局政策、空间开发政策等，通过空间布局和差异化空间政策的整合，引导形成高质量的国土空间开发保护格局。

4）目标管理和过程控制方法

从规划到实施的全过程管控，需要建立目标管理和过程控制方法。一是加强规划目标与支撑手段、实施时序和项目安排的整体关系研究，在规划目标与实施策略之间建立起严密的逻辑；二是关注对实施过程进行有效监测和调控，指标体系的作用在于建立目标导向与实施过程控制的连接，是加强实施过程的监测、评估和管理的重要工具。同时，通过建立监测、评估、维护机制，增强规划的动态适应性；三是加强规划弹性和留白机制研究，上海 2035 总体规划中提出了机动指标预留、战略空间留白、时序节奏调控三种留白方式，是有益的探索①。

5）建立多规合一的规划内容体系

多规合一是多维度的。在空间维度，加强规划管控内容在纵向不同层次规划中的传导；在系统维度，加强横向衔接，整合各类专项空间要素在总体布局中的安排；在时间维度，明确空间规划作为“多规合一”的平台作用，通过近期规划的滚动编制和施行，形成多部门协同规划、协同实施的政策机制。

上海 2035 总体规划提出的“1 + 3”成果体系，是对多规合一规划内容体系的首次尝试，体现对事权的关注及体现空间规划的战略性、基础性、实施性是基本出发点②。“1”为“总体规划报告”，对应市级政府事权，体现战略性、结构性；“3”分别为“分区指引”“专项规划大纲”“行动规划大纲”，体现实施性、操作性。其中，“分区指引”和“专项规划大纲”对应

① 张尚武，金忠民，王新哲，等．战略引领与刚性管控：新时期城市总体规划成果体系创新——上海 2040 总体规划成果体系构建的基本思路[J]．城市规划学刊，2017(S1)：52-60.

② 同上。

区县政府和部门事权；“行动规划大纲”，对应共同事权。通过“1 + 3”成果体系的构建，体现总体规划的全局性、战略性和多规合一的平台作用，形成目标明确、责权清晰、过程管控的内容体系。

6）体现规划改革要求的成果形式

空间规划由技术逻辑向空间治理逻辑的转变，需要体现作为公共政策属性的政策性规划特点。成果形式上，技术性成果向政策性成果表达的转变，清晰地向公众传达政策意图，应当是公众“读得懂”的规划。要处理好技术性内容与公共政策意图的关系，不能因过分强调法定性、约束性内容，而丧失了“战略导向”和“政策规划”的本质。成果表达上，要关注不同层次的规划成果表达的差异性，特别是总体规划层面，需要体现战略性、政策性、结构性、框架性，避免总体规划层面对用地功能的“过度”规定，造成实施管理中的矛盾。要摆脱静态思维，不能在控制要素、规划实施内容等方面力图做到精准和完善，而缺少对于“空间政策导向”的表达和引导。成果内容上，要注重操作导向，处理内容扩展与成果减负的关系，体现规划“有用、管用、好用”的编制原则。

7）因地制宜差异化的技术要求

我国各地发展条件差异性大，行政管理模式不同，规划管理水平不一，需要注重差异化引导，探索符合地方实际的规划编制的模式。特别是在市县层面，既有人口过千万的超大城市，也有人口只有一两万的县城，自然条件、发展规模、发展阶段等方面存在很大差异。行政管理体制上，既有市带县模式，也有省管县模式。规划编制模式、内容深度及审批和规划管理模式都会存在很大不同，不可能一刀切地要求按照一种模式、一种标准编制规划。对此，《若干意见》指出要“因地制宜开展规划编制工作”，“市县及乡镇国土空间规划由省级政府根据当地实际，明确规划编制审批内容和程序要求”。

5.3 空间规划发展趋势与学科展望

空间规划及规划学科发展趋势，要放在城市发展规律中来认识。规划的作用和规划理论的发展有规律可循，但规划文化是多元的，中国的规划制度源于计划经济环境，这点与西方的规划发展有很多的不同。当前的空间规划改革要放在改革开放 40 年的宏观背景中，其趋势同样离不开对中国规划文化的语境和中国发展问题的理解。

5.3.1 空间规划的中国语境与规划的本质

从世界各国的空间规划体系来看，“空间规划”是指各类空间性规划的总和，一般并不用空间规划界定具体的规划层次的名称①。总体上,一般情况下所说的“国土空间规划”起源于西方的现代城市规划。西方城市规划并不只是对“城市”的规划,也包含对乡村地区及自然环境的关注,空间范畴上逐步从建成环境拓展到建成环境和自然环境的整体交换关系,并推动了多学科的交叉融合。就像中国语境下“城镇化”与“城市化”的区别一样,使用“国土空间规划”一词同样具有“中国特色”。一般会认为城乡规划对应了住建部门,土地利用规划对应了土地部门,发展规划对应了发改部门,在“多规合一”背景下需要用一个新的概念。但不管采用什么词,“空间”范畴的扩大是趋势,而“规划”的本质不会改变。

规划是市场经济环境的产物。西方的现代城市规划,其源头是为了根治西方国家工业革命以来因市场失效引发的城市问题,是对城市发展问题进行的公共干预。不确定性是市场经济环境最大的挑战,规划是基于对未来的预期进行行动安排并不断付诸实施的过程。因此,规划本质上具有公共政策属性,是体现基础性、战略性的空间治理工具,是为了应对城市发展问题和未来的不确定性,实现更好的发展和更加美好的未来。

从空间规划的一般作用来看,主要包括三个方面。一是作为国家宏观调控的手段之一,制定市场经济运行的规则,维护社会公共利益;二是作为政策形成和实施的工具,城市是复杂要素的综合,规划是对城市各部门统一行动的安排;三是作为城市未来空间发展的架构,既要体现对城市空间发展的引导,也要体现对城市空间发展的控制。

空间规划作为一项应对城市发展问题的社会实践,是不断发展的。张庭伟将现代西方规划理论的代际变化划分为三个阶段②。20 世纪上半叶,以现代功能主义思想为代表,关注物质性空间,重点是人-城市关系;1960 年代以后,关注城市的社会性,重点转向人-人关系;20 世纪末,关注城市的生态性,人-自然关系受到重视(表 5-1)。城市空间发展的维度是综合的,满足人的发展和需求是规划的核心问题,突出生态和自然资源保护是当下全球城市化背景下的共同趋势。

表 5-1　现代西方规划理论的代际变化

理论的重点	第一代理论(理性模型,雅典宪法)	第二代理论(倡导性规划,后现代主义设计思潮)	第三代理论(协作性规划,新城市主义,精明增长等)
人-城市关系	90%	30%	35%
人-人关系	5%	60%	25%
人-自然关系	5%	10%	40%

来源:张庭伟. 20 世纪规划理论指导下的 21 世纪城市建设:关于“第三代规划理论”的讨论[J]. 城市规划学刊,2011(03):1-7.

---

① 程遥,赵民. 从“用地规划”到“空间规划导向”:英国空间规划改革及其对我国空间规划体系建构的启示[J]. 北京规划建设,2019(01):69-73.

② 张庭伟. 20 世纪规划理论指导下的 21 世纪城市建设:关于“第三代规划理论”的讨论[J]. 城市规划学刊,2011(03):1-7.

5.3.2 空间规划发展趋势与挑战

中国的城镇化从高速度转向高质量发展，空间规划作为不可或缺的治理工具，其改革不仅是一个战略性议题，更是一个变革性议题。

第一，提升空间治理能力将是中国城市实现更高质量、更有效率、更加公平、更可持续发展的根本路径，空间规划是中国城镇化可持续发展的重要治理工具。

第二，建立与社会经济发展需求相适应，以规划引领的空间治理模式，是中国特色的治理文化和中国现代化道路的组成部分。需要理念、制度、社会资源配置方式的转变，以及与之相适应的空间规划体系及一套实施监督机制的建立。需要法律法规体系、行政管理体系、规划运行体系、规划编制体系四个方面的整体建设和完善。

第三，与中国改革开放不断取得的成功经验一样，空间规划改革不可能是一蹴而就的，也将是一个直面问题、与时俱进，面向未来、渐进革新的过程。

空间规划未来面临的挑战仍然来自战略、制度和技术三个层面：

在战略层面，主要是中国城镇化路径的战略选择。城镇化是自然过程，也是社会选择过程。中国的城镇化取得了巨大成就，特定的国情背景、时空背景和制度环境造就了中国的城镇化特色，也将面临科技变革、环境变化、社会转型、区域协调、乡村发展等带来的新的发展问题及长期的挑战。

在制度层面，主要是空间治理能力和治理体系建设。国土空间的可持续发展是提升空间治理能力和治理体系建设的过程，需要有效运用空间规划的政策工具，通过行政、市场、法律等多重手段，推动政府、社会、市民的多主体共同参与。

在技术层面，社会发展的需求不断推动规划技术方法的创新，需要多学科交叉融合推动的相关学科的支撑、多层次专门化人才培养能力的支撑，以及智能化信息化技术对规划建设管理运行过程的支撑。

5.3.3 城乡规划学科发展展望

城乡规划作为一门面向社会实践的应用性学科，与时俱进是规划学科的特点和发展规律，有赖于理论与实践的双向创新是学科发展的基本路径。社会需求和学科体系不断创新构成了推动学科发展的两大动力，但学科面对社会发展和实践仍然存在许多短板。例如，关注建设空间，对非建设空间缺乏关注；针对中国城镇化问题的理论研究不足；规划研究与规划实践脱节，较为关注规划编制本身，而对规划的作用、规划的实施和规划运行体系关注不够，等等。不可否认，学科的发展也会受到外部制度环境的约束。较为典型的是乡村规划和区域规划领域，对乡村问题的关注主要是在国家层面政策推动之后开始的，而在区域规划领域,由于区域规划实践的滞后性,也造成了学科内部发育的不充分。

空间规划体系改革对于城乡规划学科发展而言,最大的意义在于“空间”的拓展和“体系”的重建,最大的价值在于发挥好“规划”的作用。

要积极响应社会需求,尊重学科规律,增强学科的前瞻性,努力破解外部约束。要加强多学科融合,完善学科知识体系和二级学科建设①,包括与自然资源保护和利用相关的学科,以及与社会、经济等相关人文学科的交叉融合,但其中有一个面向社会实践为导向转化的过程。要加强对社会需求的关注,使规划实践与学科发展更加紧密地结合,在实践中发现问题,在总结规律、反馈实践中,提升学科发展能力。要有更加宽阔的国际视野、历史视野,在总结国际经验、历史经验过程中,探索符合中国实际的学科发展道路。

针对空间规划实践需求,三个层面的研究特别需要加强:

第一,中国城镇化和城乡发展理论研究。前瞻性是规划学科最大的价值所在,总结中国城镇化发展规律,探索生态文明时代背景下中国特色的城镇化和城乡的可持续发展,这是国土空间规划的重要理论基础和支撑。

第二,中国空间规划理论和方法研究。规划理论和方法研究是当前规划工作的薄弱环节。包括规划实施评估、空间政策体系、规划编制体系、规划管理制度、规划法规体系以及规划实施和干预机制研究等。

第三,空间规划技术体系创新。包括智能规划、大数据研究、空间评价和空间诊断方法,以及多学科领域的技术集成和应用创新等。新技术、新方法将是推动空间规划理论建构和规划方法创新的重要力量。

5.4 结语

建立国土空间规划体系并监督实施是国家层面自上而下推动的一次重大的规划制度改革,将对规划编制工作和学科发展产生重大影响,需要理清改革的基本要求、任务及其内在逻辑。

当前的空间规划体系改革有其深刻的时代背景,城镇化转型带来的空间治理挑战,市场化转轨中计划向规划转变带来的多规合一矛盾,以及保护和发展矛盾带来的生态文明体制改革,是认识空间规划改革的三条主线。加强生态文明建设、实现多规合一、引领高质量发展构成了空间规划改革的基本要求和任务。

对应改革任务包含了战略、制度、技术三个层面的议题,即构建支撑高质量发展的空间体系、面向规划实施的多规合一机制、适应规划改革要求的技术体系。规划编制工作本身是技术层面的议题,要放在空间规划体系改革的整体框架中理解规划工作内容、方法的转变。

---

① 孙施文.关于城乡规划教育的断想[J].城市建筑,2017(30):14-16.

以追求美好人居环境为目标的城乡规划学科，需要积极回应社会发展需求，把握好学科发展规律与解决中国问题的关系，加强中国城镇化和城乡发展理论研究、空间规划理论和方法研究以及空间规划技术体系创新。体现面向新时代的学科价值，既要坚守学科内核，也以开放、创新的思维，在实现国家可持续发展和现代化建设中发挥更大的作用。

6 国土空间规划的战略思维

李继军*

战略一词最早来源于军事领域。中国《孙子兵法》中的战略泛称为“谋略”，除战争谋略之外还含有政治、外交谋略等含义。在西方，“战略”一词的英文“strategy”源于希腊文“strategia”，意为军事将领、地方行政长官，公元580年拜占庭帝国一佚名作者假托皇帝莫里斯之名撰写的《将略》一书，意为“将道”或统帅艺术。因此战略是统帅意志下的战争谋略。

18世纪以来，战略的概念不断丰富完善，凸显出三个主要特征。首先，战略具有纲领性，能够左右全局胜败。1799年普鲁士的A. H. D. von 比洛在《新战争体系的精神实质》中，第一次区分战略与战术：“战略是关于在视界和火炮射程以外进行军事行动的科学，而战术是关于在上述范围以内进行军事行动的科学。”其次，战略具有目的性，这种目的可以是战争目的、国家安全或政策目标等。1832年普鲁士的C. von 克劳塞维茨在《战争论》中认为战略是“为了达到战争目的而对战斗的运用”。最后，实施战略的主体具有安全共同体的属性，安全是底线，共同体是具有共同利益的地域单元如国家，强调运用权力手段，整体调配资源。1980年代出版的《苏联军事百科全书》中，战略是“军事学术的组成部分和最高领域，它包括国家和武装力量准备战争、计划与进行战争和战略性战役的理论与实践”，即以国家和武装力量作为安全共同体。

目前，“战略”这一概念已扩大延伸，为其他多个领域广泛应用，如政治战略、外交战略、经济发展战略等，但其纲领性、目的性、主体性内涵依旧未变。因此，国土空间规划的战略思维是在空间规划领域，以打造国家等各级行政地域范围的安全共同体为目标，运用政府权力手段，从供给侧来整体调配国土空间资源，以纲领性的总体方针，实现一定的空间战略意图。

下面将从3个维度来解读国土空间规划的战略视角，分别是国家战略视角、地方战略视角和人民城市视角，最后提出关于国土空间规划的思考。

6.1 国家战略视角

从国家战略视角来看，第一，本次国土空间规划是深化改革的重要抓手。既有“改”的

* 李继军，上海同济城市规划设计研究院有限公司五所所长、教授级高级工程师，中国城市规划学会住房与社区规划学术委员会委员。邮箱：lijijun68@163.com。

含义，也有“革”的内容，因此它有革命的意义，是解决规划类型过多、内容重叠冲突、审批流程复杂、周期过长、地方规划朝令夕改等问题，是建设生态文明，谋划新时代国土空间保护开发格局的改革抓手。

第二，建立国际视野。基于目前全球国际形势，各国互相联系、互相依存的程度空前加深，人类越来越成为命运共同体，共同承担全球的气候变化、全球变暖等世界责任，因此规划也需要具有国际视野。因此，国土空间规划双评估里的风险评估，实际上除了传统意义上的地质灾害、极端天气，还有热岛、全球变暖、海平面上升等问题，都是规划需要考虑的。2020 年中央经济工作会议上，我国提出“努力争取 2030 年前实现碳达峰，2060 年前实现碳中和”的应对全球气候变化的新目标，实际上也是对国际义务、国际责任以及国际视野下的中国回应。

第三，从管理走向了治理。未来政府的执政过程，不再是依据部门规章，或者法规条例来进行简单的政务执政，即仅用行政手段来管理事务，而是会变成系统性的政务实施过程，政府要切实转变职能，强化服务职能，推进全社会共同参与城市治理。

第四，体现生态文明。体现资源环境的保护，体现可持续发展的理念，要居安思危。近期的十九届五中全会会议公报和中央经济工作会议，都着重提到了新的生态文明发展格局，生态格局落到规划图斑上、落到空间上如何来承载，如何体现新发展格局，都是本轮国土空间规划需要进行系统考虑的。

第五，动能转换。传统意义上的沿海到内地的发展梯度线和中国城镇化地理格局的胡焕庸线，都是将国域分为东部和西部。实际上，这样的中国经济走势分化情况正在悄然发生变化。“十三五”期间，以人均 GDP 为衡量指标，我国以黄河为界的南北差距越来越大。根据 2020 年 12 月发布的我国城市前三季度 GDP 排名，整个黄河以北，排名前 10 的城市只有北京，天津已经被挤出了前 10 名。因此，在编制国土空间规划时，要结合国家经济地理格局的南北转型，重新考虑对城市的定位、对空间的需求、对战略的把控。

6.1.1 政策时空背景认识

国家新时期的战略要求是，把国土空间视为最重要的自然资源和资产，构建以空间规划为基础、以用途管制为主要手段的国土空间开发保护制度。可以看出，将来的国土空间规划会变成一个制度，和原先仅作为部门规划有较大差别。

1）国土空间规划改革脉络

从政策线上来看，空间规划改革的思路越来越清晰（图 6-1）。从十八大开始提出生态文明建设，到十九届五中全会公报提出优化国土空间布局，推进区域协调发展和新型城镇化。此处值得一提的是再次提出了新型城镇化，这并不意味着以前的城镇化没有成效，而是在目前阶段，随着人民需求的日益增长，对城镇化也提出了更高的要求，特别是对于指标，对于空间绩效，以及对于公共资源配置，提出了新的要求。另外还有“十四五”规划提出六大“新目标”，中央经济工作会议提出的新发展格局等。这些国家战略关键词都是本次国土空间规划技术工作所必须要应对、所必须要反应、所必须要思考的问题。

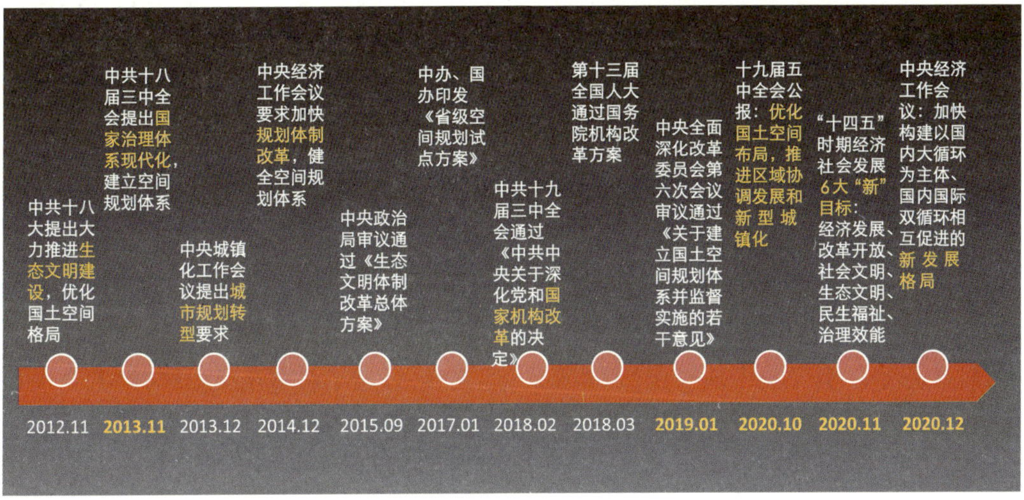

图 6-1　国土空间规划改革脉络

来源：作者自绘

2）国土空间规划改革推进框架

国土空间规划改革推进分为三个阶段。

第一阶段，体系建设，建立国土空间规划体系。国土空间规划按层级内容归纳为“五级三类四体系”的大框架，“五级”是从纵向看，对应我国的行政管理体系，分五个层级，即国家级、省级、市级、县级、乡镇级。其中国家级规划侧重战略性，省级规划侧重协调性，市县级和乡镇级规划侧重实施性。“三类”是指规划的类型，分为总体规划、详细规划、相关的专项规划。总体规划强调的是规划的综合性，是对一定区域，如行政区全域范围的国土空间保护、开发、利用、修复做全局性的安排。详细规划强调实施性，一般是在市县以下组织编制，是对具体地块用途和开发强度等做出的实施性安排。城镇开发边界外，将村庄规划作为详细规划。相关的专项规划强调的是专门性，一般是由自然资源部门或者相关部门来组织编制，可在国家级、省级和市县级层面进行编制，特别是对特定的区域或者流域，为体现特定功能对空间开发保护利用做出的专门性安排。“四体系”是建立起多规合一的规划编制审批体系、实施监督体系、法规政策体系、技术标准体系。

第二阶段，制度建设，包括法规政策和技术标准体系、监测预警和绩效考核机制，以及以统一用途管制为手段的国土空间开发保护制度。实际上，这一轮国土空间规划的编制以15年时间为周期，不仅仅是编制“1+1”即一个总报告和一个信息平台的成果内容，广义上还包括编制法律法规、技术标准、实施细则、指南指引等一系列的制度文件。本轮国土空间规划一定不要仅被动等待国家和自然资源部出台文件，已经出台和试行的文件，包括用地用海的分类、总体城市设计指南、市级国土空间规划指南等，这些文件传达的更多是一个导向。而在国域大尺度下，全国各个地区工业化水平、城镇化阶段差异巨大，难以仅靠一个技术规范全覆盖通用。因此全国各地应该在对国家已发布文件价值导向吸纳理解的基础上，响应国家战略，制定差异化、地方性的政策文件。譬如，在国土空间规划编制过程中经常遇到城镇弹性发展区里如何建设的问题，在国家已有政策文件中并没有解答，因此就需要各地制定出详细规程，确定城镇弹性发展区内的建设启动程序，包括规划编制要求、审批流程、备案程序、用地许可等方面。

第三阶段，能力建设，国土空间规划的最高要求是完成能力建设，不仅是完成规划编制工作，同时要有谋划格局的站位，最主要目的是促进现代化。在工业现代化、农业现代化、国防现代化、科学技术现代化“四个现代化”之后，习近平总书记提出了“第五个现代化”，即促进国家治理体系和治理能力现代化。国土空间规划铺开之前，原来所有部门加起来约八十余种规划，实际上对所有空间资源要素都已有管控，但管控效果不尽如人意，且管控方式、管控理念和治理体系已经不能够适应新时代的发展需求和人民群众需求的新变化。因此国家提出编制国土空间规划，重新编制一个有用、能用、好用的规划，实现国土空间开发保护更高质量、更高效率、更加公平、更加可持续。

3）国土空间规划总体要求

本次国土空间规划的重大意义是国家空间治理能力建设。落实新发展理念，建立全国统一、责权清晰、科学高效的国土空间规划体系，整体谋划新时代国土空间开发保护格局，促进国家治理体系和治理能力现代化。关键词是“建立体系、谋划格局、促进现代化”。总体要求是落实新发展理念，健全国土空间开发保护制度，体现战略性、科学性、权威性、协调性和操作性。

6.1.2 改革战略依据

十九大报告明确提出要从高速度增长向高质量增长转变，即双高目标。十九届五中全会公报提出要面向两个一百年目标。两个一百年的目标传达了一些新的信号，第一，国家宏观战略布局的新表述，我国已经基本实现全面建成小康社会，实现了第一个百年奋斗目标，开启了全面建设社会主义的现代化国家的新征程，体现了国家层面的制度和治理体系布局，实际上本轮的国土空间规划也是国家改革和制度建设的一部分。第二，“强国”一词高频出现，如文化强国、教育强国、人才强国、体育强国，这体现了国家从强调“大”开始转为强调“强”，强调发展的质量。第三，构建新发展格局，经济社会发展以推动高质量发展为主题，以深化供给侧结构性改革为主线，以改革创新为根本动力，以满足人民日益增长的美好生活需要为根本目的。第四，坚持创新的核心地位，创新最基础的要素是高质量的科技创新，以高质量的科技创新支撑引领高质量发展。另外需要强调的是理念创新，如果理念上不能创新，也难以高质量地、高绩效地推动整个国土空间的开发保护。第五，全面推进乡村振兴，优先发展农业农村。乡村人口继续城镇化是不可逆转的趋势，但并不代表乡村会消亡。乡村除了在传统的村庄规划之外，还应该有差异化的管控要求和发展目标，包括产业、用地、人口的发展目标，以及对下乡返乡创业人才的配套政策和相应的公共服务设施配置。比如湖州市德清县的莫干山镇，在规划时应该和传统意义上简单配套商业、医疗设施配置有所不同，还有一些乡村甚至可以和科考、农业文明的展示、农业科技的发展有所结合。第六，形成对外开放新格局，新一轮更高水平开放，构建国内国际“双循环”，并且以国内大循环为主体，通过内循环打通整个产业链和供应链，来推动在外循环更加主动的地位，培育国际竞争新优势。第七，共同富裕取得更为明显的实质性进展，到2035年，人均国内生产总值达到中等发达国家水平，中等收入群体显著扩大。所谓共同富裕不是平均的富裕，而是有差异化的富裕。研究发现，随着淘宝村的出现，大大带动了很多偏远地区经济的发展，提高了农民的收入。但越是经济相对落后的地区，淘宝村的发展越好，在大城市周边的淘宝村，反倒发展得并不好。另外，收入比较低的地区，老百姓的幸福感却远远高于大城市，所以幸福感与收入不完全成正相关。新时代的共同富裕应该被赋予新的内涵，不限于物质上的富裕，还有精神上、文化上的富裕。第八，实施积极应对人口老龄化国家战略，着力发展多层次、个性化、品质化、精准化的养老保障体系和服务供给。

十九届五中全会公报里边有一些热词，包括“发展”“新”“全面”“坚持”“战略”“体系”“人民”“现代化”“创新”等(图 6-2)，其中最核心的就是“发展”和“新”，分别出现了 72 次和 66 次，实际上表明了要转换新的发展思路。新时期，发展依然是主旋律，但已经转变为有底线、有目标的发展，强调发展质量和发展效率，在发展中解决各种问题。

2020 年中央经济工作会议，提出了七个关键词：新发展格局、需求侧管理、动态平衡、不急转弯、科技战略支撑、强大国内市场、强化反垄断。从这七个方面，能够体现出我国的制度自信、科技力量和对未来治理的积极预期。所以本轮国土空间规划工作从方法和技术上，应该能够回应国家的治理现代化趋势，能够承接国家立场、国家态度和国家战略。

本轮国土空间规划从技术文件和部门规划转变成为政府规划，体现了整个政府的施政纲领。这个施政纲领不仅依靠政府的单边力量，更应该是一个全民共识，形成全民共识的稳定的一张蓝图和目标，实现一张蓝图干到底。

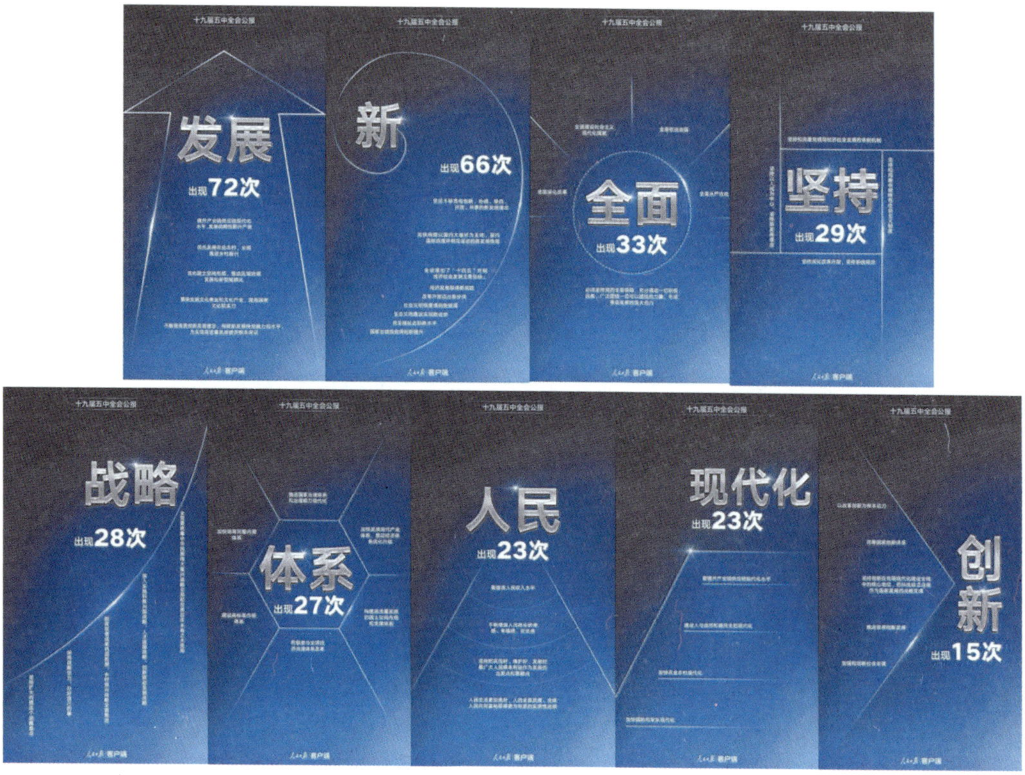

图 6-2　十九届五中全会公报热词
来源：人民网客户端

6.2　地方战略视角

对地方而言，在国家的战略视角下编制国土空间规划的核心工作是五级三类的承接，并且在承接的过程中进行分解和传导，在传导过程中一方面要响应国家战略意图，另一方面要结合地方实际发展，即进行所谓的转译。

地方最核心还是发展，但是发展的路径是差异化的。我国已经进入部分城市收缩的时期，根据统计，目前有接近 30%的市级单位都在收缩，而规划从业人员依然习惯做增量规划，这必然会导致一定的问题。规划常用的预测方式是规模的趋势外推法，包括运用比较热门的元胞自动机模型，来推算未来每年的土地供应量和增长量。这种预测方式存在多方面的问题，一方面城市规模不应当是线性的匀速增长，而是曲线型的非线性增长，在近中远期有不同的增长速度；另一方面只反映了规模，却没有反映比例、结构和绩效，而绩效是本轮规划衡量高质量发展的核心。实际上，城市增长应该提出多情景方案，低方案就是最大约束条件下的方案，高方案就是战略引领下的方案，体现不同的战略意图。

个体发展和统筹协同发展相结合，也是本次国土空间规划编制的一项创新。市县级和乡镇级国土空间规划可因地制宜，可以将市县与乡镇国土空间规划合并编制，也可以把空间位置邻近、产业近似的多个乡镇作为一个单元来编制。村庄规划层面，乡镇政府所在地之外的集聚提升类村庄，可独立或与周围几个村庄连片编制村庄规划；城郊融合类村庄，可与城镇开发边界内建设用地统一编制详细规划，也可独立或联合编制村庄规划。

城乡之间也有统筹协同。在生态文明建设背景下，发达地区土地利用模式出现了从增量扩张向存量用地减量化的新趋势，出现了"城乡建设用地总量框定"的新概念，城镇建设用地的扩张，需要依赖村庄建设用地减量的增减挂指标，也就是说，村庄建设用地不减少，城镇建设用地就无法增加。但是目前各省会控制增减挂指标，因此城镇建设用地所能利用的流量指标也很有限。

地方需要制定本地化创新政策，例如弹性发展区里哪些用地可以落入、哪些不能落入、准入标准是什么。上海总体规划中有两类留白用地，一类为功能留白，即暂时没有确定用地性质，也不给用地颜色，但有建设用地指标；另一类为战略留白，以应对未来的重大事件、重大决策和国家的重大战略。例如上海计划承办奥运会或世界杯等大型赛事，但是短期内不一定可以申办成功，但会在土地指标、土地预期上有所预留。对于地方而言，外围能够扩大的范围不一定局限于国家规定的8%—15%，如果在战略性地区可以放宽到26%—30%，这需要因城而异。另外，地方也需要制定弹性发展区启动建设的政策规范，国家目前尚未出台明确的要求。

重视机制体制保障和创新，在传统的城乡总体规划的文本中，虽然有这部分内容，但实际起到的作用也很有限。而本轮国土空间规划中，体制机制保障章节需要经过斟酌和研讨，例如通过调整规划，经过人民代表大会批复，通过上级主管部门的批复，就可以启动该体制机制。因此这部分内容的重要性大大提升，需要规划从业人员更加重视。

6.2.1 规模和质量

1）城镇化发展规律与空间治理的挑战

一个国家或地区的城镇化轨迹被公认为一条稍被拉平的"S形曲线"（即诺瑟姆曲线），城镇化起步阶段发展缓慢，中期阶段开始加速攀升，成熟阶段城镇化下半场后的增长趋缓甚至停滞。我国城镇化水平差异巨大，大量内陆地区城镇化率仅为30%左右，尚处于起始阶段，未来增长空间较大，需要每年增长2%甚至更多。而沿海地区城镇化已经进入成熟阶段，城镇化率大约每年增长1%左右。

当规划城镇化率每年增长超过2%、3%时，当地政府是否有相应的规划政策作为支撑，是否提出更积极的人口政策，就显得尤为重要，否则很难继续实现城镇化的快速增长。随着我国城镇化率进入下半场，目前已经出现了30%左右的收缩城市，中央十九大报告提出，要从高速度增长向高质量增长转变。中央城镇化工作会议也提出，要遵循规律，加强城镇化宏观管理。但是，规划从业人员依然习惯做增量规划，给政府部门带来错误的导向，导致在政务行使和地方政策制定过程中进退失据，不能较好地指导城市建设。

国家现在又重提新型城镇化，城市从规模到质量成为重要的空间治理挑战。城市在不同发展阶段的发展速度不同，经济产出效率、人口集聚程度也不同。因此要坚持因地制宜，探索因地制宜的城镇化发展模式。以济南为例，规划未来十年济南的城镇化率将从70%达到80%（图6-3），这个城镇化攀升过程，也是济南城市转型最重要的过程，甚至有掉入中等收入陷阱的风险。所以国家将济南作为新旧动能转换先行示范区，实际上是依据城市发展规律而采取的措施。

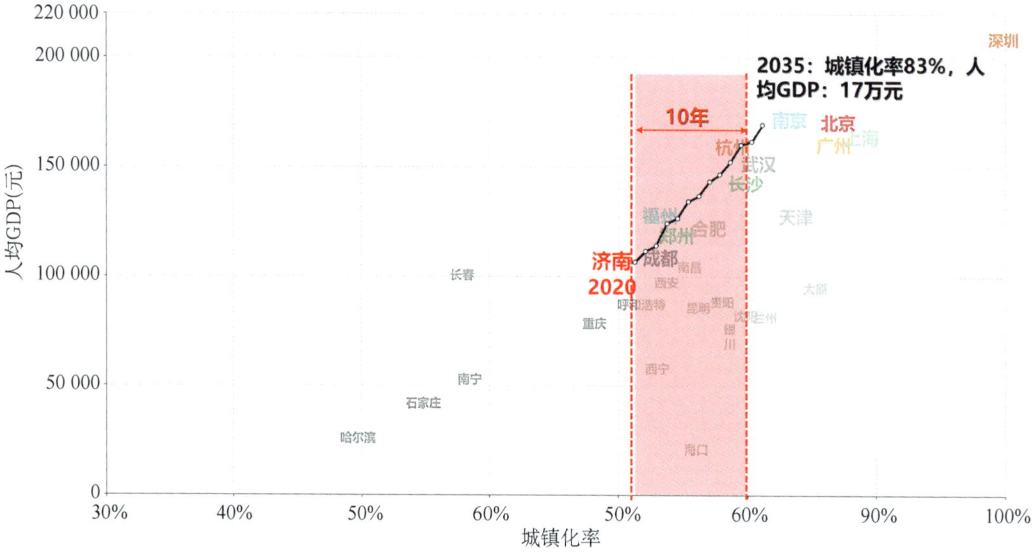

图6-3　济南2020年至2035年城镇化率和人均GDP规划预判

来源：作者自绘

2）新型城镇化人口的需求响应

新型城镇化从人的角度来看，在人从农业人口转成非农业人口之后，规划需要关注进城人口对公共服务设施的需求。城镇化进入下半场之后，新城镇化的人口实际上最需要的不是按照千人指标或者生活圈的设施配置，而是劳动力转移的就业培训。缺少就业培训就难以在城市中立足，也不能真正地享受到城镇化的红利，城市就会存在不安定因素。实际上，很多城镇化已经过半的地区都面临这样的问题，进城的人口已经不再是有效劳动力，而多数是孩子、妇女和老人，此时城市需要提供的公共产品需要有所针对性，并且需要根据进城的人口结构进行动态调整。

住房政策是新型城镇化重要的政策保障，政府和市场应该共同构建更加公平的社会环境，政府应该提供更积极的住房政策，调控住房结构，提供更多的廉租房、公租房、人才公寓，等等，国外也有可支付住房的概念。2020 年 11 月，上海市虹口区为 60 名快递小哥提供了公租房，以肯定疫情期间他们支撑城市防疫物资和生活物资的流通所作的贡献，体现了城市的温度和人文关怀。

3）第五个现代化的基础是人的现代化

国土空间规划最终指向的是治理体系和治理能力的现代化，基础都是人的现代化。政府官员、规划编制人员、学校老师、设计院的设计师要现代化，全民都要现代化，更新现代化的发展理念和规划编制技术。只有人实现现代化，才能践行现代化的治理体系。

6.2.2 计划与规划

1）市场化转轨中规划作用与多规合一的矛盾

过去各个空间性规划冲突严重，规划不交圈导致管理失控，管理不协同导致责任不清。国土部门、发改部门、建设部门三大部门的规划，城乡规划、土地利用规划、发展规划、环境保护规划等各类空间规划在空间上重叠、在内容上冲突，出现了管理体制条块分割、部门利益自我扩张、管理事权边界不清、管理决策分散低效等问题(图 6-4)。

	规划名称	法律法规
1	国民经济与社会发展规划	《中华人民共和国宪法》
2	主体功能区规划	战略、制度
3	新型城镇化规划	—
4	国土规划	—
5	土地利用规划	《中华人民共和国土地管理法》
		《中华人民共和国土地管理法实施条例》
		《中华人民共和国物权法》
6	城乡规划	《中华人民共和国城乡规划法》
		《村庄和集镇规划建设管理条例》
		《历史文化名城名镇名村保护条例》
		《城市、镇控制性详细规划编制审批办法》
7	生态功能区划	—
8	环境保护规划	《中华人民共和国环境保护法》
9	矿产资源规划	《中华人民共和国矿产资源法》
		《矿产资源规划管理暂行办法》
10	农业区划	《中华人民共和国农业法》
11	海洋功能区划	《中华人民共和国海域使用管理法》
12	海岛保护规划	《中华人民共和国海岛保护法》
13	草原保护建设利用规划	《中华人民共和国草原法》
14	水功能区划（水资源综合规划）	《中华人民共和国水法》
15	自然保护区规划	《中华人民共和国自然保护区条例》
		《中华人民共和国野生动植物保护法》
16	水土保持规划	《中华人民共和国水土保持法》
17	防沙治沙规划	《中华人民共和国农业法》
		《中华人民共和国防沙治沙法》
18	地质灾害防治规划	《地质灾害防治条例》
19	矿山地质环境保护与治理规划	《矿山地质环境保护规定》
20	开发区（各类园区）规划	《开发区规划管理办法》
21	风景名胜区规划	《风景名胜区条例》
22	铁路发展规划	《中华人民共和国铁路法》
23	公路网规划	《中华人民共和国公路法》
24	内河航道与港口布局规划	《中华人民共和国港口法》
		《中华人民共和国航道管理条例》
25	水利发展规划	《中华人民共和国水法》
26	电力发展规划	《中华人民共和国电力法》
27	管道发展规划	《中华人民共和国石油天然气管道保护法》
28	林地保护利用规划	《中华人民共和国森林法》
		《中华人民共和国森林法实施条例》

图 6-4 原有各个部门的主要规划概览

来源：作者自绘

城乡规划和土地利用规划两规的差异最为突出，造成了规划空间管控能力下降，大量建设用地指标不能直接使用，存量用地盘活难等问题。以厦门为例，城乡规划和土地利用总体规划的差异图斑有12万块，面积合计306 km^2，其中约55 km^2 的建设用地指标不能直接使用，年度重点建设项目落地难。在遇到项目需要落地时，由于缺少控制性详细规划，政府通常会专门为该项目出一套管控指标，但实际上这些指标在城市层面缺少系统化考量，虽然从短期来看，解决了当下项目落位的问题，但久而久之极易造成城市布局混乱，成为城市建设之痛，而规划也难以真正发挥城市建设的指导作用。

2）规划在供给侧改革中的作用

对于国土空间规划关注指标和规模的传导，有观点认为国家又开始强调“计划”。这种观点是错误的。“计划”和“规划”本质上有所不同，计划更强调自上而下的分解和传导，而规划更强调地方的差异化战略和应对。例如，在某些地区至2035年之前，人口和用地规模可能经过先增后减的过程，工业用地可能经过先保后退的过程，这就需要地方政府在“十四五”“十五五”乃至“十六五”期间，制定差异化、具有创新性的政策。

本轮国土空间规划编制需要15年的跨度，这期间包括规划编制审批体系、实施监督体系、法规政策体系、技术标准体系四体系的建立，确保规划的实施。本轮国土空间规划具有公共政策属性，是施政纲领和全民共识的蓝图，包含与“十四五”规划的对接和远景目标的展望，体现了供给侧改革，是供给侧改革的重要抓手。

3）全域全资源要素管理

2020年底出台的《国土空间调查、规划、用途管制用地用海分类指南（试行）》，在整合原《土地利用现状分类》《城市用地分类与规划建设用地标准》《海域使用分类》等分类基础上，建立了全国统一的国土空间用地用海分类指南，对地上和地下、海域和陆地、开发边界内和外进行了全覆盖的用地分类。弥补了传统城乡规划仅仅关注地表，仅仅关注陆地，仅仅关注建设用地的缺陷。我国将对山水林田草湖海进行全域统筹规划，统一纳入国土空间规划进行全域、全口径、全资源的管控，从原来的纵向条线管控变成横向网络化和体系化的管控。

在城镇开发边界以内，采用“详细规划＋规划许可”的管控方式。本轮的详细规划图则不仅是传统的9项或12项指标，如入口方向、容积率、限高、绿地率，还应当加上对人口老龄化的响应，如无障碍的指标；加上针对新型城镇化人口的职业教育设施的配置，如就业岗位的指标；加上产业用地的产出和绩效，如碳排放的指标、地均产值和税收的指标。全国不同地区产业绩效差异巨大，例如辽宁省盘锦市的辽东湾新区，产业绩效较低，每平方公里产值仅为3亿左右，和深圳、上海等先进地区差距巨大（上海虹桥每平方公里产值高达80亿）。因此，国土空间详细规划的图则指标应该可以反映就业的承载能力、地均的产出和税收、节能减排的要求、碳汇的能力，响应国家战略和布局。

在城镇开发边界外，采用“约束指标+分区准入”的管控方式，该约束指标实际上就是地方分解和承接国家战略，制定属于地方的战略，把战略转化成目标，再把目标转化成指标。

6.2.3 发展和保护

1）空间治理理念转变和生态文明体制改革

我国是一个生态环境脆弱、自然资源短缺、分布不均衡的国家，必须以生态资源环境承载力为前提，走一条集约化、生态化发展道路。而过去几十年的地方冲动发展，造成发展和保护的矛盾越来越突出。在空间治理理念亟待转变的背景下，国家发布《全国主体功能区规划》，根据不同区域的资源环境承载能力、现有开发密度和发展潜力，统筹谋划未来人口分布、经济布局、国土利用和城镇化格局，逐步形成人口、经济、资源环境相协调的空间开发格局。

主体功能区按照开发内容划分为：城市化地区、农产品主产区、重点生态功能区，实际上是国土空间规划提出三区三线的前身。分区就是主体功能的概念，分区下依然有各类用地。例如农产品主产区里，也会有建设用地、生态用地；在重点生态功能区里，也会有耕地。主体功能区只代表主导功能。

主体功能区下沉到区县级单元称为主导功能区，也即一级规划分区。根据市县主体功能区战略定位，结合国土空间规划发展策略，将市县全域国土空间划分为生态保护区、生态控制区、农田保护区、城镇发展区、乡村发展区、海洋发展区六类基本分区。在城镇发展区、乡村发展区、海洋发展区分别细分为二级规划分区。

国土空间详细规划层面会划分多个管控单元，中心城区城镇开发边界内的管控单元是控制性详细规划单元，中心城区城镇开发边界外有近郊单元，中心城区外围以乡镇行政边界为单元。不同的管控单元需要细化相应的管控要求：有些管控单元需要开发建设，有些需要耕地复垦，有些需要国土综合整治和生态修复。因此，国土空间规划中“传导”是关键词，包括五级向下的传导和总体规划向详细规划的传导。

2015 年中共中央 国务院印发的《生态文明体制改革总体方案》中，提出生态文明体制改革由八部分构成，分别是自然资源资产产权制度、国土空间开发保护制度、空间规划体系、资源总量管理和全面节约制度、资源有偿使用和生态补偿制度、环境治理体系、环境治理和生态保护市场体系、生态文明绩效评价考核和责任追究制度。八项制度构成产权清晰、多元参与、激励约束并重、系统完整的生态文明制度体系，推进生态文明领域国家治理体系和治理能力现代化。

2）空间规划改革的内在逻辑

空间规划改革经历了从指导建设，到引领发展，再到空间治理的演变历程，以建立生态文明为导向的高质量发展的空间治理模式为目标，强调加强底线管理，促进多规合一，引领高质量发展，核心是把握规划改革与高质量发展的关系。空间规划改革有三大议题，战略议题是建立支撑城市高质量发展的空间体系，制度议题是建立面向规划实施的多规合一机制，技术议题是建立适应规划改革要求的技术体系。

6.2.4 改革

随着改革的不断深化，我国自然资源的管理体制与机制正在发生重要变革。根据第十三届全国人民代表大会第一次会议审议并批准的国务院机构改革方案，组建自然资源部。因此本轮国土空间规划工作不仅是国家战略的下沉，实际上还有政治体制改革的影子。国家和地方政府进行了部门合并，组建了自然资源管理部门，将原先的国土资源部、发改委、住建部、水利部、农业部、国家林业局、国家海洋局、国家海洋局、国家测绘地理信息局合并为自然资源部，统一行使空间规划、开发管制、产权管理的职权。空间规划是指编制统一的空间规划，推进多规合一，实现土地利用规划、城乡规划等有机融合。开发管制是指统一行使所有国土空间的用途管制职责，依据空间规划进行国土空间用途管制。产权管理是指对山水林田湖草的各类自然资源统一行使所有权，负责所有自然资源的管理。

国土空间规划的编制主体是自然资源部门，自然资源部门需要组织编制和监督实施，但规划编制和实施过程中还需要其他部门的参与和配合，包括林草局、农业农村局、水利局等。因此若仅有“1 + 1”（总报告 + 信息平台）的成果体系，不能满足地方政府规划实施的需要。参看上海总体规划的成果体系就很好地解决了横向部门协调的问题，上海2035总体规划采用了“1 + 3”的成果体系，“1”为《上海市城市总体规划（2017—2035年）》报告，“3”分别为分区指引、专项规划大纲和行动规划大纲。其中专项规划大纲包含7个板块和19个专项领域，对应部门事权，分系统明确战略导向、系统布局和关键指标，保障在各个专项系统的深化落实。

6.3 人民城市视角

从个人视角来看，城市的核心是“人”，城市规划建设要始终坚持以人为本。通过城市规划、建设、管理、服务等的全面升级，让城市更有温度，让生活在城市的“人”更有获得感与归属感。规划试图建立一套绩效考核制度诸如：一年一体检、五年一评估等，其最终目的是衡量老百姓是否拥有获得感与归属感。即使一个城市建得跟上海、广州、深圳一样繁华，但若是老百姓没有获得感，则该规划仍然不是一个成功的规划。从区域视角来说，人民城市的视角包括新型城镇化、城乡统筹等重要内容，城市规划应坚持从人的全面发展出发，推进以人为核心的新型城镇化。如上海提出要打造"可阅读、可漫步、有温度"的城市，也反映出城市体验尤其重要。

又如，太原已建立一个永不拓宽的"街道"，此处称作"街道"而不是"道路"。街道的定义是什么？是以人为本，以人行路权为主，而道路可能是以车行路权为主，不能简单地评价应该以"人行路权"为导向还是以"车行路权"为导向，因为这是两个不同的发展阶段。但若规划的战略视角、价值取向发生变化，则管控技术需要与之相互呼应。

此外，从个体角度要有参与城市建设的机会，除规划调研的参与、规划公示的参与，公众参与应贯穿整个规划过程中。同时需要根据本地市民的年龄结构、收入结构、区位差异等，采取不同的参与方式和参与内容。生活在城市中的"人"是城市系统的一部分，只有让老百姓拥有获得感，才能使之与城市共荣，城市才会彰显出生命力，人与城市所形成的城市生命共同体才会更加富有魅力。

6.3.1 需求变化

十九届五中全会提出，扎实推动共同富裕，不断增强人民群众获得感、幸福感、安全感。到2035年，人民生活更加美好，人的全面发展、全体人民共同富裕取得更为明显的实质性进展。共同富裕具体是什么呢？以上海为例，现在上海的年轻人越来越少，房价越来越高，政府需要根据结构性供需矛盾，转变住房政策，来满足年轻人的住房需求。

又如，在传统发展模式下，由于经济要素和资本投入后，在城市扩张过程中，城市停车问题是亟待解决的重要问题。很多城市政府发现该问题并积极采取管控措施，譬如在实际项目中，某城市不断要求调高停车位容积率，其容积率从最初的0.8，提高至1.0，又提高至1.5，甚至要求调至1.8。

对于该问题，不同地区其停车位配置标准不同，需根据该地区的发展需求来配置相应停车位。但若要解决停车问题，不一定非得提高停车场容积率。以《济南市国土空间总体规划（2021—2035年）》（过程稿）为例，该规划提出，在中心城区构建局部的管控单元，即慢行单元或者骑行单元，单元之内采用慢行交通，单元与单元之间采用TOD或中运量交通进行衔接，而不是单纯提高容积率来解决。

"首堵"济南的应对策略

济南曾经在2017年成为中国的"首堵"，即最堵的城市。济南东西长约108 km，是典型的带状城市，南北受到黄河和泰山的阻隔，拥堵现象非常明显。规划师需换一种思维方式，需用新型城镇化理念来应对，才能增强老百姓的获得感。

早在2013年，龙瀛等人曾抓取2000年、2010年的全国人口数据和用地面积数据，通过2010年人口密度除以2000年人口密度，测算全国各乡镇街道的人口密度变化。结果显示中国4个省、105个地区/市域、897个县域和19 822个乡镇街道办事处发生了人口密度的下降，其中在乡镇街道办事处尺度，1/3国土面积的人口密度下降。实际上，这体现出全国城市发展的差异化，分为集聚发展和收缩发展①。

我们需要理解，国家战略下沉的过程中，需有地方战略予以应对，以增强老百姓的获得感。笔者认为，未来城市的主人就是"人民"，若不能让老百姓拥有真正的体验感，或者不能让人民理解国家战略传导的过程，仅仅依靠限控，那么规划师仅仅是在做一些数字游戏，规划将变得毫无意义。

6.3.2 治理变化

国土空间规划是党中央顶层战略下沉的过程，也是地方政府的施政纲领，是全民的共识，同时也是地方差异化发展诉求的充分表达。上海在这方面有较早的探索和实践，如《中共上海市委关于深入贯彻落实"人民城市人民建，人民城市为人民"重要理念，谱写新时代人民城市新篇章的意见》提出五个"人人"：人人都有人生出彩机会的城市，人人都能有序参与治理的城市，人人都能享有品质生活的城市，人人都能切实感受温度的城市，人人都能拥有归属认同的城市。具体实践中，上海市黄浦江两岸45 km贯通、对公共服务设施针对性更新、对公共服务精准投放、对老龄社会的应对、对青年人的住房需求对应、国际社区建设等，笔者认为这是地方政府本职工作的典范。

城市是人民的城市，城市的相关规划必定与人有着密切关系。在上海总体规划编制过程中，其公众参与也值得借鉴。其整个规划过程中，公众参与均是有组织的：有专门针对老百姓而编制的公众文件，同时在编制过程中老百姓也会参与讨论。因此，由于老百姓的参与度较高，上海在编制完总体规划之后，多数市民都知道"卓越的全球城市"是上海的远景目标。

1）治理基础转型依据："流""量"变化

城市在不均衡发展过程中，人口的集聚在空间上是不平均的。规划师以往都知道"每平方公里1万人"，该说法实际上存在着诸多问题。规划师需要转变思维方式，从原来的"量控"转向"流控"（流量的控制），即规划不仅仅控制规模总量，还需重视人在空间上的集

① 龙瀛，吴康，王江浩. 中国收缩城市及其研究框架[J]. 现代城市研究，2015(09)：14-19.

聚和将来的战略意图在空间上的落实。所以规划师要重视“底线”，面向管控、支撑管控、创新管控，进行底线约束与有效传导，实施结构要素识别与分区引导策略，进行目标管理与过程控制。

2）重视编制过程，构建四大规划体系

国土空间规划编制应当体现战略性、科学性、协调性、操作性，强调面向规划实施和管理，构建编制审批体系、实施监督体系、法规政策体系、技术标准体系四大体系，确保规划能用、管用、好用。编制审批体系要与事权对应，形成分级分类的编制体系和审批制度；实施监督体系要建立监测、评估、预警、反馈机制和信息平台；法规政策体系要建立法律、法规和政策体系保障；技术标准体系要重构多规合一的空间规划技术标准体系。

6.3.3 改革主旋律

本次国土空间规划改革的目标是要建立以生态文明为导向、高质量发展的空间治理模式；其任务是要加强底线管控、促进多规合一、引领高质量发展；其工作核心是要把握规划改革与高质量发展的关系。促进城市高质量发展是空间规划体系改革的目的，空间规划体系改革是引领城市高质量发展的保障。

在规划编制过程中，规划师要牢牢把握空间格局、编制体系、多规合一这三个改革主旋律，并建立行动维度的响应机制。

1）高质量发展导向下的空间格局

构建高质量发展导向下的国土空间开发保护新格局，优化城镇空间、农业空间、生态空间格局，实现一张蓝图干到底，要做好两个“关注”。一是关注发展导向的转变，我国城镇化进入后半场，需要城市建设理念和发展方式的转变，要从规模提升转变为质量提升，体现城市高质量发展、高品质生活的要求。走生态优先、绿色发展之路，坚持内涵发展。二是关注城市高质量发展的要求，城市高质量发展的本质是以人为本、人民可感受的城市，因此城市的宜居和生活品质提升是城市高质量发展的最终目标。高质量发展需要区域协同和城乡统筹的支撑，需要城市空间治理水平向精细化治理提升。

2）适应管控要求的规划编制体系

自然资源部提出，国土空间规划要按照“管什么就批什么”的原则，编制内容面向实施、面向管控、支撑管控、创新管控，充分发挥规划的目标引领、底线管控的双重作用。传导上形成底线约束与有效传导，空间上进行结构性要素识别与分区引导策略，时间上进行目标管理与过程控制。在规划成果创新方面,《上海市城市总体规划(2017—2035 年)》的经验值得学习,其规划成果分为三个版本,分别对上、对下、对公众。一是上报文件,即向上级政府报批的成果,需要上级事权来确定。二是政策文件,即面向地方管控所形成的技术文件,能够有效实现对下位规划的管控要求传导。三是公众文件,即把规划成果转化成老百姓所能理解的公共语言,图解整个国土空间规划的主要内容。

3）强化实施维度的规划运行机制

空间规划改革的最终目标是规划实施,需要建立实施维度的规划运行机制,完善编制审批体系、实施监督体系、法规政策体系、技术标准体系,体现规划、建设、管理三个环节的统筹要求,实现一张蓝图干到底。国土空间规划既是战略蓝图,具有前瞻性引领性;也是法定依据,即自然资源保护和空间用途管制的依据;也是空间系统协同平台;也是行动纲领,是政府实施政务的重要抓手。

4）建立行动响应机制

从六个方面来建立本轮国土空间规划的响应机制。其一,完善规划编制体系,包含五级三类规划体系;其二,建立近期规划为载体的滚动实施机制;其三,加强法规政策体系设计,制定规划实施条例;其四,建立规划评估和调整机制,规划评估过程也是考核监管过程;其五,完善监测预警,实施监督机制;其六,完善规划委员会制度等。

关于近期规划,需要建立城市体检与评估的响应机制。近期规划是国土空间总体规划滚动实施的重要载体,也是国土空间总体规划动态维护的载体。明确近期规划地位,建立以近期规划为载体的滚动实施机制,年度体检、五年评估应与近期规划编制相结合,形成及时反馈和动态调整机制。

6.3.4 人民城市可感受的空间:以上海大学路为例

1）大学路概况

大学路位于杨浦区五角场地区,西接五角场商圈,东连复旦大学,于 2006 年完成改建工程。其规划定位为居住创业混合区,原本是一条普通的马路,由于规划对整个道路空间采取了行人路权的管控,它白天是一条普通道路,但到晚上有大量的外来人员聚集,异常热闹。该地因靠近复旦大学和同济大学,吸引了很多年轻人前来创业和活动,现已发展成为汇聚文艺青年与学生社群的网红街道。大学路全长 700 m,现有天地创市集、后备箱游园会两个常态化露天市集,露天市集每周五至周日及节假日 11:00—22:00 对外开放,市集每个月会变换主题,商品琳琅满目,很吸引年轻人。

在美国,每逢星期六、星期天也会有这样的集市。例如在波士顿都市区剑桥市,该区有哈佛大学和麻省理工学院两所学校，包括大学生在内的年轻人较多。在特殊节庆日，市长需签署有关封闭道路 8—10 h 的法令，而后在道路上会相继出现各种各样的活动。这时，用地管理变成空间管理，指标管理变成行为管理。市集、跳蚤市场变成年轻人交往集会的场所。实际上经营者并不依靠市集交易来盈利，但是因为这种形式，市集变成一种社会交往，城市因此其乐融融，社会更加安定稳定，城市更加富有魅力。

地摊经济的国家声音

2020 年 6 月，李克强总理在山东烟台考察时表示，地摊经济、小店经济是就业岗位的重要来源，是人间的烟火，和“高大上”一样，是中国的生机。城市市集是地摊经济的一种形式，是激发城市活力的重要空间载体。

天地创市集：地铁十号线江湾体育场站 9 号出口。

后备箱游园会：大学路与锦嘉路交会处。

2）以人为本的街道空间奠定了空间本底

上海历来重视街道空间设计，大学路是上海街道空间建设的典范，是在设计引导下所形成的良好街道尺度和街道环境。因此，从建成开始就吸引了大学生市集的自发进入，并形成了独特的街道文化。

3）空间复合利用提升场所活力

大学路充分利用多样化空间相互融合来营造场所。沿街商铺后退空间与市集融合，市集为商铺带来人流量，商铺为市集提供水电和仓储支持。停车场、街道转角、广场与市集融合，形成标志性停留空间，周边聚集特色摊位，为行人提供多样化选择。

4）不断更新业态保持场所生命力

市集功能和沿街商业、综合体实现错位发展。业态策划以“小、多、新”为特点。“小”是指各类商品规模小，一家店铺的商品可能几个箱子就能装满；“多”是指商品种类多；“新”是指创意新，大学路市集每个月的主题都会变换。

5）独具创意的后备箱模式强化场所特色

后备箱游园会利用后备箱空间作为摊位，不仅节约了摊位空间，也增强了摆摊的便利性。后备箱市集有着占地面积小、形式新颖的特点，有效缓解了停车空间的消极性，将停车位和街道、广场空间结合起来，形成富有活力的公共空间，同时也制造出大学路市集的“话题性”。

6.4 国土空间规划的几点思考

6.4.1 警惕四个倾向

倾向一：双评价生态极重要区越小越好。上报上级事权可能越小越好，但这不代表双评价生态极重要区或生态红线就是生态底线，之外的生态空间就不需要管控。实际上，每个城市都应建立符合地方特征的底线要求，将生态红线之外具有较高生态价值的空间纳入管控中，制定对应的管控要求。

倾向二：单独研究和调度三线划定工作。很多城市在空间方案尚未确定的情况下，单独调度永久基本农田保护线及生态红线，这种工作方法有一定的统筹意义，因为以前的林业部门、农业部门、环保部门等各部门所划的“线”互相冲突，需要本轮国土空间规划进行协调统筹。但是三线划定的本质不是技术问题，而是战略决策问题，三线的划法和城市发展战略导向是紧密结合的，抛开空间方案，不能有效地跟城市的发展战略，以及老百姓的实际需求结合在一起，那么划定的“线”或许是不合理的、守不住的。

倾向三：指标增量越多越好。这一轮国土空间规划编制中，上级下达的建设用地指标呈现紧缩态势，各地纷纷向上争取指标，大有“指标增量越多越好”之意，不能按照实事求是的态度合理确定真正能用、可用的量，不能正视现状大量的存量用地和低效用地。应按照“指标跟着项目走、指标跟着绩效走”的原则保障建设项目用地、管控建设用地绩效。以后若地方政府达不到绩效，不仅仅是不能再提供用地，还可能会面临行政追责的风险。

倾向四：规划编制等待上级指南。国家出台的国土空间规划编制指南侧重原则性、导向性要求，不一定具有很强的地方适应性，需要地方实践探索来进行响应并对指南内容进行地方化补充和完善。规划编制可以在等待指南的同时，进行适当的探索和创新。

6.4.2 明确三大战略

1）严守规划扩展中的底线战略

除生态保护红线中的分级管控，地方政府也可根据需要建构自身的生态管控体系。以上海为例，通过风环境及绿廊、慢行系统、生态环线等共同构建生态网络体系，属于上海市地方政府进行管控。同时，该生态网络体系需配置有诸如公共厕所、自行车道、母婴室等必要的公共服务设施，这些具有国际视野的节点体现了上海“全球城市”的发展目标，也体现了上海“人民城市”的细致关怀，是具有上海地方特色的底线战略。

又如在辽宁省《盘锦市国土空间总体规划（2021—2035年）》（过程稿）中，不仅要确保其生态用地总量规模，还需建构其生态网络结构，以保障生态保护红线和生物多样性，通过湿地引领的生态空间体系构建，演进形成郊野公园环抱、绿网布城的城融湿地格局。此外，规划还构建了 150 km 的绿道，以响应盘锦国际旅游城市、国际湿地城市建设目标(图 6-5)。

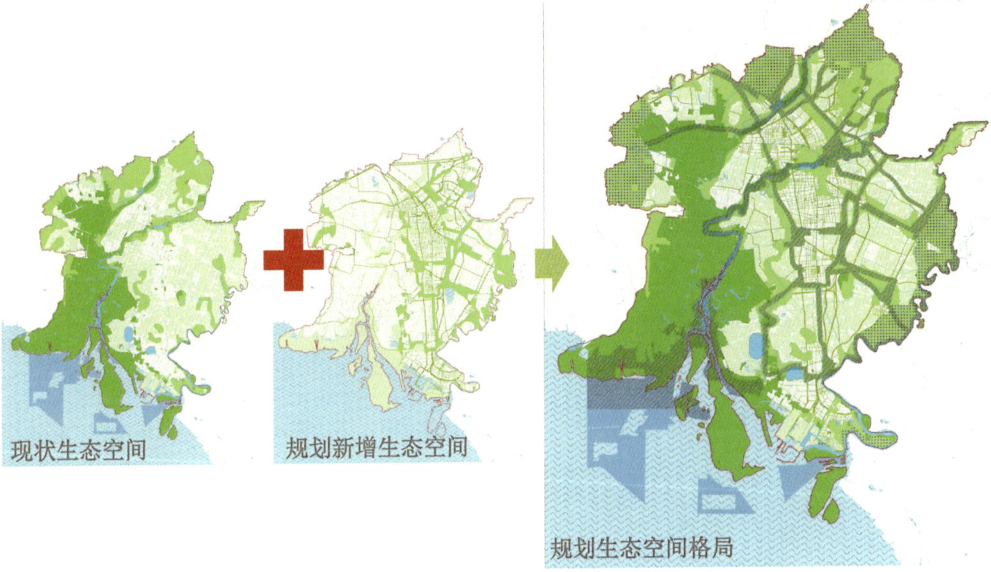

图 6-5　盘锦市生态空间格局分析

来源：上海同济城市规划设计研究院有限公司规划五所《盘锦市国土空间总体规划(2021—2035 年)》项目组

2）强化用地布局中的质量战略

国土空间规划布局要处理好人地关系，突出人地对应和产地对应，将质量作为城市发展一大战略。以辽宁盘锦为例，其规划划分了多个空间层次，中心城区层面要做到人地对应，即每平方公里是 1 万人的承载规模，而外围的辽东湾地区则可差异化对待。再如雄安新区，因为无大型要素密集型产业，规划 100 km^2 需承载 200 万人。国内较多城市以传统生活配套为主，每平方公里承载 1.2 万—1.5 万人也有可能，所以应因地制宜地制定人地对应方案。仍以辽宁盘锦举例来说明产地对应，现状中，辽东湾工业用地地均 GDP 为 3.59 亿元/km^2，规划中，项目组对国内外的重化工园区包括港口做了横向比较，包括宁波、深圳、首尔、纽约等，在合理对标之后规划将其地均产出目标设定为 15 亿元/km^2，这也是城市体检的一项重要评价指标(表 6-1、表 6-2)。

盘锦市人地对应和产地对应

■ 盘锦北部中心城及县城片区用地规模预测：

现状 180m^2/人，2025 年优化至 115 m^2/人，2035 年优化至 100 m^2/人。对标雄安新区中心城区承载能力 2 万人/km^2，盘锦目标 1 万人/km^2。

北部中心城：2025 年中心城区用地规模控制在 94.3 km^2，2035 年中心城区用地规模控制在 105 km^2。

大洼城区组团：2025 年大洼城区用地规模控制在 10.35 km^2，2035 年大洼城区用地规模控制在 15 km^2。

盘山县城组团：2025 年盘山县城用地规模控制在 5.8 km^2，2035 年盘山县城用地规模控制在 8 km^2。

■ 辽东湾的用地规模预测：以产定地

现状 3.59 亿元/km^2，规划优化至 15 亿元/km^2。对标宁波 + 深圳工业用地 GDP 贡献 16.89 亿元—26 亿元/km^2，盘锦目标 15 亿/km^2。

二三产 GDP 预测：2025 年 628 亿，2035 年 2 450 亿。

地均产出：现状二三增加值 118.7 亿，城镇建设用地面积 37.3 km^2，地均 GDP3.18 亿元/km^2，对标国内主要城市设定地均 GDP 目标值，到 2025 年城镇建设用地约 96.6 km^2，2035 年为 164 km^2。

表 6-1 单位工业用地 GDP 比较(亿元/km^2)

国内	辽东湾	杭州	深圳	宁波	香港
	3.59	20.1	26	16.89	30
国外	首尔	纽约	东京	新加坡	伦敦
	53	52	57	75	98

表 6-2 辽东湾二三产业 GDP 规模预测与地均 GDP 选择

项目	2019 年	2025 年	2035 年
二三产业 GDP(亿元)	118.7	628	2 450
二三产业地均产出(亿元/km^2)	3.2	6.5	15
城镇建设用地(km^2)	37.3	96.6	164

3）突出空间目标中的绩效战略

由于地区之间存在发展条件和发展目标的差异性，绩效绝不能按照一套标准来做，而是应该基于地方的现实状况和未来愿景，提出有针对性的绩效目标，如盘锦湿地，其考核指标将包含 GDP 和碳汇能力、承载能力等，其绩效的评价更加偏向于生态方面。而对于上海这样建设“全球城市”的超大型城市而言，其考核指标更倾向于对创新度、开放度、国际化等能力的考察，其绩效的评价则侧重于是否符合城市的发展目标和发展方向。突出空间目标中的绩效战略，有效地丰富了传统规划的目标体系，使发展更加有据可依、更有效率，也更突出城市特色。

6.4.3 关注五个问题

第一，把握国土空间规划作为施政纲领而非部门规划的作用，不做“局长规划”，而是要做“市长规划”或“书记规划”。国土空间规划作为空间治理的手段，同时也是城市发展的重要抓手，只有与地方执政者达成发展方向和方式上的一致，深刻理解施政意图，才能在实施阶段更加得心应手。同时更高层面的战略意图设计，也可避免部门之间因为规划成为单一部门的“规划”而互相冲突。

第二，理解本轮国土空间规划十五年不变的内涵，是指城市发展的战略意图、战略目标和规划愿景十五年不变，而非具体的规划图纸十五年不变。国土空间规划作为城市发展的纲领性文件，在深入研究后应提出有一定前瞻性和预见性的城市发展战略意图、目标和愿景方向，并尽量保证在本轮国土空间规划有效期结束前保持大方向不变，而在具体实施过程中，行动规划的具体策略、图纸都可以随着城市发展需求的不断变化、城市发展条件的不断改善而相应更新。

第三，理解“严格”保护的自然保护地，并非简单构建自然保护地体系，而是在自然保护地、生态保护红线等生态空间基础上，划分生态保护、生态修复、适度生产等空间层次和体系建设。本轮国土空间规划显然是要做“好用”的规划，单纯的生态保护体系无法满足地方建立不同层次生态体系的目的，也无法实践生态文明的理念。“一刀切”的做法已经不适应新时代的空间治理目标，要灵活理解在“严格”保护的前提下，更好地利用生态资源也是对生态资源的一种保护方式。

第四，明确公众参与并不只是公示而已，而是从国土空间规划的编制阶段、公示阶段、实施阶段都需要公众深度参与进来，公众参与作为本次国土空间规划改革的重要手段之一，需要认真设计其工作方案。在总体规划阶段，用网络问卷、实地访谈、线上参与的方式深入了解公众的意愿，在详细规划阶段，充分利用社区规划师制度，与利益相关者进行广泛深入的沟通交流，积极采纳有利于方案更好实施的意见和建议，深入理解公众作为城市的“使用者”其体验和意愿诉求的重要性。

第五，“1＋1”(总报告＋信息平台)的成果对新阶段的国土空间规划而言还不够，因为涉及地方差异性以及部门体制机制进一步改革的问题，需要进一步结合地方政府行使事权来制定更多的地方性规程、规章、指南、指引、导则等，充分体现国家战略传导过程中的地方响应，使空间规划更加适应地方，更加“好用”，同时也要建立迭代机制来不断更新。

6.4.4 小结

国土空间规划所有的编制工作和管控工作，都需面向政务行使，体现为精细化治理。所有的政务行使都以增强人民体验感为最终目的。规划师一定要把本轮国土空间规划和国家战略、国家意图有效衔接在一起，同时要将其与“人民城市”建设相结合，能够真正在全社会达成共识。只有这样，从战略视角来看，有关三区三线、建设指标等问题，或许才会有更好的技术解决方案。

实践前沿

PRACTICE

7 市县国土空间总体规划中的弹性机制：以城镇开发边界为例

王新哲　薛皓颖*

国土空间规划体系的确立是我国提高空间治理能力的重大举措，一方面解决空间规划重叠问题，另一方面履行全民所有各类自然资源资产的所有者职责，解决自然资源所有者不到位的问题。党的十九大报告将"生态保护红线、永久基本农田、城镇开发边界"三条控制线作为生态文明体制建设的重要抓手，三线也成为国土空间规划最核心的管控内容，而城镇开发边界无疑是城市规划从业者最为关注的。

国土空间规划在各项文件中多次强调规划严肃性，目标通过机构改革、法制建设、机制重建等多种手段进行规划体系改革，以避免规划内容重叠冲突、朝令夕改。规划刚性是本轮空间规划的重点，亦是共识，造成了实践中的空间规划往往越做越细，越做越刚。但由于现实的复杂性，在实施的时候应根据实际情况进行适应性调整，同时有些问题本身就是"多解"的，需要为未来提供更多可能性。如何采用更为弹性的方式又能保证空间规划的科学性和严肃性，是亟须探讨的重要课题。

7.1 规划工作中的刚性与弹性

7.1.1 城市总体规划的刚性与弹性

城市总体规划是"从宏观层面上引导城市发展建设的具有全局性、综合性和战略性的规划"，通过总体规划—详细规划的传导、规划许可制度以及大量技术审查的环节，在很长一段时间里，通过"人治"，城市总体规划的刚性与弹性得到了较好的落实。

然而，随着经济快速的发展，特别是地方政府的强力干预，城市总体规划屡屡被突破，以国发〔2002〕13 号文《国务院关于加强城乡规划监督管理的通知》为标志，强化城乡规划的严肃性，发挥其对城乡建设的引导和调控作用成为改革的重要导向。作为落实，建设部发布了《城市规划强制性内容暂行规定》，随后强制性内容被纳入 2006 年颁布实施的《城

* 王新哲，上海同济城市规划设计研究院有限公司常务副院长、教授级高级工程师。邮箱：wxinzhe@163.com。
薛皓颖，上海同济城市规划设计研究院有限公司规划师。

市规划编制办法》。2008年修改实施的《中华人民共和国城乡规划法》进一步强调了城市规划中的强制性内容，随后的多规合一工作又为加强总体规划的刚性提供了技术支撑。

规划刚性最终落脚于法律法规对规划行政的控制，减少自由裁量权限，避免因为多规冲突、反复修改等带来的权力滥用和腐败问题。但同时也带来了担心出现“一点突破，全盘否定”的现象，以至于造成了城市总体规划编制时间超长、主管部门不敢批复的问题。

7.1.2 土地利用总体规划中的刚性与弹性

土地利用总体规划是基于刚性管控所设立的规划，带有一定的计划经济色彩，通常利用各项土地指标实现土地开发的有效管控，管理逻辑清晰，规划控制较为刚性。一方面，土地利用总体规划约束过死，过于理性，相较于城市总体规划必然弹性不足，存在大量指标无法落实的情况，需要反思借鉴；但另一方面，由于土地利用总体规划的规则更为明晰，随着土地管理者弹性意识的加强，纳入土地规划体系中的各类弹性指标和弹性内容的设定，在明确的规则之下有序运行，其弹性内容的有效性又是值得借鉴的。

以耕地为例，耕地保有量指标是土地利用总体规划的主要管控指标之一，但在规划实施初期，其管控常常都因弹性不足而失效。因此陆续引入了弹性的规制缓和手段，从硬性的耕地保有量指标，到耕地总量动态平衡，并出台了“置换指标”“折抵指标”“周转指标”等各类名目许可一些弹性的需求①。

发展至今，土地利用总体规划在弹性内容的设定方面也形成了固定且成熟的做法，农业用地方面，对基本农田保护区等强调管理控制的刚性，预留储备区作为基本农田调整的可协调区域；对一般耕地，由于耕作条件的变化，在土地用途上给予了市场适当的发展选择权。建设用地方面，对城乡建设用地和全口径建设用地采用约束性指标，而对城镇建设用地采用预期性指标，同时采用指标留白、用地留白（有条件建设区）等方式应对城镇建设的不确定性。土地利用总体规划中弹性内容虽然不多，但其运作条件在法规中均有明确规定，弹性指标自上而下传导，通常由上位政府保留，经审批按项目发放，其清晰的管理逻辑亦是空间规划应当借鉴的。

7.1.3 控制性详细规划中的刚性与弹性

控制性详细规划是中国规划体系的创新，为解决修建性详细规划的不适应问题，控制该控制的内容，结合国外的区划制度创设了控制性详细规划。相较而言，控制性详细规划

---

① 郑振源. 土地利用总体规划的改革[J]. 中国土地科学，2004(04)：14-19.

实施的刚性管控作用更强，然而由于控制性详细规划在创设之初就是为了适应建设的不确定性，有所为有所不为，所以控制性详细规划中的弹性规划研究和弹性实践胜于城市总体规划，反映了规划中刚性与弹性相辅相成的道理。控制性详细规划的弹性策略包括制定通则、特殊情况下的调整可能性、指标的区间控制、动态组织规划等①，弹性策略为提升规划适用性而制定，其对象是丰富多变的空间和建设行为，这些弹性规划手段在上海、深圳、成都等城市均有良好的实践。

7.1.4 法律中的刚性与弹性

即便是非常严谨的法律，也有弹性的机制。以行政自由裁量权为例，行政自由裁量权是国家赋予行政机关在法律法规规定的幅度和范围内所享有的有一定选择余地的处置权力，它是行政权力的重要组成部分，以应对法律法规无法囊括或需要进一步裁量的情景，在社会复杂性和多变性之下，是提升行政效率、提升行政决定准确度的重要手段。

没有人会因为弹性机制的存在质疑法律的严肃性，那是由于法律中的弹性受到刚性规则的制约，通常地，弹性机制一方面受到相关法律的权力约束，另一方面通过严谨的程序实现监管。在世界各国，自由裁量权均受到司法审查的制约，1990 年我国出台《行政诉讼法》，为法院对行政自由裁量权进行司法审查提供了法律依据，将滥用职权等问题纳入司法审查内容。同时，严格的行政执法流程规定，公开透明的监管环境，可以有效保障自由裁量的程序正义，正如法学家谷口安平所说，“程序正义是实体正义的本源，审判结果正确与否并不是以某种外在的客观的标准加以衡量，充实和重视程序本身以保证结果能够得到接受则是其共同的精神实质”②。

弹性机制保证了规则的准确高效运行，规则和程序又框定了弹性的合理范畴，空间规划作为我国的法定规划，其运行逻辑亦是如此，弹性与刚性互为保障，互为优化，共同推动规划的法制化过程。

7.2 国土空间规划编制需要弹性

7.2.1 弹性规划是科学性的体现

社会是一个极其复杂的生命体，任何规划都无法准确预测未来的走向，留有弹性本身

① 刘堃，仝德，金珊，等. 韧性规划・区间控制・动态组织：深圳市弹性规划经验总结与方法提炼[J]. 规划师，2012(05)：36-41.

② 谷口安平. 程序的正义与诉讼[M]. 北京：中国政法大学出版社，1996.

就是科学性的体现。较多的文献从规划的有限理性①、中国城乡快速发展下实践与理论的偏差②等方面进行了论述。城镇开发边界或城市增长边界,它的政策工具作用得到大多数学者的认可。城镇开发边界需要刚性与弹性机制,以及合理的评估调整机制,大量学者在刚性原则的基础上,对管控边界的弹性应用机制提出了创新思考。

虽然当下规划的技术有了长足的进展,社会发展进入相对稳定的“新常态”,不确定性在减少,空间规划的管控方式也在改变。以“城镇开发边界”为例,经历了“终极蓝图—弹性边界—管控底线”的演变过程,其本质上是一个政策设计过程,是一个综合性的政策工具包③。作为政策工具,应该有其相应的配套机制,弹性机制是其重要的、不可或缺的内容。

7.2.2 弹性规划是规划严肃性的稳定剂

国土空间规划与传统总体规划在契约方式上不同,国土空间规划事前约定的控制权变强,城市发展的不确定性仍然存在,但是调整的成本变高。而通过弹性规划方法,可以使规划适应不确定和多变情境,大幅减少不必要的调整,使规划更具有韧性也更为稳定,规划的公信力和严肃性因此得到保障。

弹性规则往往是刚性内容的补充,可以为刚性内容提供规制缓和。既适应多种情景和本地需求,亦保证不同情境下采用一视同仁的程序和规则,维护了规划实施的公平公正。

7.2.3 弹性规则是刚性内容有效实施的保证

空间规划所强调的规划严肃性既要体现在结果的强制力和精准性上,也要体现在过程的规范性上,二者是相辅相成的,由于规划结果的复杂性和不确定性,后者往往更为重要。弹性规则是面向原则、方法和流程的规则,使弹性规划有据可依,并通过规定编制、实施、修正、监管等流程规则规避腐败行为,在无法预测的各类情景下保证社会公正。弹性规则为规划提供了行为准则,在准则之下实现规划中的程序正义。

服务于弹性内容的规则保障,往往对弹性内容的包容度、一致性判断规则有所界定,以保护灰色地带中的程序正义,它既通过“弹性”保证了规划多样性和灵活性,又通过“规则”保证了管控的有效落实。

---

① 曹康,王晖.从工具理性到交往理性:现代城市规划思想内核与理论的变迁[J].城市规划,2009(09):44-51.

② 杨保军.直面现实的变革之途:探讨近期建设规划的理论与实践意义[J].城市规划,2003(03):5-9.

③ 张兵,林永新,刘宛,等.“城市开发边界”政策与国家的空间治理[J].城市规划学刊,2014(03):20-27.

7.3 为国土空间规划刚性管控建立弹性机制

7.3.1 国土空间总体规划制定中的弹性机制

1）分层分级的分度约束

国土空间规划的五级三类体系，不但包括总体规划到控制性详细规划的传导，还包含着不同层级总体规划间的内容传导需求。除了极个别的“贯穿”性要素外，要求了各类各级规划内容具有不同程度的弹性，以实现上下位层层深化的传导和落实。各层级规划需要参照事权“分层分级”进行分度约束①，所谓“分度约束”即需要在上位规划中留出弹性，上位与下位规划之间的关系不是重复和矛盾的，而是关联且递进的，规划体系中战略性到协调性到实施性的区分即对由浅入深的递进关系作了明确要求，因此产生不同的规划弹性与规划深度。

在分度约束的具体方案上，董珂、张菁提出分别采用定则、定量、定构、定界、定形、定序的六个要素的管控方式②。超大、特大、大城市的城乡规划层级较多，可以在总体规划阶段设定较多“弹性”的强制性内容；而中、小城市则可以“一步到位”，尽量设定“清晰”的强制性内容。同济规划院提出“标准、区划、名录、关系、位置、边界”六类要素和“落实、深化、优化、增补”四种方式。在具体实施中，六要素与四方式应以相互交叉的矩阵出现（表 7-1）。

表 7-1 分度约束与传导机制方案

方式＼要素	标准	区划	名录	关系	位置	边界
落实	●	●	●	●	●	●
深化	●	●	●	●	●	●
优化	●	●	●	●	●	●
增补	●	●	●	●	●	●

来源：作者整理

2）规划留白

《上海市城市总体规划（2017—2035 年）》提出留白机制，发挥规划空间弹性、规划指标弹性和规划时序弹性三方面的弹性作用。国土空间总体规划中的规划留白可分为功能留白、战略留白两类。功能留白主要针对远期规划难以预判用地功能的问题，在规划用地

① 董珂，张菁．加强层级传导，实现编管呼应：城市总规空间类强制性内容的改革创新研究[J]．城市规划，2018(01)：26-34.

② 同上。

中布局综合发展用地、规划白地等，不设定功能要求，可随着实际城市发展变化进一步明确和细化。战略留白的目的是提前预留建设空间应对不可预期的重大项目，例如《广州市国土空间总体规划（2018—2035年）》中，多次强调了需要预留重大事件、重大项目的用地地址，建立空间留白机制。

指标弹性常见于土地管理，被称为预留指标，又常被称为“不落地的指标”，该类指标在各级规划中都有实践。在北京、上海的规划中，其被纳入留白机制，但对于其他市县，由于大部分指标是省级事权，所以无法在空间上体现。自然资源部《关于2020年土地利用计划管理的通知》提出改革土地利用计划管理方式，坚持土地要素跟着项目走，这虽然只是针对土地的年度计划的改革，但对于各地都产生了较大的影响，山东、浙江等地都出台了“土地要素跟着项目走”的管理办法，从一定程度上解决了编规划时抢指标，真正实施的时候有些城市不够用，有些城市用不完的现象。可以预见未来市县用地指标中省级统筹部分比例会增加，在严控建设用地规模的背景下，“不落地的指标”如何落地，如何与规划保持一致尚缺乏有效的机制。从目前的情况看，“指标留白”是一个落实这项政策比较有效的机制载体。

落实指标留白的空间有两种选择：城镇集中建设区和城镇弹性发展区。落在城镇集中建设区内用地分区明确，符合功能管制的逻辑，但会造成事实上的增加规划建设用地；落在城镇弹性发展区比较有利于增量指标的管控，但不利于重点项目在城市中的选址优化。笔者比较倾向于指标留白落在城镇集中建设区内，同时建议作为配套机制，一方面要弱化远期建设用地规模的精确性，通过留白使规模具有一定的弹性幅度；另一方面要重点加强用地的年度监控。

3）城镇弹性发展区

在《城镇开发边界划定指南》的多轮讨论稿中，基本明确了开发边界内分为城镇集中建设区、城镇弹性发展区与特别用途区。弹性发展区的设立是国土空间总体规划编制讨论的热点，其概念在规划发展过程中已经较为成熟，在土地利用总体规划中被称为有条件建设区，是指规划中确定的，在满足特定条件后方可进行城乡建设的空间区域。

当前，弹性发展区的设立规则最终落实到《市级国土空间总体规划编制指南（试行）》，指出弹性发展区原则上不超过城镇集中建设区面积的15％，并对大城市、超大城市提出了更小的比例限制。但其中的用地转换规则、正面及负面清单均未明确，有待地方规范加以细化。

弹性发展区是在城镇发展区内城镇集中建设区之外的分区，在具体实践中会采用保留路网，用地“留白”的控制方式。也有学者提出构建“单元组合型”总体用地布局方法体系①，设定城市扩展的“基本单元”，以期在刚性控制的基础上，打破终极蓝图式的用地边界，只要其开发条件允许，即可启动“基本单元”建设，为城市建设空间提供了可供调整的弹性，为创新城市总体用地布局方法提供了一种新视角。

---

① 张瑞霞，林志明.“单元组合型”总体用地布局方法及实践[J].规划师，2019(03)：26-31.

7.3.2 国土空间总体规划制定中的弹性表达技术

1）不同精度、力度的控制表达

控制体系的内容有各种形式和层次，对不同的规划内容采用恰当的管控形式和管控强度，是避免过度控制、保留弹性的最为直接有效的方式。分层分级的国土空间总体规划体系增加了传统控制工具的纵向维度，应建立多层次、多精度、多力度的概念体系（表 7-2），体现各层级管控政策的差异，增强规划的操作性，避免各层级规划的重复与冲突①。

表 7-2 不同精度、力度的表达体系建构

类别		体系（由强至弱）
控制精度	结构	布局—格局
	用地	分类—分区
	控制线	图斑线—控制线—结构线
控制力度	确定性	划定—划示
	正面	必须—应—宜
	负面	严禁—不应—不宜
传导方式		落实—深化—优化—增补

来源：作者整理

2）文本的递进表达

无论是制定空间规划的技术标准，还是编写规划文本，评判弹性程度的主要依据是法定条目，因此必须使用恰当的语汇区分刚性与弹性内容，甚至有必要形成一套空间规划专用的语汇体系，规范弹性规划的内容和使用。

相比图纸，语言的弹性表达更为直接易懂。如“划示”相对于“划定”，“格局”相对于“布局”，“分区”相对于“分类”，通过准确的用词区分不同规划内容的控制精度，在传导过程中传达不同层级间的递进关系和不同的弹性程度，“划示开发边界”在各地的国土空间总体规划导则中已多次出现；执行力度方面，法律上的用词更为成熟，“必须”“禁止”强制性最强，“应”“不应”其次，“宜”“不宜”表达在条件许可时首先应这样做，相比前者可以容许一些特例和调整空间。

3）图纸的结构性表达

上节提到的“划示—划定”通过概念的界定体现了不同的定位精度与管控力度，但就其

① 王新哲，薛皓颖. 国土空间总体规划传导体系中的语汇建构[J]. 城市规划学刊，2019(S1)：9-14.

成果而言，中心城区的"划定"与外围城镇的"划示"出现在同一张图中时，应使阅读者能够准确理解管控内容的刚性与弹性范畴。在欧美国家的规划以及我国上海、北京等城市的规划中，已有较为成熟的图示表达案例，展示了各类绘图手法对弹性规划意图传达的有效辅助作用。

斯蒂芬妮·杜尔(Stefanie Dühr)总结了欧洲空间规划的图示表达分析，建立了一套分析框架，并在此框架上整理出一套从图解到精细化的、从模糊到严谨的、从区域到定位的空间规划图示方法(图 7-1)①。对有效的要素类型模块化后，去除无用的干扰信息，呈现出网络化、拓扑的示意性空间。空间结构图示的重点就是如何将规划意图准确、清晰、有效地映射到模式空间上，并在模式空间内对各类政策进行安排②。

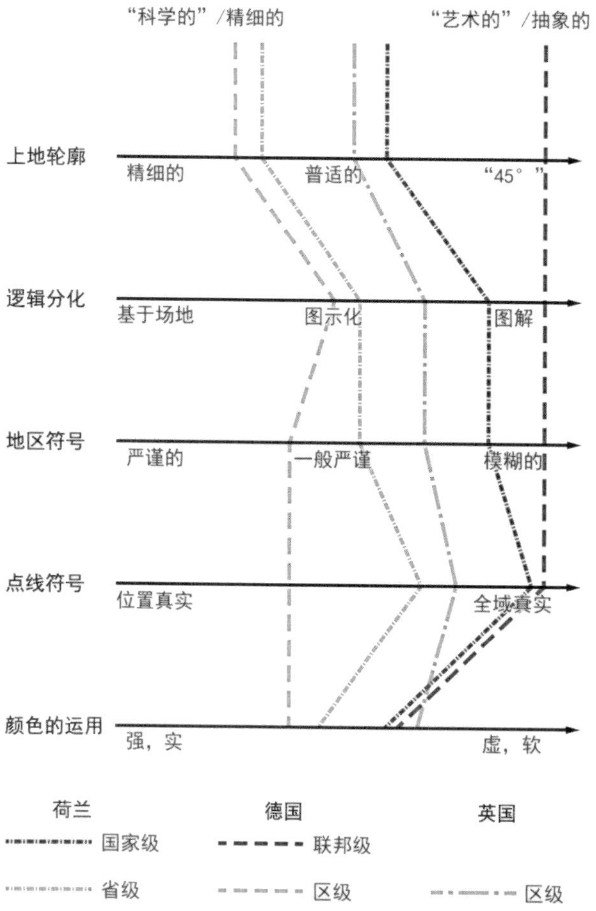

图 7-1 荷兰、德国和英国战略规划方案抽象概念的跨国比较

来源：作者改绘自 DÜHR S. The visual language of spatial planning-exploring cartographic representations for spatial planning in Europe[M]. London: Routledge, 2007.

① DÜHR S. The visual language of spatial planning-exploring cartographic representations for spatial planning in Europe[M]. London: Routledge, 2007.

② 梁洁. 国土空间总体规划图示方法研究[J]. 城乡规划, 2020(03): 106-115.

人们会质疑结构性表达在管控类图纸中显得不够严肃和准确，而笔者认为结构性表达因其信息提炼，能够更为精准地传递核心信息，而直接舍弃不属于本级规划的信息，过去一些传统图纸中，因深度不及而未经推敲的“大致边界”，反而容易给下位规划造成疑惑和误读。所谓“少即是多”，结构性表达可以使信息聚焦于网络结构、节点、相对规模、拓扑关系等管控内容，高度抽象的点线面显然在选址定线方面是不作管控的，赋予下一层级的规划设计完整的弹性空间（图 7-2、图 7-3）。

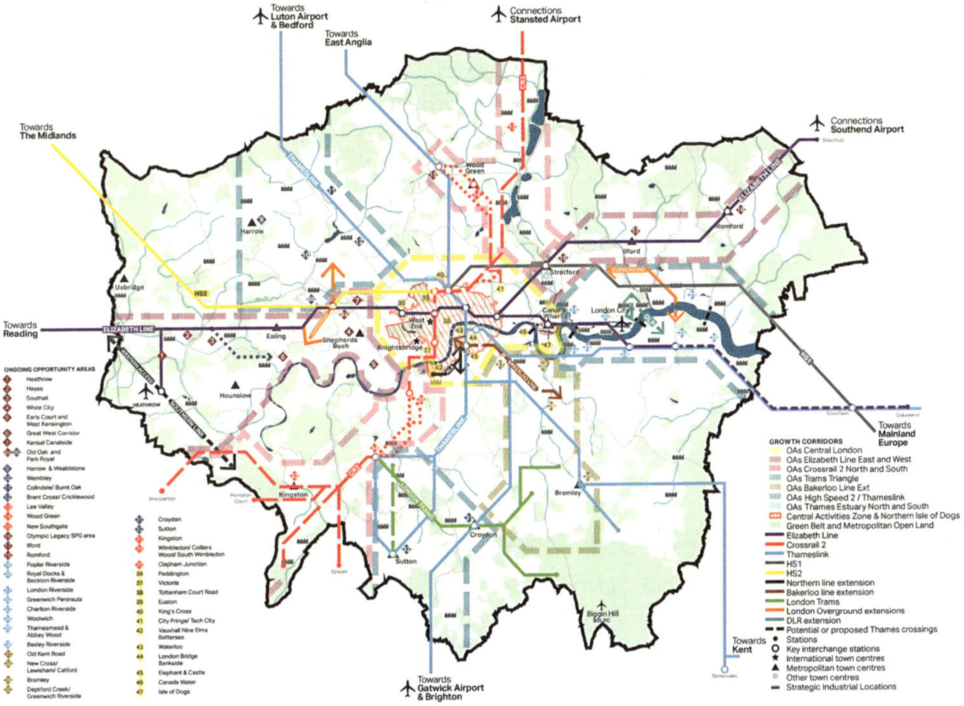

图 7-2　伦敦规划图

来源：https://www.london.gov.uk/what-we-do/planning/london-plan/current-london-plan

4）基于参照物的定线体系

通常认为，刚性边界是基于坐标的定线体系，往往忽略了定线体系是以自然地物为参照物的。在《城镇开发边界划定指南》的征求意见稿中，划定原则中强调了需充分利用森林、河流、湖泊、山川等自然地理边界构成城镇开发边界。基于参照物的定线体系，一方面作为定线的刚性依据，另一方面避开了坐标定点的难题（尤其在上位规划中，坐标定点难度过高），在精准与模糊之间，提供了“相对准确”的选项，同时具备边界弹性与管控刚性。

例如，渥太华的总体规划文本中，附有对规划内容的说明文件（interpretation），该说明指出边界定线以自然地物为参照系，在与自然地物重合时必须严格与自然地物保持一

图 7-3　上海主城区用地布局规划图局部放大
来源:《上海市城市总体规划(2017—2035 年)》

致,其他情况则是近似边界(图 7-4)。这种基于参照物的定线体系还可以延伸至规划边界与规划分区的关系,无论分区还是开发边界,上位的划示并不落地,均为弹性边界,但是下位落实过程中,需要保证分区与开发边界的关系与上位规划中一致,在规划内容的相对关系上实现了严格传导,同时又为下位规划留出弹性。

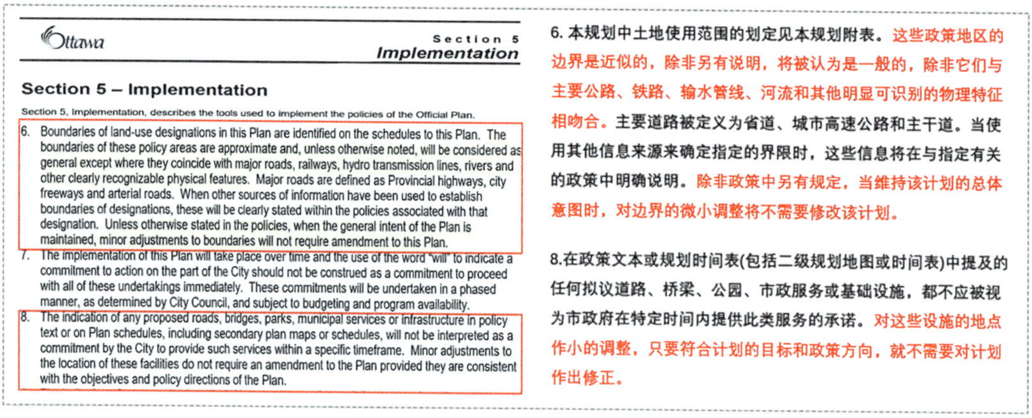

Ottawa　Section 5 Implementation

Section 5 – Implementation

Section 5, Implementation, describes the tools used to implement the policies of the Official Plan.

6. Boundaries of land-use designations in this Plan are identified on the schedules to this Plan. The boundaries of these policy areas are approximate and, unless otherwise noted, will be considered as general except where they coincide with major roads, railways, hydro transmission lines, rivers and other clearly recognizable physical features. Major roads are defined as Provincial highways, city freeways and arterial roads. When other sources of information have been used to establish boundaries of designations, these will be clearly stated within the policies associated with that designation. Unless otherwise stated in the policies, when the general intent of the Plan is maintained, minor adjustments to boundaries will not require amendment to this Plan.

7. The implementation of this Plan will take place over time and the use of the word "will" to indicate a commitment to action on the part of the City should not be construed as a commitment to proceed with all of these undertakings immediately. These commitments will be undertaken in a phased manner, as determined by City Council, and subject to budgeting and program availability.

8. The indication of any proposed roads, bridges, parks, municipal services or infrastructure in policy text or on Plan schedules, including secondary plan maps or schedules, will not be interpreted as a commitment by the City to provide such services within a specific timeframe. Minor adjustments to the location of these facilities do not require an amendment to the Plan provided they are consistent with the objectives and policy directions of the Plan.

6. 本规划中土地使用范围的划定见本规划附表。这些政策地区的边界是近似的,除非另有说明,将被认为是一般的,除非它们与主要公路、铁路、输水管线、河流和其他明显可识别的物理特征相吻合。主要道路被定义为省道、城市高速公路和主干道。当使用其他信息来源来确定指定的界限时,这些信息将在与指定有关的政策中明确说明。除非政策中另有规定,当维持该计划的总体意图时,对边界的微小调整将不需要修改该计划。

8.在政策文本或规划时间表(包括二级规划地图或时间表)中提及的任何拟议道路、桥梁、公园、市政服务或基础设施,都不应被视为市政府在特定时间内提供此类服务的承诺。对这些设施的地点作小的调整,只要符合计划的目标和政策方向,就不需要对计划作出修正。

图 7-4　渥太华总体规划中有关规划定线的说明文件节选
来源:作者改绘自 *Official Plan Consolidation for the City of Ottawa*

7.3.3 国土空间总体规划实施中的弹性机制

1）通过规制实现制度弹性

国土空间规划体系在建立之初强调其刚性与严肃性是必要的，但随着体系的建立，应在基本制度上，补充各类细分制度。如波特兰在编制阶段分别设立刚性增长边界和弹性增长边界，刚性增长边界在外围作为严格禁建区边界保护生态，而弹性增长边界结合指标和时序对城市扩张进行限制，在实施阶段，两类边界设定不同的时效和管控规则采取分度管控，并允许通过"微调、主要调整、立法修正"三种模式对其开发边界进行修正①。

目前国土空间规划体系在开发边界管控上的弹性机制主要体现在编制阶段，在实施阶段仅有点状供地、基本农田占用等相关政策。随着各地国土空间规划逐步编制完成，建设实施过程中势必会面对大量变化和新的需求，如重大项目、弹性指标的置换调整、边界勘误等，我们既要在编制过程中预留弹性，也需要在实施中规范弹性制度，充分考虑不同情境，在审批和修改程序上给予相应的制度缓和（图 7-5）。

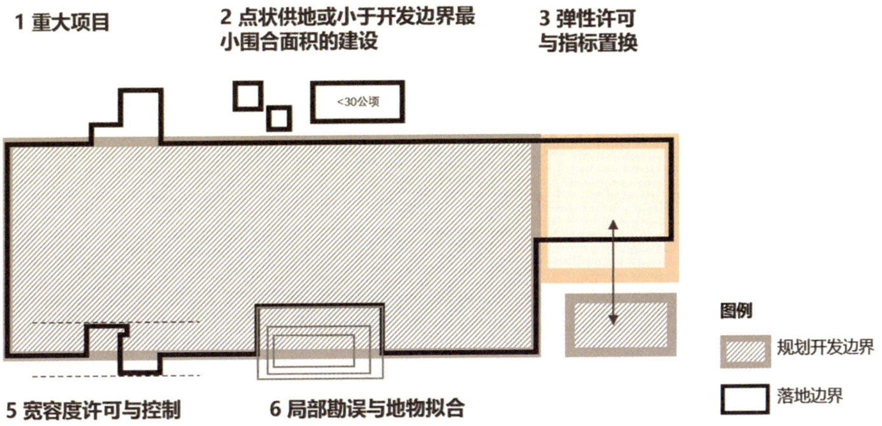

图 7-5　不同情景下，通过规制缓和实现开发边界的弹性修正
来源：作者自绘

2）开发边界外许可

与《中华人民共和国城乡规划法》所规定的"城乡规划主管部门不得在城乡规划确定的建设用地范围以外作出规划许可"不同，在国土空间总体规划体系下，在城镇开发边界外的建设，按照主导用途分区，实行"详细规划 + 规划许可"和"约束指标 + 分区准入"的管制方式。《城镇开发边界划定指南》的多轮讨论稿均列举了开发边界

① 王颖，顾朝林，李晓江．中外城市增长边界研究进展[J]．国际城市规划，2014，29(04)：1-11．

外所允许的建设项目，包括交通、基础设施及其他线性工程，军事及安全保密、宗教、殡葬、综合防灾减灾、战略储备等特殊建设项目，郊野公园、风景游览设施的配套服务设施，直接为乡村振兴战略服务的建设项目，以及其他必要的服务设施和城镇民生保障项目。

虽然《市级国土空间总体规划编制指南（试行）》没有直接许可开发边界外的建设量，但“以县（区）为统计单元，划入城镇集中建设区的规划城镇建设用地原则上不少于县（区）域规划城镇建设用地总规模的90%”，开发边界“单一闭合线围合面积原则上不小于30公顷”等要求，一定意义上蕴含了对30公顷以下零星城镇建设在开发边界之外的许可，并要求这部分用地控制在总规模的10%之内，这部分内容的许可显然需要更严格的前提条件和建设要求。

“点状供地”是近年来的一种探索，早期主要强调“点状”，即“建多少供多少”，投资建设方可以“抠”出一块真正需要的用地，然后以租赁等方式获取周边的生态保留地。随着国土空间规划体系的确立，逐渐成为城镇开发边界外许可的一种方式（表7-3）。四川省、广东省相关文件明确了其内涵，但还基本在“乡村振兴”的框架之下。《广西壮族自治区自然资源厅关于实施点状供地助推乡村振兴的通知》（征求意见稿）规定“输变电线路塔基、风电场塔基及升压变电站、输油（气）管道阀室及分输站、通信塔基等点状项目用地可参照点状供地政策执行”，将“点状供地”的范围扩展到市政设施。《海南省自然资源和规划厅关于实施点状用地制度的意见》全面规定了内涵、实施范围的正负面清单、管理审批程序，在自贸区的框架下有望成为可复制、可推广的经验。

表7-3 “点状供地”相关政策汇总

时间		文件	内容
国土空间规划体系建立前	2017年3月	安徽省“十三五”旅游业发展规划	坚持节约集约用地，改革完善旅游用地制度。创新采取点状、定向、租赁等多种土地供地模式，重点旅游项目建设用地计划纳入全省年度用地计划中统筹安排
	2017年3月	重庆市国土房管局、重庆市规划局、重庆市旅游局《关于支持旅游发展用地政策的意见》	落实生态文明建设要求，坚持“宜农则农、宜林则林、宜建则建”原则，除用地范围位于基本农田、地质灾害高易发区、重点饮用水源保护区、自然保护区核心区和缓冲区等生态敏感区域的项目以外，其余可根据地域资源环境承载能力、区位条件和发展潜力，充分依托山林自然风景资源，结合项目区块地形地貌特征，依山就势，按建筑物占地面积、建筑半间距范围及必要的环境用地进行点状布局、点状征地、点状供应旅游项目用地
	2018年1月	《海南省人民政府关于进一步加强土地宏观调控提升土地利用效益的意见》	积极探索在百镇千村、共享农庄以及其他旅游项目设施建设中，主体项目周边用地保持原貌的情况下，采取分散化块、点状分布的方式“点状供地”，进一步提升土地利用的精细化、精准化、集约化程度

续表

	时间	文件	内容
国土空间规划体系建立前	2018 年 6 月	浙江省人民政府办公厅《关于做好低丘缓坡开发利用推进生态“坡地村镇”建设的若干意见》	对结合异地搬迁、新农村建设等工作，通过规划引导纳入村庄建设的区块，可以实行点状或带状布局多个地块组合开发。对充分依托山林自然风景资源，进行生态（农业）旅游、休闲度假等项目开发的区块，可以实行点状布局多个地块组合开发
国土空间规划体系建立前	2018 年 7 月	广东省政府《广东省促进全域旅游发展实施方案》	支持农村集体经济组织依法依规盘活利用空闲农房和宅基地，改造建设民宿、创客空间等场所，乡（镇）土地利用总体规划可以预留部分规划建设用地指标（不超过 5%）用于零星分散单独选址的乡村旅游设施建设；对乡村旅游项目中属于新产业新业态的用地，以及符合精准扶贫等政策要求的民生用地所需指标，可从省新增建设用地指标中统筹解决
国土空间规划体系建立前	2018 年 11 月	上海市规划国土资源局《关于推进本市乡村振兴做好规划土地管理工作实施意见（试行）》	乡村新产业新业态项目中，按照建设用地进行管理的，可以实施“点状”和“带状”布局，多个地块组合开发。项目区内其他用地，仍按照原地类管理。各区可以依据郊野单元（村庄）规划明确的建设用地，进行点状布局，按照建设用地地块范围办理农用地转用后，通过集体建设用地使用或征为国有方式供地
国土空间规划体系建立后	2019 年 7 月	四川省《关于规范实施“点状用地”助推乡村振兴的指导意见（试行）》	在城镇开发边界（城市和乡镇建设用地扩展边界）以外，不适合成片开发建设的地区，根据地域资源环境承载能力、区位条件和发展潜力，结合项目区块地形地貌特征，依据建（构）筑物占地面积等点状布局，按照建多少、转多少、征（占用）多少的原则点状报批，根据规划用地性质和土地用途灵活点状供应，开发建设服务于乡村振兴的项目用地
国土空间规划体系建立后	2019 年 12 月	《广东省自然资源厅关于实施点状供地助力乡村产业振兴的通知》	为实施现代种养业、农产品加工流通业、乡村休闲旅游业、乡土特色产业、乡村信息产业及乡村新型服务业等乡村产业项目及其配套的基础设施和公共服务设施建设，确需在城镇开发边界外使用零星、分散建设用地，且单个项目建设用地总面积不超过 30 亩的，可实施点状供地
国土空间规划体系建立后	2020 年 4 月	海南省自然资源和规划厅《关于实施点状用地制度的意见》	点状用地的实施范围包括： 1. 乡村基础设施（含交通、水利等设施）和公共服务设施用地； 2. 乡村休闲农业和旅游项目用地及其配套设施用地； 3. 农产品加工、展销、存储等项目用地； 4. 农村一二三产业融合发展中的新产业、新业态以及旅游新业态用地； 5. 南繁科研育种基地范围内服务于南繁育种的生产设施用地； 6. 旅游公路驿站、交通场站用地； 7. 法律法规规定的其他点状项目用地。 城镇、产业园区开发边界外非采取点状用地方式使用土地的单独选址项目，不适用本意见。属于设施农用地的，按照设施农用地的有关规定管理，不适用点状用地的有关规定

来源：根据相关文件整理

3）基本农田及生态红线的占用

尽管坚持“最严格的土地保护政策”，但难免会占用基本农田或生态红线。《中华人民共和国土地管理法》规定：国家能源、交通、水利、军事设施等重点建设项目选址确实难以避让永久基本农田，涉及农用地转用或者土地征收的，必须经国务院批准。

自然资源部《关于做好占用永久基本农田重大建设项目用地预审的通知》允许六类情景重大建设项目，最近疫情防控中，自然资源部印发通知“对选址有特殊要求，确需占用永久基本农田和生态保护红线的，视作重大项目允许占用”。《关于在国土空间规划中统筹划定落实三条控制线的指导意见》中规定生态保护红线内，自然保护地核心保护区在符合现行法律法规前提下，除国家重大战略项目外，仅允许对生态功能不造成破坏的有限人为活动，主要包括：不破坏生态功能的适度参观旅游和相关的必要公共设施建设；必须且无法避让、符合县级以上国土空间规划的线性基础设施建设、防洪和供水设施建设与运行维护；重要生态修复工程。

7.4 结语

7.4.1 对于“一致性”的判定是规划弹性的技术保障

对弹性内容“一致性”的判定是弹性规则的核心问题，过去总体规划中通常采用主观判定，如控制性详细规划是否符合总体规划要求，何种内容以何种标准进行判别，过去在规划中并不作说明，经常导致分歧，尤其是绿带宽度、商业混合比例等敏感问题，对弹性边界未加界定的情况下，建设中浑水摸鱼，或是“一刀切”闹笑话的故事都不在少数。

在《市级国土空间总体规划编制指南（试行）》中，指出“规划实施中因地形差异、用地勘界、产权范围界定、比例尺衔接等情况需要局部勘误的，由市级自然资源主管部门认定后，不视为边界调整”。该条文提出了开发边界划定过程中允许的弹性误差，为规划内容提供了一定的宽容度。但宽容范畴的判断规则仍然是界定不足的，例如“地形差异”“比例尺衔接”等概念缺乏定义，导致判断困难。在实施过程中，因规则过于模糊，管理者或是拒绝模糊地带，或是主观判断一致性，前者丧失了弹性的作用，后者加大了弹性的风险，都是不可取的。在法制社会的建设背景下，未来有必要在技术细则，或是规划成果中对宽容情景给出更明确的定义和解释，把过去不言自明的潜规则“言而明之”。

7.4.2 走向程序正义的空间规划

管理科学的理想境界是“自限于可为的界线之内，从而向最大多数人提供丰富的现实可选择性”①。规划亦是如此，绝对的弹性与绝对的刚性都不难，而难在虚实相间的分寸。规划的严肃性绝非建立在图纸上一条条精准的控制线上，而应体现在实施过程的稳定与适用，用规则去保证空间规划长远的程序正义，而不是用底线追求短暂的强制力。

空间规划的思维应从“短期性”导向转变为“长期性”导向，从“工程蓝图”思维转变为“格局框架式”思维，从“精准布局”的思维逐步转变为“引导、规制、包容性”的思维，而规划的理性内核也应从“工具理性”修正为“有限理性”。

① 周笑.管理科学的界线：可为与不可为[J].衡阳师范学院学报，2004(04)：123-126.

8 国土空间总体规划的市县传导

裴新生*

8.1 对国土空间规划传导机制的认识

8.1.1 改革背景

《中共中央 国务院关于建立国土空间规划体系并监督实施的若干意见》明确提出建立国土空间规划体系。国土空间规划是引领发展的空间指南，是可持续发展的空间蓝图，是国土空间开发保护活动的基本依据，也是各级政府的施政纲领。

本轮国土空间规划改革根本目的之一是实现国家治理能力的现代化，在规划编制实践中，改革过程不能被单纯地理解为技术变革。技术固然重要，但在治理中更需要充分体现规划的政策属性。因而，处于国土空间规划体系关键环节的国土空间总体规划应体现战略思维、底线思维、民本思维和治理思维等思维方式。战略思维，指国土空间总体规划不应简单直接地理解为指标分配和底线管控，任何规划都必须包含战略研究和战略引领，即"小城市也有大战略"。底线思维，指在生态文明改革背景下推进资源集约节约利用，需要清晰划定规划的底线。民本思维，指以人民为中心，以民生为重点，建设人民城市。治理思维，即对规划传导的理解和运用要从治理体系和治理能力的视角出发。在国土空间规划编制实践中，厘清规划如何发挥作用是体现改革要求的重要改变之一。在此前的规划体系中，无论是城乡规划、土地利用规划抑或发展规划，都缺乏清晰的编制—实施—监督—反馈链条。地方政府在既有规划实施过程中，没有明确各类规划的作用、规划中具体的监督反馈要求以及规划实施成效的判断标准。同样地，这些要素在规划编制过程中往往也缺乏清晰定义，规划编制者只是按照规范性文件和技术标准填充规划内容。因此，规划编制者往往也无法在规划文本中界定各类规划要素的传导、管控及监督属性。这也是在国土空间规划改革进程中，推动规划编制改革时需要反思之处。

从改革的背景来讲，规划编制者更要对"建立国土空间规划体系是系统性重构过程"有清晰认识，规划编制实践需要放在规划运行体系中来认识。国土空间规划体系包括编制审批体系、实施监督体系、法规政策体系以及技术标准体系，将规划编制放在改革的宏观背景下，就能够理解规划传导在整个规划体系中的重要性。

* 裴新生，上海同济城市规划设计研究院有限公司副院长、教授级高级工程师，中国城市科学研究会新型城镇化与城乡规划研究专业委员会副主任委员兼秘书长。邮箱：peixs@163.com。

8.1.2 传导体系构建要求

1）传导的三种关系

"五级三类"的国土空间规划体系已经明确，国家、省、市、县、乡五级规划层级重点不同，国家级重战略、省级重协调、市县级重实施。五级规划自身就要求纵向传导机制的存在，纵向传导机制既包括上级规划要素直接向下级的刚性规划传导（下级规划对上级规划意图的直接落实），也包括弹性传导。市县级规划在落实上级战略与底线管控要求之外，也要体现与本级政府事权相对应的发展诉求。所以，传导体系既强调自上而下的纵向传导，也有自下而上的反馈。

国土空间规划既要高质量、全覆盖，又需要体系化、有侧重，更重要的是还要可传导、能落实。传导体系主要面向实施，处于中间环节的市县国土空间总体规划不仅要落实上位规划，还要指导下位规划和统筹专项规划。因此，规划的传导体系，也包含着纵向、横向和实施层面的三种传导关系。

纵向的传导包括各层级总体规划之间的协调和分解落实，纵向的传导体系包括省—市—县—乡的传导。横向的传导则主要指总体规划对专项规划的约束和核对。本轮国土空间总体规划原则上与部门专项规划联动编制，但在实际工作中，各地区进度差异较大。因而也就需要在国土空间总体规划里预留接口，将需要在专项规划中落实的重大目标、重大战略，特别是重要项目及落地需求，在国土空间总体规划里加以反映和预留。规划实施层面的传导是总体规划与详细规划、近期建设规划之间的规划要素分解、落实与约束。在国土空间总体规划编制完成后，城镇开发边界内编制详细规划，城镇开发边界外编制村庄规划，地方政府在实施层面还要编制近期建设规划，这些规划都需要在编制过程中落实总体规划的要求（图 8-1）。

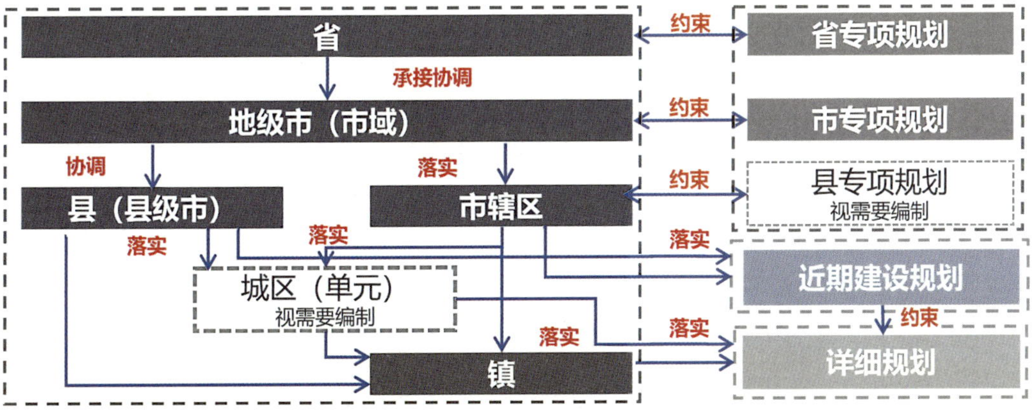

图 8-1　国土空间规划传导体系示意
来源：作者自绘

2）传导的原则

一般认为，传导的基本原则包括事权对应、刚弹相济、面向实施、重视反馈。

（1）事权对应

规划的传导要与各级政府的规划事权相对应，以自然资源部和其他相关部门事权为基础，要理清各层级政府、各部门事权，分类施策、精准界定传导管控内容。此前的城市总体规划文本中就曾针对城市总体规划内容太庞杂、覆盖面太广的问题，明确界定强制性内容，即需要特别强调的、强制落实实施的内容，例如城市里的绿线、蓝线、紫线等各类控制线，以及公益性公共服务设施、重大基础设施等要素。界定强制性内容的目的就是要和地方政府的管理事权相对应。按照事权对应的原则，规划文本（尤其是上报规划文本）不应倡导面面俱到，而是与审批管理事权对应。在提交上级政府审批的规划文本中应明确核心要素，如发展战略、定位与目标、重要指标、规划格局、底线控制以及国家重大战略所要求的各类重大设施实施空间等要素。与之相反，城市内部具体的规划安排则不一定是上级政府需要直接管理审批的要素，可以从强制性内容中排除出去。总而言之，事权对应是国土空间规划改革思路转变的体现之一。

（2）刚弹相济

规划传导要以约束性要求和战略引导为重点，既要有效传导刚性约束指标，也要发挥弹性内容的战略引导作用。规划既要谈保护也要讲发展，协调保护和发展的矛盾一直贯穿国土空间规划的全过程。有的要素是要管控的，但是管的“刚性”刚到何种程度？地方政府的发展诉求也很强烈，那么“弹性”的空间在哪里？指标很重要，但指标也有约束性指标和引导性指标两类。就指标管理而言，要改变“就指标论指标”的思维，应该更多地关注空间格局，关注整体资源要素的统筹，为未来城市的长远和可持续高质量发展建立一个良好的规划基础。原来规划或者在管理过程中的很多问题，往往“不管就乱、一管就死”。怎么样能把底线守住，但是又能弹性灵活地应对发展的多变，最终提高国土空间的使用效率、实现高质量发展，是本轮规划编制需要解决的关键问题。

（3）面向实施

传导要以可监督、定量化和坐标化为目标。在国土空间规划体系建设过程中，“一张图”的建设是核心环节之一。所有规划要素都要录入“一张图”，所以对于规划编制者而言，责任尤其重大。此前的城乡规划体系缺乏自上而下的数据库管理和联动，所以很多问题不会得到充分暴露。在国土空间规划改革背景下，规划编制过程中就要将规划要素纳入数据库，规划需要精确落位，这将成为国土空间规划编制要面临的挑战之一。

（4）重视反馈

实现规划传导需要建立上下联动的规划反馈机制。规划不是编完就结束了，应该思考怎样进行动态管控。在规划编制实践中，需要特别强调面向全生命周期管理的规划路径。规划是一个动态的、不断优化调整的过程,需要年度体检、动态评估,需要定期监测规划实施的质量和效果,从而进一步优化调整规划的管控内容。

8.2 市县国土空间总体规划的传导机制

8.2.1 市县国土空间总体规划的编制要求

1) 编制内容要求

2020年发布的《市级国土空间总体规划编制指南(试行)》(以下简称《市级指南》)是一个指导性的框架性指南,意味着现在的国土空间总体规划编制是一个逐步探索、逐步统一认识的过程,允许根据地方的实际情况,由各地政府、各编制单位进行有益的探索。

对照《市级指南》中目标定位、规划分区、重要控制线、要素配置、指标分解等部分内容要求。首先,需要厘清市县两级各需要做些什么,才能明确哪些内容需要传导以及怎么传导。例如约束性指标的分解,在编制市级规划的时候,就必然涉及这些重要的指标,包括建设用地规模、耕地保有量、永久基本农田等。另外,也涉及分区,市县两级规划各自划定到什么深度? 市域和县域必然有所不同,市辖区也与二者存在差异。市级规划要统筹各个县,但又不能越级确定县级规划的具体内容。市级规划应按照上级确定的全省发展格局,根据市级的发展战略和目标确定全市发展的格局框架,县级规划在这个基础上再进一步划定细致的分区。所以,市级规划应该划定一级分区,二级分区是县级规划需要去深化的内容。而落坐标、落定位,更多地则要在乡镇级规划层面完成。这就是一个分级优化落实、逐步精准划定的过程,也就在规划过程中体现了规划传导。

"三线"的事权层级差异也较大。生态保护红线,体现的是国家或者省级事权,所以要直接落下去。部分区域的生态保护红线,经过多轮的上下反复沟通已经基本稳定,这是生态空间中对应国家事权或者省级事权的重要部分,市县规划需要严格落实。但是不代表市县规划中的生态空间只有生态保护红线,生态空间的规划不仅需要将上级确定的生态保护红线在空间上落实,还需要在"双评价"的基础上来做进一步的系统化规划(图8-2)。当然,就"双评价"本身而言,市级和县级也是有差异的。目前的要求是在市级层面开展"双评价",县级规划的"双评价"由地方政府自选,但一定不是做"大而全"的重复评价,而是针对地方的资源禀赋、特定的约束性要求来开展评价。

2) 传导要求

市级规划需要向上承接省级规划,向下传导至县级规划,并向专项规划提出约束性的要求。

向上承接体现在深化省级规划明确的目标、落实结构性控制性要求和省级规划中关

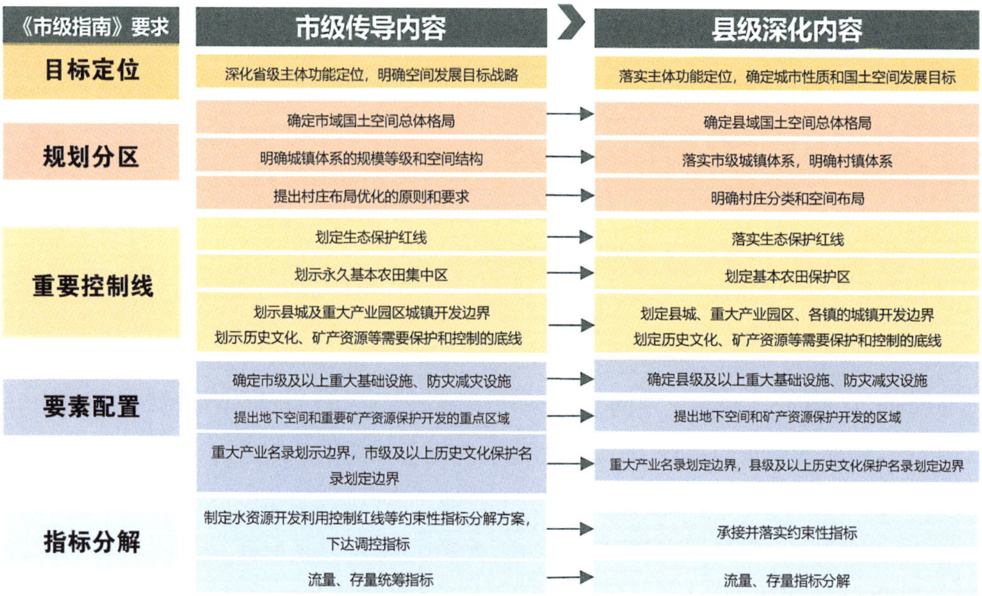

图 8-2　市县规划传导的关系及内容深度差异
来源：作者自绘

于跨市协调的安排。向下传导体现在统筹、协调下辖的县市区，在目标、结构、重大项目、重点地区等方面对其规划编制提出要求。向实施传导则体现为对专项规划及实施性规划提出约束性的要求（图 8-3）。

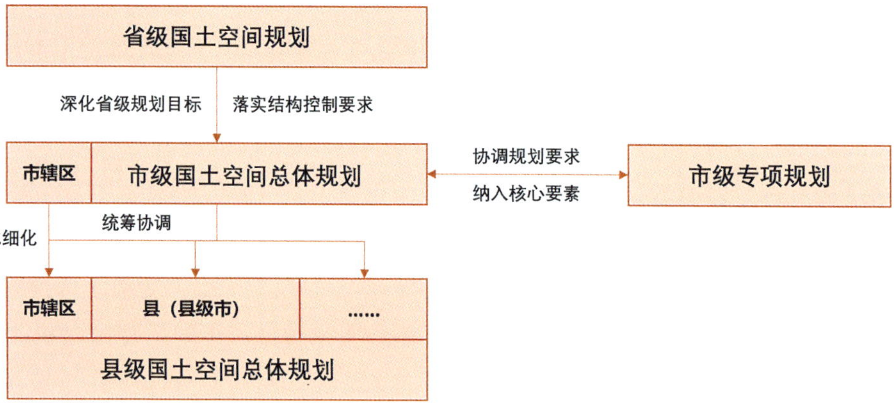

图 8-3　市级规划传导方向示意
来源：作者自绘

8.2.2　市县国土空间总体规划的传导框架

对当前市县国土空间总体规划的传导要求进行梳理，可得到较为明确的传导框架，从传导要素、方式和信息载体，可对其加以分类。

传导的要素包括指标、区划、名录、结构、位置、边界等。指标是指上位规划要求下位规划和专项规划严格落实的定量化的管控要求，即需要下位规划和专项规划分解落实的指标。区划是上位规划中确定的空间保护和开发的内容，需要由下位规划和专项规划进行深化、细化和落实。名录是指数量较多、面积较小，无法以图示方式表达而采用列表方式表达并需下位规划和专项规划加以细化落实的内容。结构指上位规划制定空间格局/布局时所确定的不同空间要素间的组合关系。位置是指需要在本级国土空间总体规划明确地理区位的内容并在下位规划和专项规划中进一步确定地理坐标。边界是指通过坐标明确控制范围的内容，界内空间一般具有明确的用途属性和管控要求。

传导方式可大致总结为落实、深化、增补和转译四类。落实是指下位规划要严格遵守上位规划传导的内容，且在继续传导中不得变更。深化是指下位规划和专项规划对内容进行进一步的分解和细化。增补是指下位或专项规划可在本级事权范围内进一步增加与补充的内容。转译是指随着规划空间层次的下沉，规划的深度也会增加，下位规划会对上位规划的内容进行转化之后向下传导或落实。传导信息载体包括空间（图示）、数量（数字）、政策（文字）三类。空间传导（图示）主要是对空间性特征和信息的传导。数量传导（数字）主要是指标的分解与传递。政策传导（文字）主要是任务的分解和规则的确定。在实际规划工作中，往往需要通过多种模式的组合来实现有效的传导。

8.3 市县国土空间总体规划传导实践：以嘉兴和荆州为例

8.3.1 市级国土空间总体规划传导的基本思路

嘉兴是浙江模式的一个典型代表，它紧邻上海与苏州，但发展模式却与之完全不同。嘉兴块状经济、多元发展、强县强镇等特征明显，城乡收入差距为全国最小，但中心城市首位度居全省倒数第二。“各自为政”的发展模式造成了人口、经济与空间资源的错配，制约了全市整体发展效率。在长三角地区高质量一体化发展上升为国家战略的背景下，嘉兴市国土空间总体规划肩负着进一步展现长三角“一体化”和“高质量”的重要使命。2019 年，浙江省确定嘉兴市为全省市域统筹改革试点城市，将国土空间总体规划的市级统筹编制与管理作为改革试点的重要抓手。基于此，在嘉兴国土空间总体规划编制过程中探索一种全新的、符合嘉兴发展特色的规划统筹模式尤为重要。由技术逻辑作协调统筹、政策逻辑作支撑，二者互动作用，实现城市治理能力现代化的进一步提升。市级规划应抓大放小，有所为有所不为。因此，规划构建了市域“五统”的基本框架，即市级规划要重点抓住“格局、规模、底线、要素、设施”五大统筹要素，一方面建立集结构、指标、边界、区划、名录、位置于一体的规划技术传导体系，另一方面也建立一种保障市域统筹的规划实施机制，实现规划引领市县高质量协同发展（图 8-4）[1]。

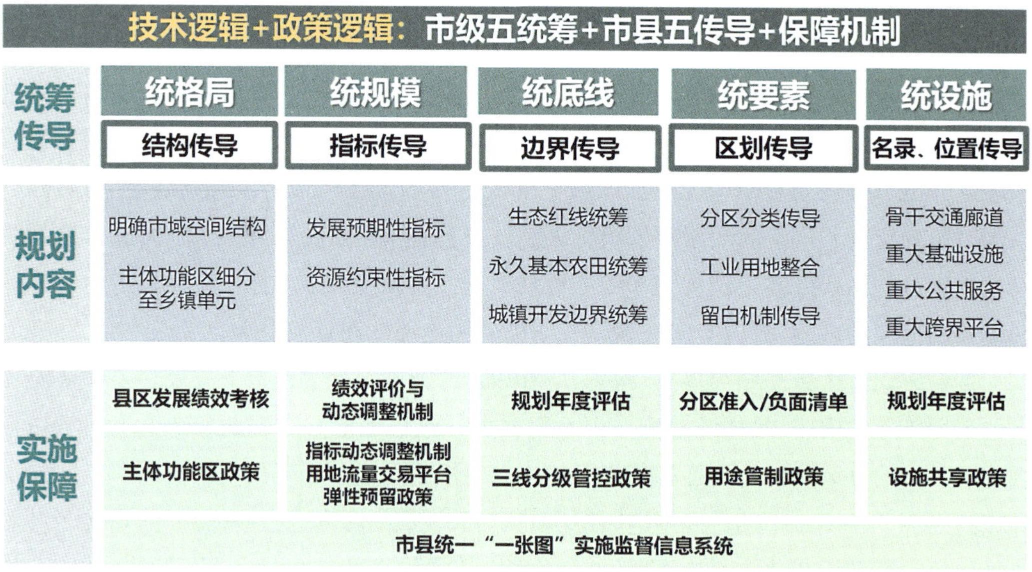

图 8-4　市级国土空间总体规划统筹及传导的基本思路

来源：根据参考文献[1]改绘

8.3.2　传导的内容与形式

1）统格局——结构传导

嘉兴不缺少战略，它是各类战略的叠加地，既有长三角地区一体化战略，又有浙江省的战略，还有 G60、杭州湾等战略加持。在嘉兴的规划中，结构性研究对协调各级战略的空间安排非常重要。例如对区域发展格局的承接，长三角从 Z 字走廊走向放射形网络，嘉兴就需要进行承接。此外，还需要关注上海大都市圈空间协同规划明确的 G60 科创走廊、大湾区转型发展走廊，以及水乡生态文明走廊如何在嘉兴落地。

结构传导还涉及主体功能区，省级主体功能区规划基本单元一般是县级单元，难以精确保障政策落地。浙江在主体功能区方面的改革创新值得推广，根据资源禀赋、空间战略、人口、经济社会发展，将主体功能区进一步细化到乡镇单元，这样对于未来的主导功能的规划分区划分，差异化的政策制定，包括指标分配，都可以形成一套技术逻辑。比如在嘉兴，省级主体功能区规划只区分了以县级为单元的城镇化地区、生态保护区和农产品主产区，结合市域空间结构的研究，可以进一步细化，将 G60 走廊及大湾区等战略区域界定为城镇化优势区与潜力区，串嘉湖水乡文化带落实为生态功能区，湾区与 G60 之间的塘浦农业区落实为农产品主产区，这种细化至乡镇单元的主体功能区划可以成为一个很好的政策工具（图 8-5）。主体功能区规定了重要的导向，地方政府可以在这个导向下，依托包括财政政策、产业政策、人口和就业政策以及生态环境政策等在内的政策包来制定和实施具体政策。

图 8-5 主体功能区的深化与细化
来源：根据参考文献[2]相关内容改绘

在农业地区的地级市中，例如长江流域的荆州，其地处国家粮食主产区。但在市域或者县域细化规划要求时，政策指引并非完全一致。除了保障粮食高效生产，部分区域也要承担城镇化发展功能。因此，主体功能区深化细化的重要意义之一，就是能够帮助各地根据地区特点制定针对性的引导政策，对指标传导、分区管控都有基础性意义（图 8-6）。

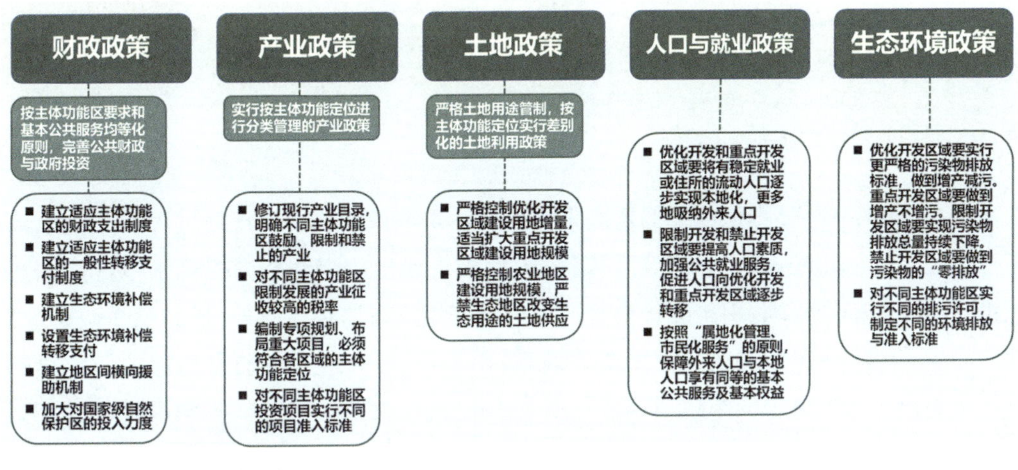

图 8-6 主体功能区政策要求
来源：根据国家及部分省市相关要求改绘

2）统规模——指标传导

浙江省在指标分解的工作上做了精细的安排，确定了“限定容量、框定总量、做优增量、挖掘存量、盘活流量、提升质量”的六量统筹思路。各省情况不同，政策体系无法简单平移，但其逻辑是合理的。指标测算需要基于明确的逻辑。首先要和资源环境承载能力相匹配，一定要在科学合理的容量限制下来测算指标。另外，要在总量锁定的前提下优化增量、挖掘存量和盘活流量。本轮国土空间总体规划编制，增量指标是自上而下分配的。规划编制者需要思考在总量锁定的前提下，怎样优化增量、挖掘存量、盘活流量。指标不是一个简单的数字，国土空间总体规划不完全是指标的问题，还有战略与结构，地方需要设计弹性空间、留白空间等规划工具来应对未来发展的不确定性。

在市级规划的指标分解问题上，浙江通过主体功能区形成空间资源配置基本逻辑的研究方法很值得学习借鉴。对于城镇化优势地区、潜力地区、生态功能区，指标投放以及增量空间的安排是不同的。城市的指标必然不是平均分配，一定要体现资源配置和保障重要发展空间的逻辑（图 8-7）。

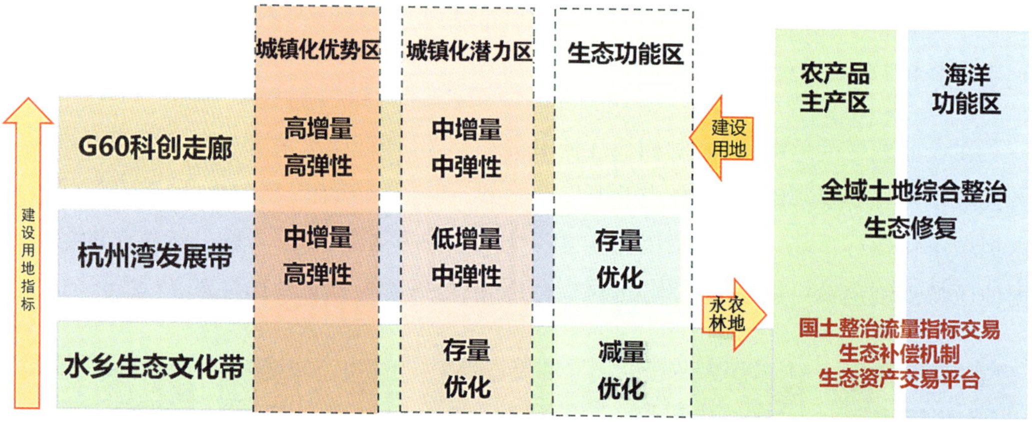

图 8-7　以主体功能区为基础的指标分配逻辑示意
来源：根据参考文献[2]相关内容改绘

指标分配完成之后，从传导的角度来讲还要注重绩效考核。在规划过程中要认识到，指标不是天然可用的，要建立绩效考核标准，形成指标投放与动态调控机制，对指标的使用进行全生命周期管理，用年度计划来对指标的使用进行监督。此外，还需要强调质量与效率，结合年度"体检"，考核各类用地的效率，在建设、管理过程中监督指标的使用情况，这将最终决定指标是否能够顺利落地并高效使用。

3）统底线——边界传导

与事权对应，三条控制线在不同规划层级有"划示"和"划定"的深度区别，有落实和深化的差别。

生态保护红线的传导是比较刚性的边界传导，是一个上下级规划统筹划定边界、明确规模，由下级规划落实的过程。当然，并不是说下位规划、县级市和县的生态空间规划，在严格落实生态保护红线外就无事可做。在本级政府事权内，除了严格落实生态保护红线之外，还应该依据"双评价"，进一步识别出本级需要管控的生态空间，促进生态网络的形成，打造高质量的生态空间。

永久基本农田传导在市级国土空间总体规划中，要明确耕地、永久基本农田的保护任务（指标），但在空间落位上，市级规划只需要划定集中保护区。县级规划划定永久基本农田保护区边界。市级划定的永久基本农田集中保护区边界和县级划定的永久基本农田保护区边界可以理解为“划示”和“划定”的区别，边界上会有微调，同时在面积上也会有差异。但乡镇规划层面的图斑落地就要求“规模不可少、边界可微调”（图 8-8）。

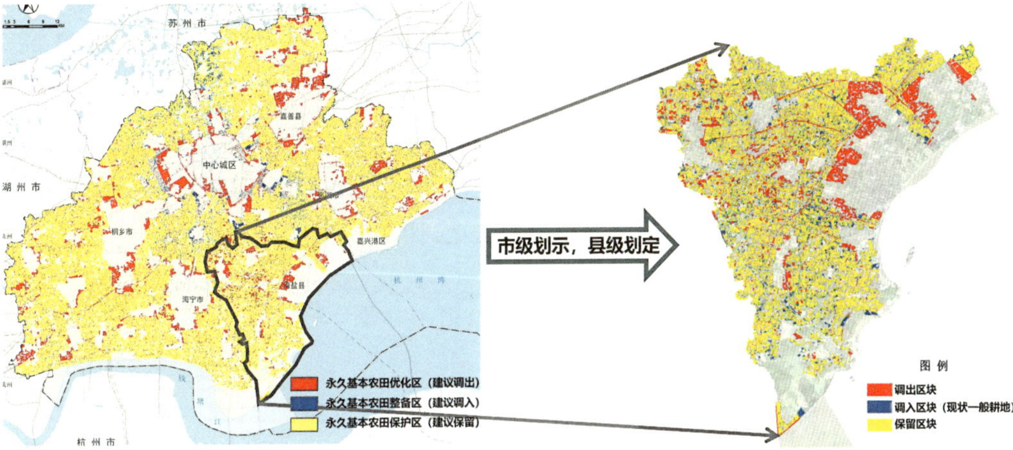

图 8-8　永久基本农田的市县传导
来源：根据参考文献[2]相关内容改绘

城镇开发边界传导在《市级指南》中已经有了明确的界定，指南明确市级总体规划应依照上位国土空间总体规划确定的城镇定位、规模指标等控制性要求，结合地方发展实际，划定市辖区城镇开发边界；统筹提出县人民政府所在地镇（街道）、各类开发区的城镇开发边界指导方案。县级总体规划应依据市级总体规划的指导方案，划定县域范围内的城镇开发边界，包括县人民政府所在地镇（街道）、其他建制镇、各类开发区等（图 8-9）。

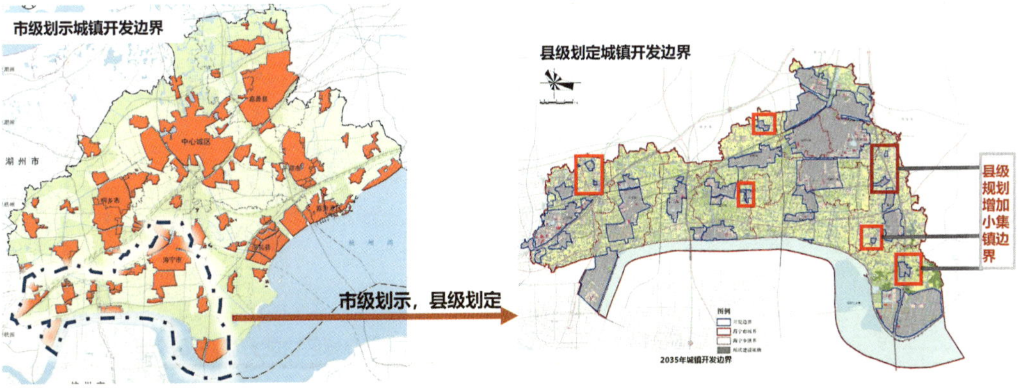

图 8-9　城镇开发边界的市县传导
来源：根据参考文献[2]相关内容改绘

4）统要素——区划传导

（1）分区的层级传导

与不同比例尺地图制图过程类似，分区传导也是一个逐渐优化细化的过程。以主体功能区的逻辑来确定大的分区导向是非常必要的。特别是在一些面积比较大的地级市，其城镇化地区、农产品主产区、生态功能区必然有差异化的开发保护要求，不能以市域单一尺度一概而论。因此，要实现向下级规划的传导就需要划分主导功能分区、实施功能准入型的国土空间管制，接下来再确定用途分类、作为用途管制的依据。例如，在荆州市国土空间总体规划（在编）中，市域规划分区（一级分区）为引导性分区，边界不作为实施管控的刚性边界，但相关约束性指标具有强制性；市辖区和县的分区类别与中心城区相同（二级分区/功能分区），但中心城区是对市辖区的深化，包括形态细化、功能细化与级别深化。当然，中心城区也可以根据各地方需要进一步细化到用途分类（图 8-10）。

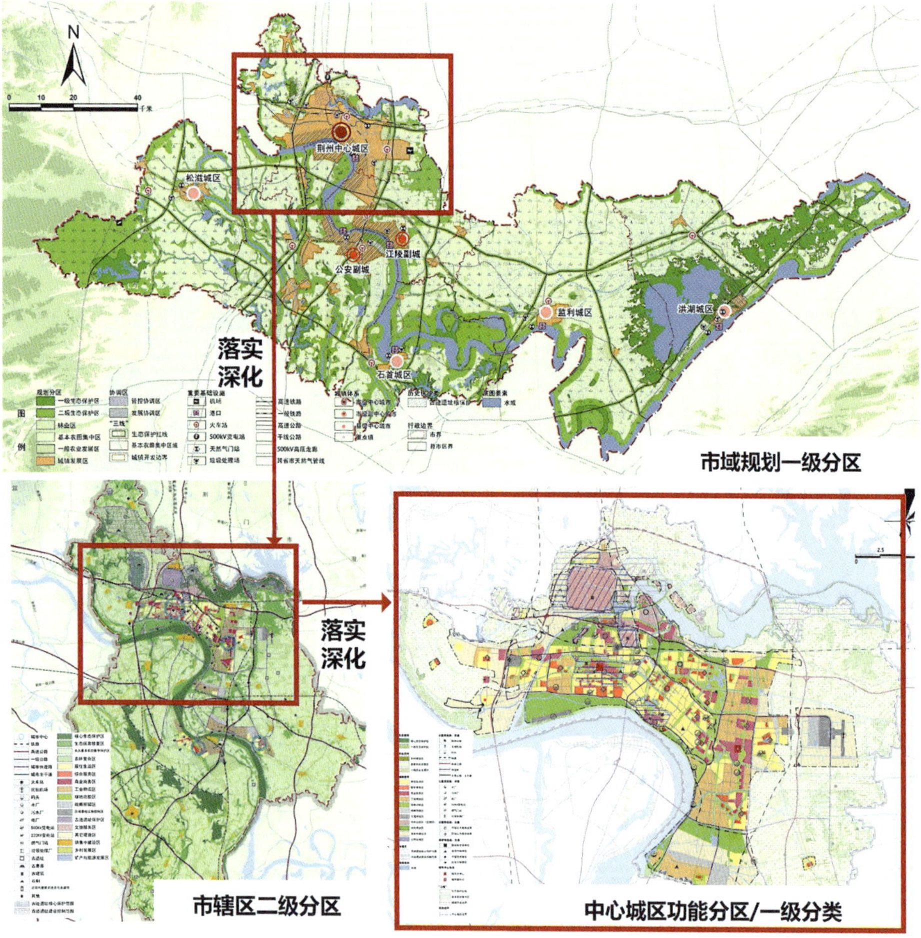

图 8-10 分区在各层级规划中的传导示意

来源：根据参考文献[3]相关内容改绘

(2) 分区到分类的传导

中心城区规划空间表达重点是分区到分类的传导。原城市总体规划的用地规划图将用地属性区分到中类小类，并且地块边界尽可能地详细，是按照用地分类的标准在表达。在国土空间总体规划里，原有的操作方式尚有可商榷之处。国土空间总体规划中可以采用体现主导功能的分区管控。例如，将某一区域确定为商业商务区、产业发展区或绿化休闲区。这是反映主导功能的表达方式，其表达与指标控制及用途准入等规划要素的逻辑相合，而不是直接在总体规划中深化到应由详细规划确定的具体用途分类。

因此，建议在总体规划层次绘制功能分区管控图，以分区图＋管控表的形式提出管控要求，将用地安排的弹性留给详细规划，由详细规划来落实总体规划分区要求并细化到用地分类。当然，如果总体规划中的中心城区范围较小，规划管理部门往往希望规划编制者给出较为详尽的规划表达，这类诉求也具有一定的合理性。但总体规划图并不是表达越详尽越充分就越好，更重要的是要在规划布局中确定城市空间结构以及对城市结构性要素的控制(图 8-11)。

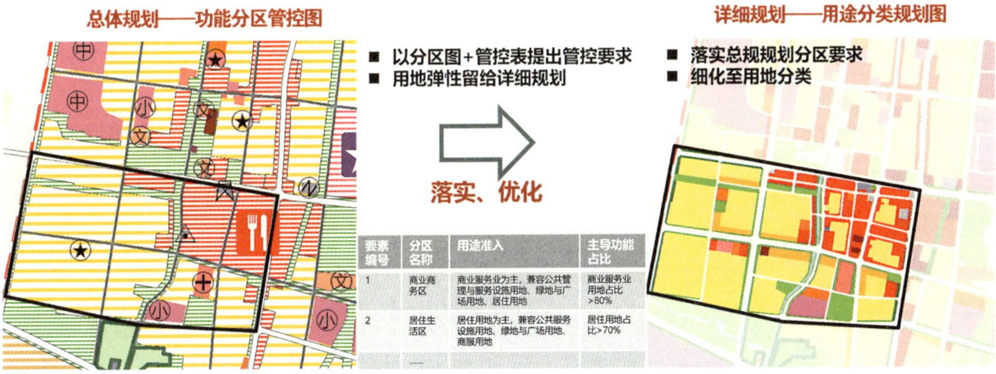

图 8-11　分区—分类的传导示意

来源：根据参考文献[4]改绘

5）统设施——名录、位置传导

(1) 总体规划的层级传导

市级总体规划要统筹各类重大的公共服务设施、交通及市政基础设施，提出设施建设的标准和要求。例如，在重大交通设施规划中，在市级总体规划里未必需要把每个县的每条线位都准确地落位，但需要确定全市的总体路网架构。在此过程中，市级总体规划只需要确定宏观指标、走向和布局，具体线位无法直接明确。但到了县级和乡镇级规划中，就需要和专项规划进一步地对接，部分已经有明确方案的重大交通设施就能够落地(图 8-12)。

重大公共服务设施传导方面，基本思路是分层级提出公共服务设施配置标准。在市

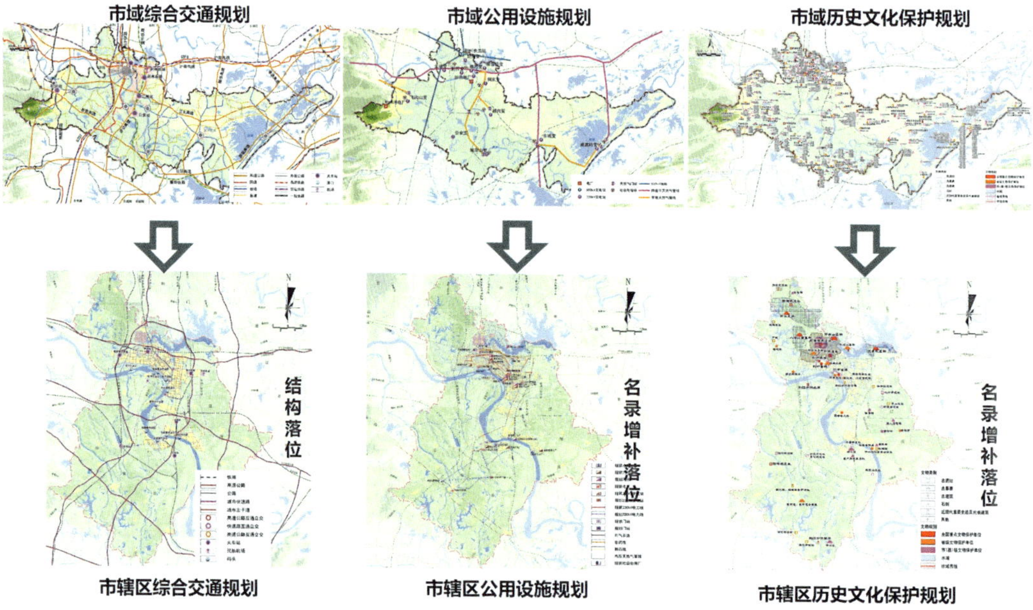

图 8-12　各类设施(要素)的市县传导示意
来源:根据参考文献[3]相关内容改绘

级总体规划里,仅能确定城镇圈、社区生活圈的划定标准以及设施配套要求,很难落实各种公共服务设施具体空间安排。但在县级规划里,就可以按照市级规划提出的要求进一步细化落实。

(2) 总体规划向专项规划的传导

市级总体规划向专项规划的传导主要包括市级规划明确专项规划编制清单,提出约束性指标和控制要求。对专项规划进行编审核对,完成后纳入数据库,叠加至国土空间规划"一张图"。以交通专项规划为例,总体规划确定重要交通线路的走向和重要交通设施的位置。交通专项规划在编制中确定选线和设施用地边界,并与总体规划进行编审核对,批复后纳入总体规划中。

8.3.3　传导的成果形式

基于市域规划统筹和相关机制建设的工作基础,规划成果中可以把用于传导的要素单独合并表达。在嘉兴规划编制过程中,参考了《上海市城市总体规划(2017—2035 年)》经验,形成了由"一文一表四图"组成的县区指引,通过县区指引的模式形成向下级规划传导的机制(图 8-13)。"一文"是涉及六大领域传导的具体说明,"一表"是市域指标传导至各分区的数据列表,"四图"包括底线管控、中心体系及公共服务、基础设施、城市设计指引四张图,是具体的图示传导的图纸表达。通过"文 + 表 + 图"的组合,把市级规划需要县级规划落实的底线、中心体系、重大基础设施向下级规划传导。同时，也通过城市设计指引，引导重要的分区、廊道和重要的风貌地区建设，发挥上级规划对下级规划进行结构性引导的作用。

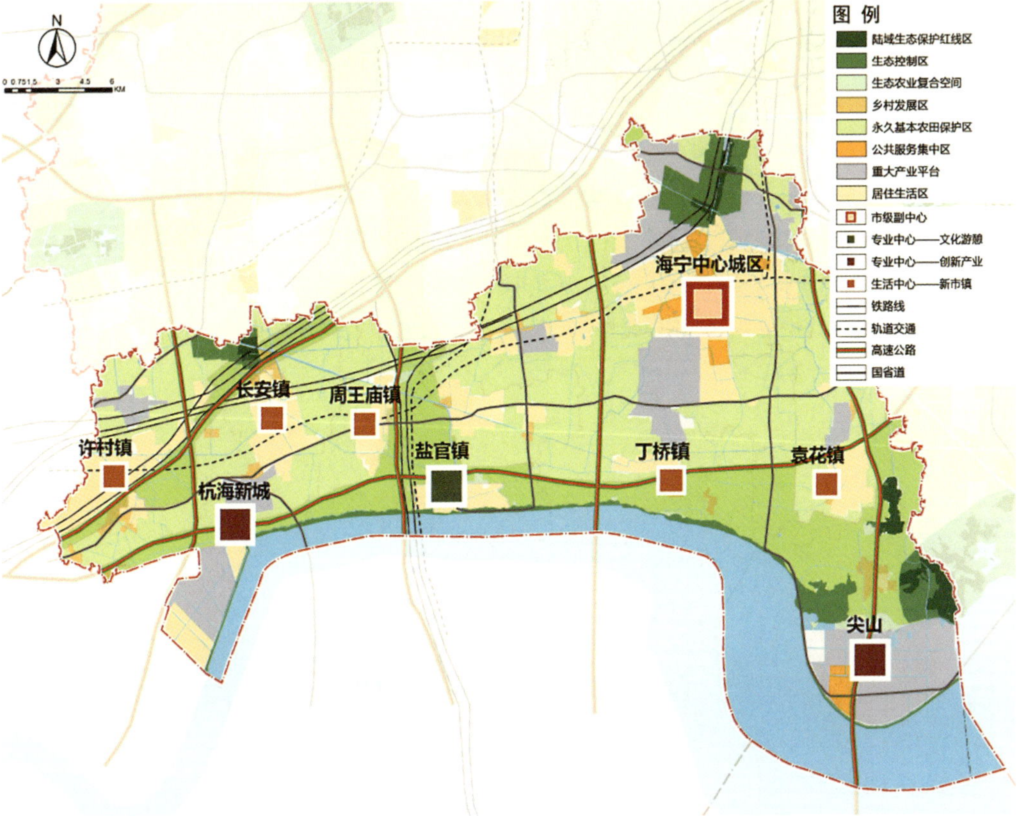

图 8-13 “县区指引”示例图
来源：根据参考文献[2]相关内容改绘

当然，在市级国土空间总体规划过程中也需要重视“一张图”信息平台的建立，通过省级汇总、市级建设以及县级接入，形成省—市—县的三级信息联动，保障各类要素能够在信息平台上实现层级传导，规划考核和监督能够通过规划信息平台有序开展，并形成预警机制。在“一张图”信息平台建设中有以下三个要点：一是要确保规划底图基数统一集成；二是要建立市、县两级的统一数据库规范；三是要明确专项规划、详细规划的数据库标准和数据接口。

8.4 总结

第一，要充分认识面向规划实施在本次规划编制工作中的重要性，建立传导机制是保障规划目标落实的重要手段。第二，国土空间总体规划在强调自上而下规划传导的同时，也要体现上下联动的规划统筹。政府意志与市场动力的有效结合是规划编制成功的关键，国土空间总体规划既要考虑市县传导的技术逻辑，也要考虑规划实施的政策逻辑。第三，规划是一个动态过程，一张蓝图既有层级也绝非一蹴而就，刚柔并济、弹性预留需要重点加以考虑，要探索考核评价—战略预留—动态调整的全生命周期管理的规划路径。

参考文献

[1] 姚凯，杨颖. 市级国土空间规划的统筹与传导实践探索[J]. 南方建筑，2021(02)：34-38.

[2] 上海同济城市规划设计研究院有限公司. 嘉兴市国土空间总体规划(阶段成果)[R]. 2021.

[3] 上海同济城市规划设计研究院有限公司. 荆州市国土空间总体规划(阶段成果)[R]. 2021.

[4] 杨雨菡. 面向实施的县级规划"一张图"怎么画[R]. 上海：上海同济城市规划设计研究院有限公司，2020.

9 建构乡村规划体系*

张 立 李雯骐 张尚武**

“村庄规划”的法定性可溯源于1993年国务院颁布的《村庄和集镇规划建设管理条例》，最初的理解是“村庄、集镇规划一般分为村庄、集镇总体规划和村庄、集镇建设规划两个阶段进行”，较为明确地区分了总体规划和建设规划，前者侧重整体部署，后者是建设行动的指导依据。2008年《城乡规划法》的实施，标志着传统的城市规划正式拓展到乡村地域，明确乡村地区编制乡规划和村庄规划，村庄规划从行政法规上升到法律层面。2019年发布的《中共中央 国务院关于建立国土空间规划体系并监督实施的若干意见》（以下简称《若干意见》）明确了村庄规划的范围是村域，以及新时期村庄规划的定位要求：一是法定规划；二是作为国土空间规划体系的组成部分，属于详细规划；三要编制“多规合一”的实用性村庄规划。

实际上，从《城乡规划法》施行到《若干意见》颁布的11年间，关于村庄规划的工作对象是村域还是居民点，是总体规划还是详细规划，一直在持续讨论中。《若干意见》总体上明确了上述两个核心问题，但相关政策文件在对村庄规划的具体内容指导上依然较为模糊，存在以下关键问题需要进一步探讨。一是村庄规划目标任务过于综合，同时包含管控、发展、建设和设计的内容。如《自然资源部办公厅关于加强村庄规划促进乡村振兴的通知》中既强调了村庄规划要承担国土空间用途管制的法定性依据，又强调村庄规划对乡村振兴发展的促进作用。村庄规划内容繁冗①，易导致规划编制任务重、成果厚、实施难。二是村庄规划工作层次和体系的关系依然不明确。在当前村庄规划内容的导向上，要求既有村域尺度的总体空间布局，又有居民点尺度的详细建设引导；既有总体规划层面的宏观指引，又有详细规划层面的用途管制。三是村庄规划与上位规划的传导关系不清晰。村庄规划作为详细规划，须有上位规划作为指导。但是，目前县市层面的国土空间规划编

---

* 本文发表于《城市规划学刊》2021年第6期。

** 张立，同济大学建筑与城市规划学院副教授，中国城市规划学会小城镇规划学术委员会秘书长，同济大学城市建设干部培训中心主任。邮箱：leonzsh@tongji.edu.cn。

李雯骐，同济大学建筑与城市规划学院博士研究生。

张尚武，同济大学建筑与城市规划学院副院长、教授，上海同济城市规划设计研究院有限公司院长，中国城市规划学会常务理事、乡村规划与建设学术委员会主任委员。邮箱：zhshangwu@tongji.edu.cn。

① 甚至于早前几年经常提到“村规民约就可以是村庄规划”，但时至今日尚没有一部经过正式批准的村庄规划，只有“村规民约”。

制尚未全面完成，且编制内容也仍然不清晰。加之乡镇层面的国土空间规划编制形式多样①，且不同类型的上位规划在内容上是有差异的，这就导致了村庄规划的上位规划模糊，传导关系复杂。

在当前建立国土空间规划体系的关键时期，村庄规划肩负乡村地区国土管控与建设许可的使命。与此同时，实施乡村振兴战略所带来的发展机遇与建设诉求，迫切需要乡村规划能够起到有效指导政策资源投放的作用。然而管控的"全覆盖"与振兴的"精准投放"之间存在的固然差异应当被充分认识且体现在规划逻辑上。面向多元复杂的乡村发展诉求，多省市的实践已经证明，难以只用一个规划来同时实现管理、发展和建设乡村②③，需要建立体系思维重新厘清乡村规划的内涵。因此，在积极推动乡村规划编制的同时，需要仔细梳理、详细甄别，探索适合今日乡村的乡村规划体系与方法，提升乡村规划的科学性和有效性。

9.1 乡村规划演进思辨

回顾 1949 年以来我国村庄建设的历程，经历了三个阶段：第一阶段是 1950 年代至 1960 年代的初级建设，通过土地制度改革保证了村民住有所居和耕者有其田；第二阶段是 1980 年代至 1990 年代末期的村庄差异化提升，改善了住房条件和农业生产效率；第三阶段是 21 世纪以来新农村建设和乡村振兴战略的实施，全面提升乡村人居环境。每一个阶段的乡村建设，都有宏观政策指导和微观规划指引，尽管后者可能是非正式的实用性规划④，但客观而言，这些非正式的规划对乡村建设起到了很好的指导作用。

9.1.1 乡村规划编制与实施

21 世纪以来乡村规划发展演变至今，出于不同的编制目的和发展阶段要求，在快速推进过程中衍生出了多种"混乱"的形式⑤。各地在推进乡村规划工作时已初步形成从宏观到微观的规划体系意识，但总的来看存在四点共性问题。一是村庄规划立足解决特定

---

① 《若干意见》明确，乡镇规划可单独编制，也可与市县规划合并编制，或以几个乡镇为单元联合编制。

② 耿慧志，李开明. 国土空间规划体系下乡村地区全域空间管控策略：基于上海市的经验分析[J]. 城市规划学刊，2020(04)：58-66.

③ 赵佩佩，胡庆钢，吕冬敏，等. 东部先发地区乡村振兴的规划研究探索：以杭州市为例[J]. 城市规划学刊，2019(05)：68-76.

④ 张尚武. 乡村规划：特点与难点[J]. 城市规划，2014(02)：17-21.

⑤ 魏书威，王阳，陈恺悦，等. 改革开放以来我国乡村体系规划的演进特征与启示[J]. 规划师，2019，35(16)：56-61.

问题导向，如上海聚焦乡村建设用地减量①②、浙江聚焦美丽乡村设计③④、江苏重点关注人居环境整治⑤、广州聚焦村民的实际宅基地建设诉求⑥等，因此乡村规划往往围绕着需求和政策走，而没有清晰的规划体系主线；二是规划聚焦建设空间，内容不全面，尽管提出了全域规划，但实际上缺乏对生态、农业等非建设空间的有效管理⑦；三是各地推进多轮规划编制工作，明显存在着实施机制的缺位、与村民治理的衔接困难等问题；四是在实际实施过程中，乡村规划体系没有实际有效运作。

在各地广泛推进乡村规划编制的过程中，部分省份已达到了较高的规划覆盖率⑧，比如新疆、云南等省份在2015年就实现了村庄规划的全覆盖。但是，规划广覆盖的同时也出现了关于“村庄规划无用”的反面声音，其中既包含治理逻辑的内在矛盾⑨，亦存在规划层次不清⑩、方法不当⑪⑫、规划实施机制缺乏等问题⑬。随着规划类型的繁复，对于村庄规划的定位更加趋于模糊，直至《若干意见》明确了“村庄规划是详细规划”。

然而，在反思过去各类乡村规划“百花齐放”的同时，也恰恰证明了乡村发展（规划）演进过程中多样化的实际诉求，既需要完成自上而下的底线管控，也需要解决经济社会发展问题，亦需要规划指导落实具体的建设行动，兼具动态性与复杂性。而诸多规划实践已经多次证明了，规划本身的完整呈现并不能确保村庄规划的有效实施，最终取决于整体的制度设计与运作⑭。

9.1.2 乡村规划与村庄规划

由于对“乡村规划”长期缺乏权威定义，学界对“乡村规划”的理解或简单等同于“村庄

---

① 周晓娟.资源紧约束背景下超大城市乡村振兴战略和规划策略的思考:以上海为例[J].上海城市规划，2018(06):22-29.

② 杨秋惠.镇村域国土空间规划的单元式编制与管理:上海市郊野单元规划的发展与探索[J].上海城市规划，2019(04):24-31.

③ 武前波，俞霞颖，陈前虎.新时期浙江省乡村建设的发展历程及其政策供给[J].城市规划学刊，2017(06):76-86.

④ 张建波，余建忠，孔斌.浙江省村庄设计经验及典型手法[J].城市规划，2020，44(S1):47-56.

⑤ 陈小卉，闾海.国土空间规划体系建构下乡村空间规划探索:以江苏为例[J].城市规划学刊，2021(01):74-81.

⑥ 叶裕民，等.广州可实施性村庄规划编制探索[M].北京:中国建筑工业出版社，2016.

⑦ 赵广英，李晨.国土空间规划体系下的详细规划技术改革思路[J].城市规划学刊，2019(04):37-46.

⑧ 根据2017年住建部城乡建设统计年鉴数据，截止至2016年末，全国已有61.5%的行政村已编制村庄规划。

⑨ 唐燕，赵文宁，顾朝林.我国乡村治理体系的形成及其对乡村规划的启示[J].现代城市研究，2015(04):2-7.

⑩ 范凌云，雷诚.论我国乡村规划的合法实施策略:基于《城乡规划法》的探讨[J].规划师，2010，26(01):5-9.

⑪ 文剑钢，文瀚梓.我国乡村治理与规划落地问题研究[J].现代城市研究，2015(04):16-26.

⑫ 魏广君.中国乡村规划浪潮:特征、困境和思考[J/OL].国际城市规划，2021-08-18:1-11.

⑬ 杨帆.从法律、制度和空间实施三方面重构对乡村规划的认知[J].西部人居环境学刊，2019，34(05):9-55.

⑭ 营泓博，段德罡，张兵.如何做好实用性村庄规划:基于非正规流转现象的观察与启示[J].城市规划，2019，43(11):103-111.

规划”①,或认为是解决乡村萎缩而引发的社会问题和更新问题的规划,更应起到综合发展规划、乡规民约、乡村治理等“社会规划”的作用②。对于上述认知上的分异,笔者认为需要在规划尺度与类型上加以辨析。

针对乡村规划编制的尺度,一般认为主要包含县、乡、村三个层级,其中县域规划是开展村庄布点、统筹优化乡村空间格局、推进多规合一的关键层级③④,而乡镇规划应覆盖对大部分村庄的底线管控⑤。另有学者认为,县以下没有规划实施能力,广义的村庄规划内容应在县域层面完成覆盖,在县规划中提出“村庄规划设计条件”,而在村庄层面编制有效管用的建设性规划即可⑥。住建部 2016 年启动的“县域乡村建设规划”,即意图以县为基础单元统筹乡村地区的发展和建设。

针对横向的规划分类,已有研究提出村庄层面的规划需要结合实际区分类型,而非拼成“大一统”的规划,大体上包含村庄总体规划、村庄建设整治规划、村庄行动规划等主要类型⑦⑧⑨。亦有新近研究针对国土空间规划的要求,开展了“多规合一”的规划技术探索⑩⑪,研究视角多集中于空间类规划的技术整合。与此同时,也有学者认为乡村振兴规划应对村庄(国土空间)规划起到引导作用和衔接关系,使空间规划成为落实乡村振兴资源配置与分类引导的空间抓手⑫⑬。这些探索为拓展乡村规划体系的思考维度提供了有益借鉴。

9.2 乡村规划体系的建构

从地方实践经验来看,乡村规划至少包含两个层面、多个维度的工作。两个层面即县乡(镇)层面和村庄层面,分别对应宏观尺度的规划管控与布局统筹和微观层面村庄尺度

---

① 为使“乡村”与“村庄”二词不被混用误解,本文所述的“乡村规划”倾向于是指乡村地域的规划,侧重于体系;而“村庄规划”则侧重于单独的规划类型。

② 孙莹,张尚武.我国乡村规划研究评述与展望[J].城市规划学刊,2017(04):74-80.

③ 顾朝林,张晓明.论县镇乡村域规划编制[J].城市与区域规划研究,2016,8(02):1-13.

④ 曹璐.县域乡村建设规划编制要点思考:以歙县县域乡村建设规划为例[J].城市规划学刊,2017(05):81-88.

⑤ 彭震伟,张立,董舒婷,等.乡镇级国土空间总体规划的必要性、定位与重点内容[J].城市规划学刊,2020(01):31-36.

⑥ 张京祥,张尚武,段德罡,等.多规合一的实用性村庄规划[J].城市规划,2020,44(03):74-83.

⑦ 张尚武.城镇化与规划体系转型:基于乡村视角的认识[J].城市规划学刊,2013(06):19-25.

⑧ 郐艳丽,刘海燕.我国村镇规划编制现状、存在问题及完善措施探讨[J].规划师,2010,26(06):69-74.

⑨ 葛丹东,华晨.适应农村发展诉求的村庄规划新体系与模式建构[J].城市规划学刊,2009(06):60-67.

⑩ 华乐.国土空间规划体系下实用性村庄规划策略探讨[J].城乡规划,2021(S1):69-81.

⑪ 李娜.乡村空间与国土空间规划体系的链接路径探索[J].城乡规划,2021(S1):82-89.

⑫ 胡守庚,吴思,刘彦随.乡村振兴规划体系与关键技术初探[J].地理研究,2019,38(03):550-562.

⑬ 赵佩佩,胡庆钢,吕冬敏,等.东部先发地区乡村振兴的规划研究探索:以杭州市为例[J].城市规划学刊,2019(05):68-76.

的规划内容。而后者又包含多个维度的工作，即村庄发展维度的产业振兴、村域空间维度的资源管控与布局、开发建设维度的详细设计与土地整治等。面向国土空间规划管控、乡村振兴战略发展等不同维度，需要将规划在村庄尺度进行叠加。实现内容的有机融合，就有必要厘清不同层次、维度的规划内容需求，而非（也难以）依托一个规划进行复杂内容的嵌套，增加规划编制的复杂性与管控及实施的难度。

因此，需要认识到"乡村规划是一个体系，村庄规划是乡村规划的一种类型"①。结合自上而下的空间管控诉求、乡村振兴发展需求和乡村建设实际需要，提出乡村规划体系的架构，包括纵向的"层级传导"和横向的"区分管控、发展与建设三个基本维度，对应三种类型的规划"，构建完整的乡村规划体系。

9.2.1 纵向传导，区分规划层次

就乡村空间的规划而言，在国土空间规划的每个空间层次都包含乡村的内容，不同空间层次的乡村规划内容有所侧重②。宏观包含国家、省、市层面：全国规划中，部署乡村振兴总体战略、农业保护要求和重大方针政策；省级规划中，重政策制定与策略引导，提出优化乡村居民点布局的纲领性要求，构建与主体功能区相适应的农业农村空间格局，提出村庄分类的类型划分标准和规划导向；市级规划中，重空间引导与分区管控，提出村庄布局优化的总体原则，盘摸市域乡村建设用地资源情况并制定分区差异化的减量化引导策略，分类分区提出特色保护、风貌塑造和高度控制等空间形态管控要求，安排基础设施、延伸公共服务，提出激活乡村活力的政策指引（图 9-1）。

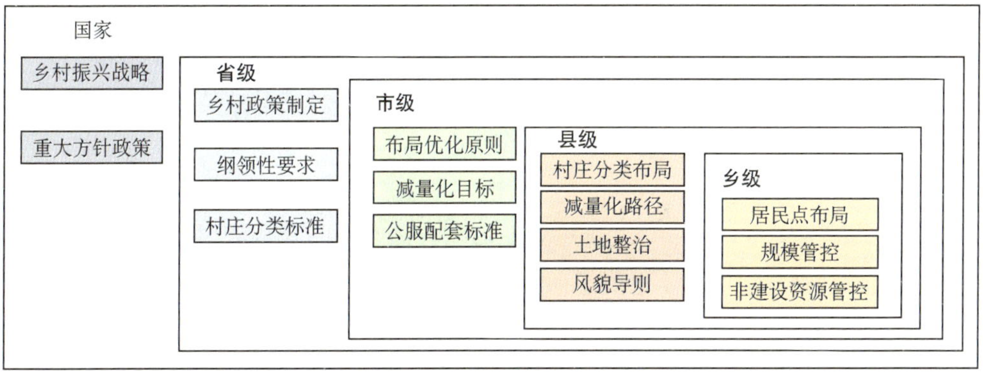

图 9-1 纵向垂直传导的乡村规划内容体系
来源：作者自绘

① 张尚武. 村庄规划是乡村规划的一个类型[M]//张立. 理想空间：镇村国土空间规划. 上海：同济大学出版社，2020:6-7.
② 何兴华. 论小城镇规划与乡村规划[M]//张立. 理想空间：镇村国土空间规划. 上海：同济大学出版社，2020:10-11.

从实践需求看，县、乡（镇）、村三级的传导是乡村规划体系传导的核心①。过去城乡规划体系下的县域城乡统筹规划或乡村建设规划等县级乡村规划，对引导镇村空间集聚发挥了中观层面的重要作用②，当前空间规划改革继续推进，并进一步强调在县域尺度发挥对乡村地域自然资源保护、优化乡村整体空间布局等统筹作用。《若干意见》指出，要结合国土空间规划编制在县域层面基本完成村庄布局工作，具体内容可细分为：一是要构建乡村地域空间发展的总体框架，确定乡村振兴的重点区域，提出不同片区的乡村发展引导；二是要统筹划分县域内村庄类型，提出乡村建设用地减量的目标要求和实施路径；三是对乡村公共服务设施、基础设施等作出总体安排；四是提出乡村土地整治、风貌保护等专项任务，其中针对乡村风貌鼓励立足区域视角，在县域层面确立乡村风貌保护通则，包括县域村庄风貌的特色引导、保护要点、村庄风貌保护的正负面清单等，通过顶层设计为地区村庄风貌的保护行动建立统一的基本规范。县域层面的乡村规划内容可结合实际情况，或作为县级的专项规划编制，或作为专项内容纳入县级国土空间总体规划的编制成果。

在乡镇级规划中，要立足镇域统筹视角，落实深化村庄居民点布局，提出村庄分类的保留与迁并方案及实施时序，统筹安排村庄建设用地的增量、减量、流量与弹性指标，确定村庄建设的规模控制以及建设（引导）边界（针对有条件的乡镇）；布局重要的公共建筑与设施，提出村庄各类服务设施的配套标准；确定乡村振兴的重点实施区域，提出差异化的村庄定位引导；提出对乡镇域非建设资源的管控要求。

9.2.2 横向组合，区分规划作用

从村庄规划编制的目标出发，提出区分以资源管控为目标的村庄（管控）规划、以乡村发展为目标的实用性村庄（振兴）规划，以及以工程建设为目标的村庄（专项）设计，以此构成村庄层级完整的乡村规划体系（图 9-2）。

1）村庄（管控）规划：底线约束，聚焦全域空间的资源管控

村庄（管控）规划对应国土空间规划的管控逻辑，聚焦对空间要素的管理，是乡村地区开展国土空间开发保护活动、实施国土空间用途管制、核发乡村建设项目规划许可、进行各项建设等法定依据，在微观层面统筹解决对村庄空间要素的管控。

作为国土空间规划体系的基础层级，为落实上位规划的管控要求，村庄（管控）规划

① 袁源，赵小风，赵雲泰，等．国土空间规划体系下村庄规划编制的分级谋划与纵向传导研究[J]．城市规划学刊，2020(06)：43-48.

② 曹璐．县域乡村建设规划编制要点思考：以歙县县域乡村建设规划为例[J]．城市规划学刊，2017(05)：81-88.

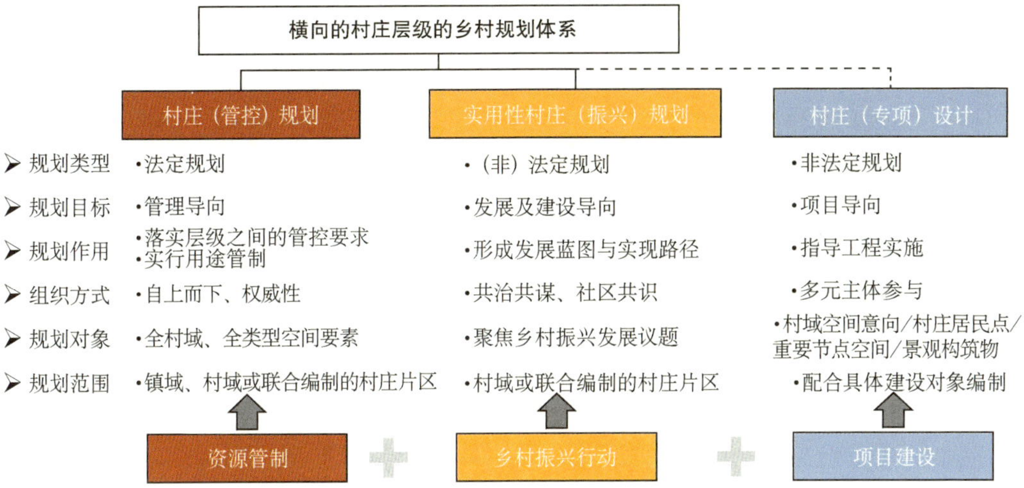

图9-2 横向村庄层级的乡村规划体系

来源：作者自绘

的技术逻辑应与上位规划保持统一，即：①体现全要素管控，从重点关注村庄居民点向实质性覆盖村域转变，对村庄的非建设空间与地类要有更为深入和充分的规划管控；②体现底线约束，落实上位规划下达的核心管控要求和管控形式，守住村庄的资源保护边界与建设开发边界；③体现规划刚性与预留弹性，刚性要体现底线约束以及对具体地块用途和开发建设强度等做出实施性安排，弹性则要为未来乡村发展与建设的不确定性预留空间响应并制定管理规则，提高规划的可操作性。

基于对村庄（管控）规划的定位理解，村庄（管控）规划内容应倾向于对村域总体层面的空间把控，包括总体空间布局、建设用地总量约束、控制线划定等，为下一阶段的乡村振兴行动与项目建设框定基础规则。

2）实用性村庄（振兴）规划：好用管用，聚焦乡村振兴的发展导向

自国家乡村振兴战略实施以来，国家、省、市和县层面均已相继出台了乡村振兴战略规划或实施规划，以实现乡村振兴"发展理念的逐层传递"与"发展目标的逐级分解"①。在宏观层面编制的乡村振兴战略规划是谋划地方乡村发展的综合性、纲领性规划；而在地方层面，乡村振兴规划应是可操作的规划蓝本，回答当地村庄发展的总体思路，并对来自不同条线的专项工作进行规划整合和统筹，以指导乡村振兴各项资金、项目、计划能够更为精准高效地落地。

区别于村庄（管控）规划的底线约束、强调刚性兼顾弹性、力求全覆盖，振兴规划

① 胡守庚，吴思，刘彦随. 乡村振兴规划体系与关键技术初探[J]. 地理研究，2019，38(03)：550-562.

是面向发展的规划，要能适应动态调整并体现实用①，且要按需编制、突出特色。因此，实用性村庄（振兴）规划的内容不宜全然混淆于法定规划之中，而是对于有振兴发展需求的村庄，鼓励在村庄层面编制实用性村庄（振兴）规划，作为解决地方发展议题、面向操作实施与落实资金项目的行动性规划，同时也可以成为乡村振兴工作的整合平台。

发展与管控互为因果。实用性村庄（振兴）规划与村庄（管控）规划需要实现动态衔接，即以振兴发展思路为统领，以村庄（管控）规划的空间管控作为乡村振兴实施的空间约束。以符合村庄（管控）规划为前提，对村庄的振兴思路、产业体系、行动计划、实施机制等开展系统的谋篇布局，同时将乡村振兴的空间诉求动态纳入村庄（管控）规划的管控内容中。由此，实用性村庄（振兴）规划应统筹村庄（管控）规划之外的内容，包括村庄发展战略、产业发展策略、空间设想、行动计划与组织建设及机制体制创新等，其内容应该是灵活的、面向需求、与时俱进的。

3）村庄（专项）设计：工程项目建设导向，聚焦实施与建设

村庄（专项）设计是以工程项目为依托、针对乡村具体建设行为开展的详细设计的统称，包含以提升空间品质为出发点或服务于特定项目需求的设计类型。前者包括村域尺度的村庄总体设计、景观风貌设计，以及微观尺度的公共空间设计、农房设计、街道设计、环境小品设计等；后者包括土地综合整治设计、环境整治设计、生态修复设计、传统村落保护设计、旅游规划设计等。村庄（专项）设计的内容一般包括详细设计方案、设计引导，以及必要的项目概算与实施计划安排、行动组织方式等。

在长期以“项目制”发展村庄（振兴乡村）的路径依赖下，实践中各地对项目导向的村庄（专项）设计需求量较大，进而造成过去多数法定村庄规划的成果主要是设计层面的内容，混淆了规划、建设与设计②。因此需要指出，村庄（专项）设计是乡村规划面向实施建设的末端环节，也是对村庄进行精细化管理的重要举措，但设计本身不能代替管控，也并非法定管控的必要条件，而是在村庄（管控）规划的基础上，在实用性村庄（振兴）规划的引领下，按需编制，以服务于不同发展阶段村庄建设的现实需要。

9.3 差异化的编制方式与成果体系

根据不同村庄的定位和实际需要，匹配合适的乡村规划编制方式（表 9-1）。法定管

---

① 高璟，彭震伟，高楠．共同缔造模式下的乡村振兴示范村发展研究：以上海金山区水库村为例[M]//张立．理想空间：镇村国土空间规划．上海：同济大学出版社，2020：116-120．

② 张立，何莲．村民和政府视角审视镇村布局规划及延伸探讨：基于苏中地区 X 镇的案例研究[J]．城市规划，2017，41(01)：55-62．

控原则上要实现全覆盖，各类村庄均应编制，但形式可以不同。对于规模小、村落平稳发展且无开发建设需求的村庄，可在县、乡级国土空间（总体）规划中明确村庄的用途管制规则与建设管控要求，以“要素＋指标＋图示＋名录”的方式对村庄的建设进行底线管控，作为村庄“依法建设及审批”的依据①。集聚提升类村庄、特色保护类村庄和城郊融合类村庄属于发展引导型村庄，是乡村地区经济社会发展和人口集聚的主要空间载体，对于这三类有明确发展需求和发展目标的村庄，鼓励以村庄（管控）规划和实用性村庄（振兴）规划为统领，以村庄（专项）设计为落实工具，形成完整的体系化乡村规划成果②。

表 9-1　乡村规划体系的编制方式引导

村庄类型	村庄（管控）规划	实用性村庄（振兴）规划	村庄（专项）设计
稳定改善类（其他类）	原则上在乡镇国土空间规划中予以覆盖，也可以在县级国土空间规划中明确村庄国土空间用途管制规则和建设管控要求	原则上不编制	按需编制
集聚提升类	原则上在乡镇国土空间规划中予以覆盖，鼓励单独编制	鼓励编制	按需编制
城郊融合类	原则上在乡镇国土空间规划中予以覆盖，鼓励单独编制；如果在城镇开发边界内，编制控制性详细规划	按需编制	按需编制
特色保护类	支持单独编制，也可以在乡镇国土空间规划中予以覆盖	支持单独编制	鼓励编制
搬迁撤并类	原则上在乡镇国土空间规划中予以覆盖，也可以在县级国土空间规划中明确村庄国土空间用途管制规则和建设管控要求	不编制	不编制

来源：作者整理

村庄（管控）规划需要县级以上人民政府审批，成果需凝练、清晰、准确，成果形式可总结为“一图、一表、一书、一规、一库”（图 9-3），“一图”对应国土空间用途管控图（可以拆分为系列图），“一表”对应空间用途结构调整表，“一书”即为规划文本，“一规”对应村庄风貌和资源保护与利用的村规民约，“一库”对应村庄规划数据库，纳入上级国土空间规划平台实行统一管理。区别于村庄（管控）规划，实用性村庄（振兴）规划成果应以适合各类人群阅读的形式呈现，体现战略传导、施政纲领和村民共识。村庄（专项）设计成果则主要面向技术实施。

① 彭震伟，张立，董舒婷，等. 乡镇级国土空间总体规划的必要性、定位与重点内容[J]. 城市规划学刊，2020(01)：31-36.

② 对应 2019 年《自然资源部办公厅关于加强村庄规划促进乡村振兴的通知》所提出的“重点发展或需要进行较多开发建设、修复整治的村庄编制综合性规划”。

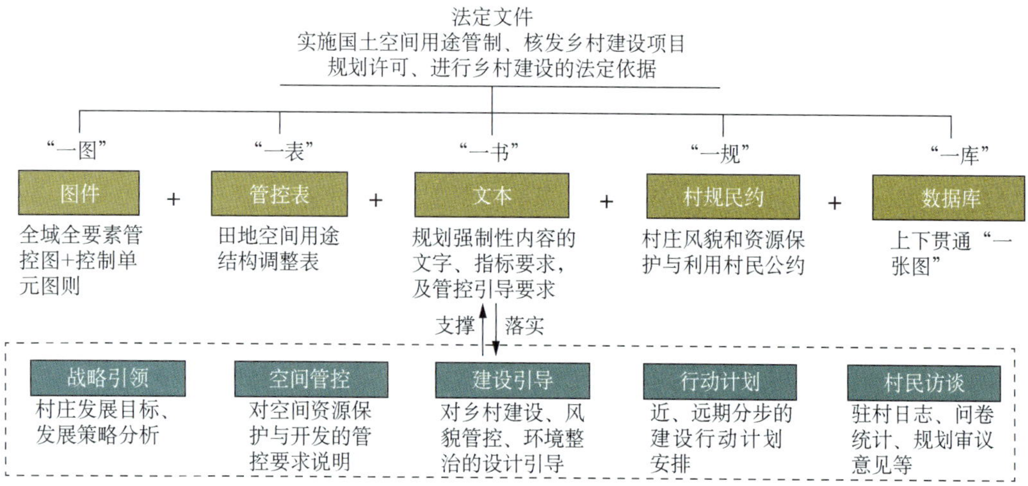

图 9-3　村庄规划法定成果构成示意

来源：作者自绘

9.4　村庄（管控）规划的重点内容

结合当前国土空间规划改革进展的实际情况，村庄（管控）规划的重点内容应包括：三线落位、要素管控和空间优化。

9.4.1　三线落位

在实践工作中，村庄所涉及的空间数据来源复杂，主要口径包括全国国土调查、农村地籍数据、林草部门的空间数据等。尽管当前各级国土空间规划均以第三次国土资源调查（简称"三调"）数据为基础底图底数，但该"三调"数据信息在村庄层面尚有诸多冲突需要进一步修正。如在自上而下的划线传导过程中，存在由于不同尺度精度差异而造成的管控对象偏差。以某省山区某村为例，经省级认可的生态红线边界是以经纬度和栅格作为切分依据。但实际上，该村的林地资源有较为明确的权属管辖边界和保护等级边界。实际管控实施过程中，显然后者更加切合实际（图 9-4）。此外，在建设用地方面，农村地籍调查数据是已确权登记的宅基地和集体土地的产权空间，往往包含民居及宅前屋后的院子（部分或局部），而"三调"数据为"所见即所得"，且 1∶10 000 的比例尺精度较粗，往往以连片图斑的形式表达，因此得到的建设地块与产权地块（往往 1∶1 000 以内的比例尺精度）存在不同情况的明显空间错位（图 9-5），需要在村庄（管控）规划中予以修正确认。

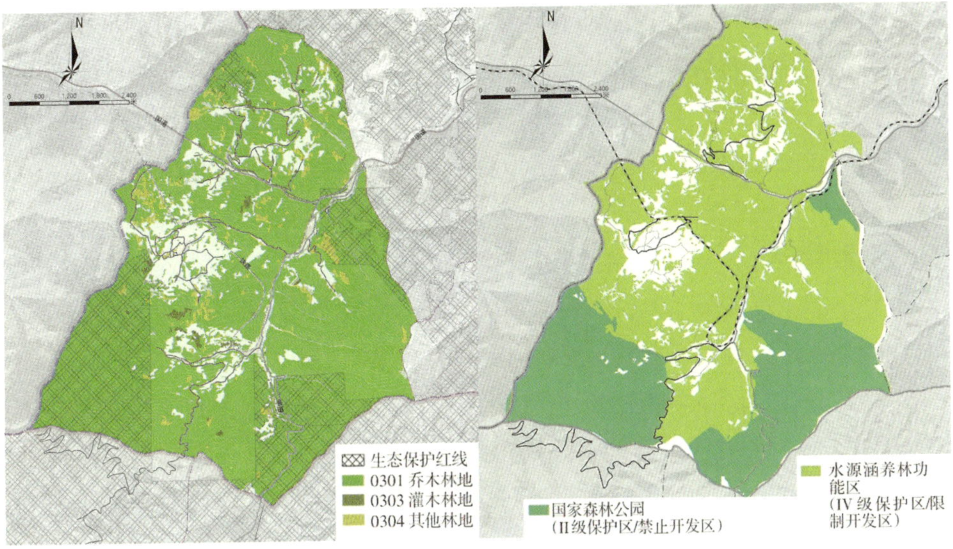

图 9-4　某省某村村庄生态保护红线(左)与林地资源保护等级分布(右)对比

来源：某省某村村庄规划，2021[①]

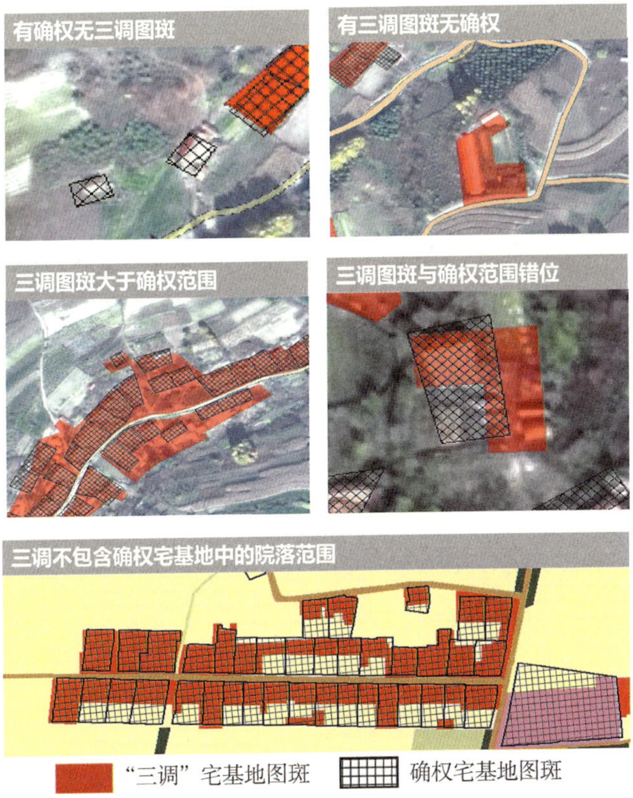

图 9-5　某省某村村庄宅基地确权范围与“三调”用地数据之间的空间冲突类型

来源：某省某村村庄规划，2021

① 上海同济城市规划设计研究院有限公司. 某省某村村庄规划[Z]. 2021.

综上，村庄（管控）规划要充分重视现状数据的整合，以最符合实际的空间数据作为村庄国土空间用途管制的基本底图底数。在此基础上，有必要在更为精准的尺度下对上位规划划定的管控线提出空间位置的校核与反馈，结合实际情况真实反映空间矛盾，为后续实施精准的全域空间用途管制提供支撑。

9.4.2 要素管控

村庄规划要落实上位国土空间规划确定的生态保护红线、永久基本农田保护线、村庄建设（指标）边界，结合实际划定水域控制线、乡村历史文化保护线等其他控制线。除底线管控外，要建立针对村庄全域空间资源的管控体系，鼓励采取以“全域全要素管控总图＋管控单元图则”的详细规划管控形式（图 9-6、图 9-7），形成对要素管控的全覆盖。

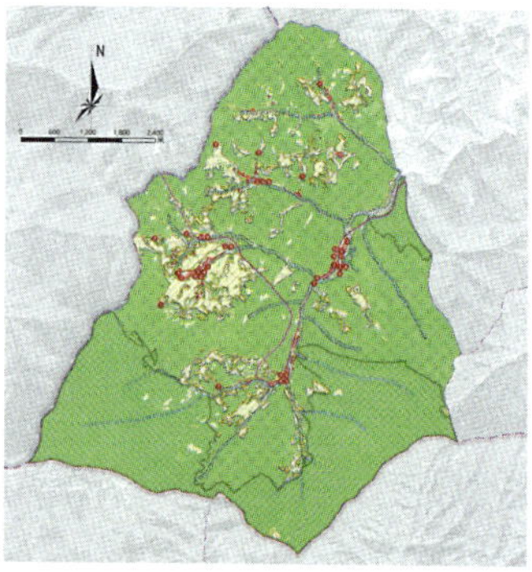

管控要点

管控边界（底线管控：传导落实+本级划定）

图例	管控边界名称	划定依据
	生态保护红线	落实上位规划确定的生态保护红线
	永久基本农田保护红线	落实上位规划确定的永久基本农田保护红线
	村庄建设边界	三调村庄建设用地图斑叠加农村宅基地和集体建设用地确权图斑
	饮用水水源地保护范围	12 处取水井所在构筑物，规划由构筑物中心点向外延伸 30m 范围为饮用水水源地保护范围
	洪涝风险控制线	干流河道中心线向外控制 15m，I级支流河道中心线向外控制 12m，II级支流河道中心线向外控制 10m
	乡村文化保护线	文保单位：铁路两侧外延 10m，保护范围两侧外延 5m。
	河湖水库管理范围线	建议由洪涝风险控制线划定河湖水库管理范围线

规划分区（全域分区管控）

图例	规划分区名称	面积（hm^2）	管控要点
	生态保护区	1313.89	本村内已划入生态保护区 1313.89hm^2 严禁不符合主体功能定位的各类开发活动，严禁擅自改变用途，禁止占用和改变用地性质，鼓励开展维护、修复和提升生态功能的活动
	生态控制区	97.31	本村内已划入生态控制区 97.31hm^2，即头道沟及其支流两侧 10—15m 范围 严格控制各类开发活动占用、破坏，未经批准不得进行破坏生态景观、污染环境的开发建设活动，做到慎砍树、禁挖山、不填料
	农田保护区	239.53	本村内已划入农田保护区 239.53hm^2，即永久基本农田保护红线范围 按照《中华人民共和国土地管理法》《基本农田保护条例》等相关规定进行管理。区内从严管控非农建设占用永久基本农田，鼓励开展高标准农田建设和土地整治，提高永久基本农田质量
	村庄建设区	30.09	本村内已划入村庄建设 30.09hm^2，是村庄建设的主要区域 乡村建设等各类空间开发活动，必须在村庄建设边界内，实施乡村建设规划许可管理
	一般农田区	256.26	本村内已划入一般农田区 256.26hm^2 不得随意占用耕地，确实占用的应提出申请，经过村委会审查同意出具书面意见后，按程序报部门办理相关用地报批手续。坚决制止耕地擅自“非农化”行为
	林业发展区	2154.39	本村内已划入林业发展区 2154.39hm^2 未经批准，不得在公益林、商品林及其他林地进行非农建设活动，禁止毁林开垦和毁林采石、采矿、取沙、取土、修坟墓、建房屋等非法破坏林地行为，不得侵占、买卖、或者以其他形式非法转让林地

注：基本农田保护范围待调整，与村庄建设区冲突 1.08hm^2

用途分类（全要素管控：图斑精细化管理）

0103 旱地
0201 果园
0204 其他园地
0301 乔木林地
0303 灌木林地
0304 其他林地
0401 天然牧草地
0403 其他草地
0506 内陆滩涂
060101 村道用地
060101 村庄内部道路用地
0602 种植设施建设用地
070301 一类农村宅基地
0704 农村社区服务设施用地
080701 老年人社会福利用地
1201 铁路用地
1202 公路用地
120803 社会停车场用地
1311 干渠
1312 水工设施用地
1313 其他公用设施用地
1504 文物古迹用地
16 留白地
1701 河流水面
1704 坑塘水面
1705 沟渠

公共服务与基础公用设施（单元落实）

1 村委会
2 卫生所
3 老年人福利设施
4 文化活动设施
5 村民活动广场
6 物流配送点
7 水井
8 乡村公交站
9 社会停车场
10 火车站
11 历史建筑

县域边界线
镇域边界线
行政村边界

图 9-6 村庄规划全要素管控图示意

来源：某省某村村庄规划，2021

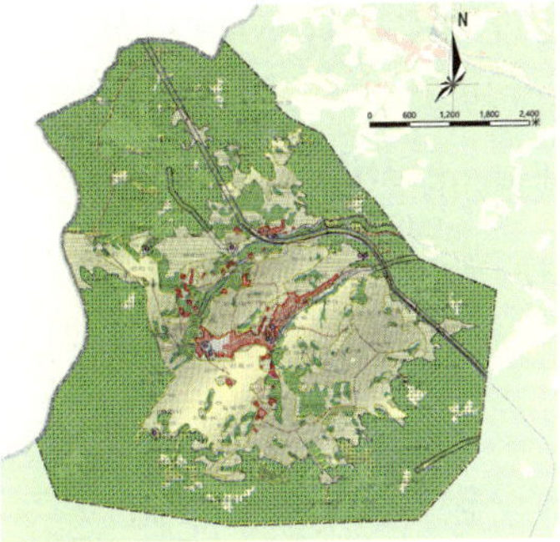

生态空间管控

地块类型	地块编号	用途分类（三级类）	面积（hm^2）	管控要求
水域	B3-01-01	沟渠	0.52	生态红线范围内，严禁不符合生态保护相关要求的各类开发活动。林区实施局部封禁保护管理，鼓励引导和抚育性管理，禁止商业砍伐树木。除必须的公路、市政工程建设占用外，禁止以任何形式改变林地用途，生态保护区内其他地类严格控制 其他区域，生态控制区内严格控制各类开发活动占用、破坏，未经批准不得进行破坏生态景观、污染环境的开发建设活动。在生态环境不产生破坏的前提下，可适度开展观光、旅游、科研、教育等活动
林地	B3-0201至B3-02-99	乔木林地	316.30	
	B3-02-100至B3-02-106	灌木林地	4.61	
	B3-02-107至B3-02-150	其他林地	41.37	
草地	B3-03-01	天然牧草地	0.05	
	B3-03-02至B3-03-29	其他草地	8.36	

约束性指标

生态保护红线（hm^2）	0	湿地保有量（hm^2）	0
永久基本农田保护面积（hm^2）	112.32	林地保有量（hm^2）	365.88
耕地保有量（hm^2）	161.27	历史文化保护线规模（hm^2）	9.18
建设用地规模（hm^2）	18.95	村庄建设用地规模（hm^2）	11.53

农业空间管控

地块类型	地块编号	用途分类（三级类）	面积（hm^2）	管控要求
农业设施建设用地	B2-01-01至B2-01-18	村道用地	4.04	永久性基本农田保护红线范围内，禁止建窑、建房、建坟、挖砂、挖塘养鱼、采石、采矿、取土、发展林果业、堆放固体废充物或者进行其他破坏基本农田的活动，禁止闲置、荒芜基本农田，提倡和鼓励农业生产者对其经营的基本农田施用有机肥料，合理施用化肥和农药 其他区域，耕地原则上不得随意占用。坚决制止耕地“非农化”行为，禁止占用耕地建窑、建坟或者擅自在耕地上建房、挖砂、采石、采矿、取土、挖田造景造湖、超标准建设绿色通道等
	B2-01-11至B2-01-24	村庄内部道路用地	1.06	
耕地	B2-02-01至B2-02-211	旱地	161.27	
园地	B2-03-01至B2-03-17	果园	2.97	
	B2-03-18	其他园地	0.17	

建设空间管控

	地块编号	用途分类	用地功能	面积（hm^2）	容积率	建筑密度	限高控制	绿地率	建设引导
集体建设用地管控（公共）	B1-02-01	农村社区服务设施用地	商业	0.25	≤1.5	≤50%	不超3层	30%	1、打造复合型公共建筑，宜将建筑与室外活动场地结合布置，打造村民交流活动的核心空间。2、公共建筑设计应尊重场地现状，鼓励对原有建筑、景观空间进行修复、改造和提升，置换为公共服务建筑。3、新建建筑应充分汲取淳朴的地方元素，鼓励采取坡屋顶形式、运用红砖或相近材质，积极融入乡村环境
	B1-02-03	农村社区服务设施用地	广场	0.07					
	B1-02-04	农村社区服务设施用地	文化室	0.10					
	B1-02-08	农村社区服务设施用地	停车场	0.08					
	B1-02-11	留白用地		0.12					
宅基地管控（私）	B1-01-01至B1-01-187	一类农村宅基地	村民住宅，依法合规前提下，可发展农家乐	宅基地管控要求 1、独门独院农村宅基地内，每户硬化面积总量220—330m^2，具体依据本省土地管理条例确定。 2、建筑高度一般不超过2层。 3、人均建筑面积（按户籍人口计）不超过50m^2					1、民居建筑采用坡屋顶形式，尽量采用瓦片敷设，以地方传统色调为主，杜绝使用不协调的彩钢板屋面。2、民居建筑墙体宜采用红砖或砖红色石材，延续原有村落风貌，避免使用鲜色彩或瓷砖贴面。3、民居建筑门窗、构件等宜采用木材，并在色彩上协调。4、积极引导院落空间建设，依据村民喜好合理规划各类空间，结合小片果蔬种植营造农家院落氛围

图 9-7 村庄规划管控单元图则示意

来源：某省某村村庄规划，2021

在全域全要素管控总图中，重点表达：①“线要素”，即核心管控边界，反映规划的刚性底线；②“面要素”，即规划分区与用途分类，反映对全空间要素的国土用途管制和建设管控；③“点要素”，即公共服务与基础公用设施布点，反映设施的布局要求；④相关核心指标，反映生态、农业资源总量与规模控制。在管控单元图则中，将村域划分为若干管控单元，进一步按照建设空间与非建设空间进行用地类型的管控。针对非建设空间，区分生态、农业、矿产资源等要素，提出不同地类的保护与利用要求；针对建设空间，区分宅基地与其他建设用地，提出功能、建筑密度、限高、退界、建筑量等要求，以形成针对建设的有效管控。

9.4.3 空间优化

从我国城镇化的宏观趋势来看，村庄总体上要走向收缩①，村庄规划大多是面向“建

① 赵民，游猎，陈晨.论农村人居空间的“精明收缩”导向和规划策略[J].城市规划，2015(07)：9-18+24.

设用地减量”的规划。因此，村庄（管控）规划要提出村庄建设用地减量的规模、范围、时序及可操作的方案。针对村庄居民点减量，鼓励结合民生问题改善和环境整治①，确定重点减量化对象。而对于看不准的居民点，可以采取“政策性减量”的管控方式，即为拟减量的居民点附加政策弹性，在满足一定政策条件后启动减量工作，在此之前按照保留村庄居民点进行建设管控。在全域空间内，处理好建设用地减量与非建设用地增量之间的关系，统筹优化生产设施与生态要素布局，使村庄的经济效益和生态效益实现最大化。同时结合民生需求，做好支撑体系规划，完善布局村域内的各项基础设施和公共服务设施。

9.5 结语与讨论

随着我国进入生态文明建设的新时期，对国土建设开发与自然资源管理需要更加精细化的空间用途管制手段和工具，村庄规划之于国土空间规划体系建构的重要性，不言而喻。

尽管村庄规划的编制形式可以有多种，但村庄规划作为详细规划，其本身所必须具备的基础内容和灵活增补内容，以及村庄规划在面对不同建设发展条件和不同要求下所承担的不同功能，目前而言尚未明晰。这也导致全国各地普遍认同“村庄规划重要，村庄规划必要”，但却难以实际全面有效推行。区分“村庄规划”与一般意义上的“乡村规划”，对于厘清当下国土空间规划体系下村庄规划的工作边界和工作内容非常重要。

因此，本文基于对国内相关研究和实践经验的梳理，提出了乡村规划体系建构的总体思路，初步厘清了村庄规划本身和乡村规划体系之间的逻辑关系，为后续的村庄（管控）规划全面推进落地提供支撑。基于此，宜在全国层面推行村庄（管控）规划的全覆盖编制，完成对国土空间资源的全要素管控；各地宜结合实际情况按需推进特定村庄的实用性村庄（振兴）规划的编制；在经济发达地区和地方财政实力允许的地区宜结合项目建设按需开展村庄（专项）设计。

---

① 可具体对应已涉及邻避类设施如高速公路、高速铁路、高压电力走廊，以及区域性设施、灾害防护、农业保护、生态保护、历史保护、环境治理和社会治理类的村庄，作为乡村建设用地减量化的优先实施重点。

10　国土生态空间规划

沈清基*

10.1　基本概念

10.1.1　生态空间

生态空间可以简单地区分为“自然生态空间”和“其他生态空间”。自然生态空间是指具有自然属性、以提供生态服务或生态产品为主体功能的国土空间，包括森林、草原、湿地、河流、湖泊、滩涂、岸线、海洋、荒地、荒漠、戈壁、冰川、高山冻原、无居民海岛等(表 10-1)。

自然生态空间以外的其他生态空间中的“城市生态空间”也是一种重要的生态空间类型之一。城市生态空间是指具有自然属性、以提供生态产品或生态服务为主导功能的、位于城市地域的国土空间，包括水源涵养、食物生产、生物多样性维护、海岸带稳定等供给与支持功能的重要生态区域，防止与调节水土流失、土地沙化、石漠化、盐渍化等的生态修复区域，以及为人类提供生态旅游、户外活动、文化娱乐、审美价值等社会文化服务功能的生态游憩区域(表 10-2)。

表 10-1　生态空间定义与内涵比较表

概念来源	内涵与包含的类别
《全国主体功能区规划》中生态空间定义	天然草地、林地、湿地、水库水面、河流水面、湖泊水面、荒草地、沙地、盐碱地、高原荒漠等
《自然生态空间用途管制办法(试行)》中自然生态空间定义	具有自然属性、以提供生态产品或生态服务为主导功能的国土空间，包含森林、草原、湿地、河流、湖泊、滩涂、岸线、海洋、荒地、荒漠、戈壁、冰川、高山冻原、无居民海岛等
上海生态空间内涵延伸	将国家层面所定义的生态空间、农业空间和城镇空间中的绿地均纳入生态空间范畴，包括近海海域、山体、河湖水系、林地、绿地、湿地、耕地等各类生态空间要素

来源：郭淳彬.“上海 2035”生态空间规划探索[J].上海城市规划，2018(05)：118-124.

*　沈清基，同济大学建筑与城市规划学院教授，国际景观生态学会中国分会理事，中国城市规划学会城市生态规划学术委员会副主任委员。邮箱：sqjj5688@126.com。

表 10-2　上海市生态空间要素类型表

编号	生态空间类型	说明
1	自然保护区	国家级、市级自然保护区
2	森林公园	国家级森林公园
3	地质公园	国家级地质公园核心片区
4	湿地公园	国家级湿地公园
5	饮用水水源地	饮用水水源一级和二级保护区
6	水产种质资源保护区	国家级水产种质资源保护区
7	自然岸线	大陆自然岸线和海岛自然岸线
8	重要湿地	除湿地公园以外的国家级、市级重要湿地及其他具有重要功能的湿地
9	重要林地	城市公园、市级生态公益林
10	重要水体	市管、区管湖泊及河道
11	极小种群物种分布栖息地	极小种群物种的重要栖息地和重引入重要栖息地

来源：苏敬华，东阳. 特大城市生态空间识别及管控单元划定：以上海市为例[J]. 环境影响评价，2020，42(01)：33-37.

10.1.2　生态空间规划

"生态空间规划"的认识可从三个方面着手。其一，从最基本的目标角度而言，生态空间规划是指为了维护和提升生态空间的功能和质量的规划类型；其二，从具体的规划内容角度而言，生态空间规划是指对生态空间进行保护、管控和建设引导的各类规划，包括生态空间规划、生态控制线规划、生态保护规划、生态网络规划、禁限建区规划等；其三，从关系角度而言，生态空间规划是指对国土空间各个层次的、各种类型的自然生态空间、城镇生态空间、农业生态空间和设施生态空间的相互关系，以及生态空间与其他空间的关系所进行的协调和整合、提升与优化的安排、计划及布局。

10.2　生态空间类型

10.2.1　相关政策文件中的生态空间类型

《国家新型城镇化规划(2014—2020 年)》提到了"自然生态空间"与"城市生态空间"两种类型；《中共中央 国务院关于建立国土空间规划体系并监督实施的若干意见》中提出要"科学布局生产空间、生活空间、生态空间"(以下简称"三生空间")，将"生态空间"与生产空间、生活空间并列，作为人居环境的三种主要空间类型之一；《全国主体功能区规划》对国土空间的划分包括：城市空间、农业空间、生态空间、其他空间（交通设施、水利设施、特殊用地），生态空间是与城市空间、农业空间并列的空间类型之一。

由以上信息可见，在不同的空间分类中，生态空间都明确被列出，说明其是人居环境的重要的、不可或缺的空间类型之一。

10.2.2 不同尺度的生态空间类型

有不同的国土空间尺度，就有不同尺度的生态空间类型。如，宏观生态空间包含了国家、区域等空间尺度的生态空间类型；中观生态空间包含了城市群、都市圈、城市等生态空间类型；而微观生态空间则包括了社区、街区、地段等生态空间类型。

10.2.3 基于研究文献的生态空间类型

是指各类生态空间研究文献中所提及的生态空间类型，包括：国土生态空间；城市生态空间；自然生态空间；城镇群生态空间；绿色生态空间；其他生态空间（指沙地、裸地、盐碱地等自然存在的为人类提供生态产品或生态服务较少的空间）；林业生态空间；水生态空间；水文生态空间；原生态空间；健康生态空间；居住区生态空间；乡村生态空间；城乡生态空间；文化生态空间；社会生态空间；人文生态空间；特色生态空间；网络生态空间；制度性生态空间；某生物的适宜生态空间；韧性生态空间；景观生态空间；区域生态空间；市域生态空间；县域生态空间；复合生态空间；关键性生态空间；重点生态空间；共生生态空间；植被生态空间；核心生态空间；基本生态空间；脆弱生态空间；理想生态空间；制度性生态空间；拓展性生态空间；室内生态空间；新城生态空间；可持续生态空间；多功能生态空间，等等。

基于研究文献的生态空间类型说明了生态空间在类型方面所体现的丰富的多样性。

10.3 生态空间特征

认识生态空间特征对于科学的生态空间规划及建设具有重要意义和价值。

10.3.1 基础性/普遍性

生态空间的基础性（普遍性）由必需性和承载性体现。必需性指生态空间是一个国家和地区社会经济发展的基础，生态空间是不可或缺的。如果缺失或质量低劣，会导致人类社会经济系统的秩序紊乱，影响其质量和可持续性。承载性指生态空间是生态系统服务的发生源和核心载体，是生态环境的物质承载或支撑基础，是生态文明建设的承载要素。

可较好地说明生态空间基础性(普遍性)最主要的一点是，生态空间在与人居环境相关的各种空间类型中都普遍存在。如，由图 10-1 可见，在自然生态空间、城镇空间以及农业空间中，均存在着生态用地(空间)。由此一定程度上说明，生态是树根，农业是树干，城镇是树冠。树高千丈，其功在根。离开生态空间，农业空间、城镇空间就是无本之木，无源之水①。

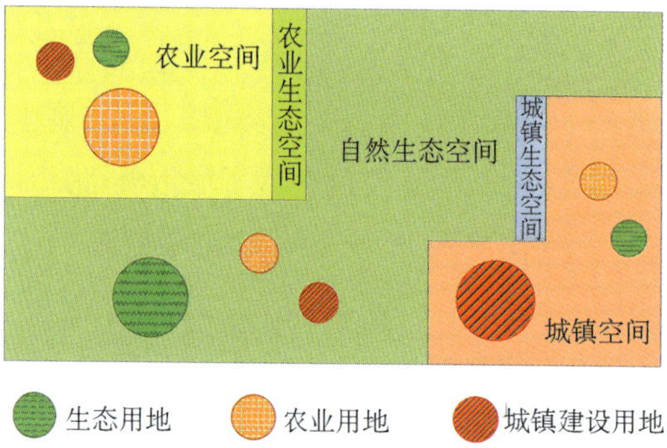

图 10-1　国土空间划分示意图
来源：高吉喜，徐德琳，乔青，等. 自然生态空间格局构建与规划理论研究[J]. 生态学报，2020，40(03)：749-755.

10.3.2　功能性

生态空间包含了三种功能类型。以下以城市地域为例说明生态空间的功能性。

1）基本服务功能

基本服务功能可维护城市生态安全，保持生态的平衡与稳定。主要体现并渗透于城市之中的生物多样性维护、生态过程的完整性保持，具体指：改善水循环、提高水质、加强城市建设用地区域与外围生态空间的空气交换、降低城市热岛效应、改善城市空气质量、防止水土流失、降低洪涝灾害风险、提供各种生物的生存空间以及促进能量流的循环。基本服务功能是城市生态空间的核心功能。

2）保护功能

保护功能主要是改善和提高城市生态环境质量。具体包括生态防护、生态隔离、灾害避难、环境净化等。

① 党双忍. 以生态空间之治推进美丽中国建设[J]. 西部大开发，2019(12)：78-81.

3）衍生功能

衍生功能主要体现在生态空间所具有的更高层次的功能属性。几乎涵盖了休闲娱乐、城市游憩、遗产保护、文化展示、产业发展、经济消费以及城市特色塑造等城市功能的各个方面。

在城市化地区，人口密集、空间紧凑使得生态空间的各种功能具有交叉性和叠加性（图 10-2），这是生态空间功能具有复合性的内在原因。

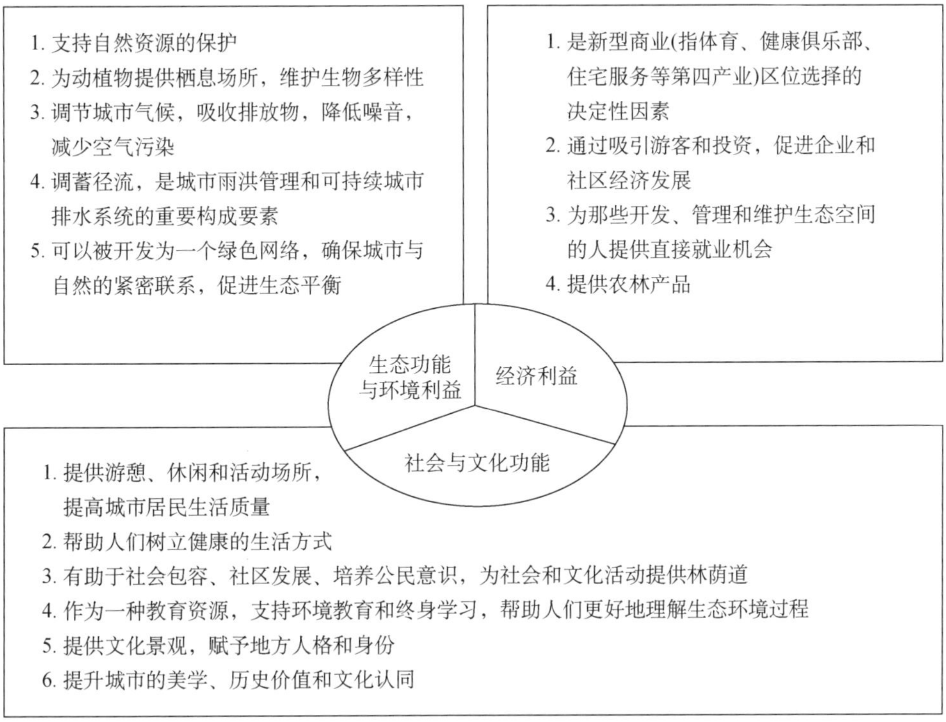

图 10-2　城市化地区生态空间的潜在功能与利益

来源：王甫园，王开泳. 城市化地区生态空间可持续利用的科学内涵[J]. 地理研究，2018，37(10)：1899-1914.

10.3.3　结构性

生态空间的结构性由结构要素、结构特征、结构效应三个方面反映。

1）结构要素

生态空间的结构要素包括点状、线状和面状生态要素。点状要素指面积较小的生态斑块；线状要素指具有通道或屏障功能的线状或带状景观要素，是联系点状生态要素（斑块)的重要纽带,它维系着斑块间物种、营养物质、能量的交换,为物种提供特殊生境,增加物种嵌入机会等,包括河流、廊道(表 10-3)、海岸等;面状要素指面积较大、连接度最好、生态系统最完整丰富的生态要素,一般包括森林、湿地、湖泊、海洋等。

表 10-3 苏州市生态廊道基本类型

生态廊道类型	表现形式	资源特点
植被类	沿道路两侧分布的绿化带	植被
水体类	河流	水体
复合类	河流与沿岸绿化带	水体与植被

来源:陈德超,徐华连,王跃. 苏州城市生态资源空间特征分析[J]. 苏州科技大学学报(自然科学版),2019,36(03):54-58.

2)结构特征

表现为节点、连接性、层次性和分形特征等。生态空间结构性研究一般需借助于一系列反映空间结构的指标。以景观格局指数而言,包括斑块密度、边缘密度、连接度、聚合度、蔓延度和丰富度等。以生态网络的拓扑结构分析而言,包括网络平均度、平均路径长度、度-度相关性、网络核数等①。

3)结构效应

不同类型的生态空间结构会产生不同的生态功能和生态效应,亦即结构效应。何梅、汪云将城市生态空间体系结构归纳为四种基本模式:环城生态带模式、楔形生态带模式、生态中心核模式,以及轴向生态带模式。这四种模式所产生的生态、经济、社会及综合效应具有差异性②。此外,生态空间内部以及生态空间与其他空间在协调关系时可能产生协同效应和乘数效应,在矛盾状态下则会产生冲突效应和抵损效应(负外部效应)。张棋斐等对广州的研究发现,越接近市中心的生态空间降温幅度越大,证实即使生态空间具有相同的结构特性,在不同的空间位置也有不同的降温效应;提示城市郊区生态空间与城市中心区生态空间的降温效应具有值得重视的差异③。

---

① 侯宏冰,郭红琼,于强,等. 基于 LMBA 策略的鄂尔多斯市生态空间网络优化[J]. 农业机械学报,2021,52(01):219-227.

② 何梅,汪云. 武汉城市生态空间体系构建与保护对策研究[J]. 规划师,2009,25(09):30-34.

③ 张棋斐,吴志峰,郭冠华. 高密度建成区城市生态空间的热环境缓释效应:以广州市中心城区为例[J]. 城市观察,2017(03):39-49.

10.3.4 地域性

生态空间的地域性包括如下几个方面：其一，不同地域的综合条件导致生态空间出现多种类型（如，城市生态空间与自然生态空间等）；其二，不同地域的自然地理条件等使生态空间质量呈现差异；其三，不同地域的生态空间与人类的邻近性差异导致其属性和演进轨迹发生变化：与人邻近的生态空间因人对生态空间的作用而产生自然-人文过程，与人非邻近的生态空间则以自然过程为主；其四，特定地域的人类对自然资源的空间利用方式受地域性的显著影响（表 10-4）；其五，不同空间区域关注的生态空间规划要点具有差异，如，城市生态空间建设在中心城区一般较关注环境质量改善和立体多元的绿化空间，而郊区则更多地关注生态空间可达性和游憩设施服务水平①；其六，人类对生态空间的不同管制措施导致了不同的生态空间分区方案（表 10-5）。

表 10-4　91 份有效专家问卷对长春市雪资源空间利用方式的选择排序

雪资源空间利用方式（N=91）	频率	百分比
1. 作为生态空间利用：通过融雪水的下渗，涵养地下水源，调节城市微气候	81	89.0%
2. 作为城市景观空间：提升城市形象	69	75.8%
3. 作为水资源进行空间利用：将融雪水作为城市生活生产用水	65	71.4%
4. 作为天然冷源空间利用：城市生活生产制冷能源	57	62.6%
5. 作为城市冰雪运动场所：丰富冬季活动	51	56.0%
6. 其他	3	3.3%

来源：侯清扬. 面向偏好及支付意愿的长春雪资源空间利用模式研究[D]. 哈尔滨：哈尔滨工业大学，2017.

表 10-5　生态空间分区

生态空间分区	包含范围	管制要求
Ⅰ级生态空间	生态保护红线区域	原则上按照禁止开发区要求进行管理，实施强制性的生态保护措施
Ⅱ级生态空间	重要生态系统功能区或生态脆弱区	原则上按照限制开发区的要求管理，允许符合区域产业和项目准入条件的项目进驻

---

① 尚勇敏. 城市生态品质建设的居民感知与影响因素分析：基于上海市 576 份问卷调查的分析[C]//上海市社会科学界联合会. 中国特色社会主义：实践探索与理论创新——纪念改革开放四十周年（上海市社会科学界第十六届学术年会文集—2018 年度）. 上海市社会科学界联合会：上海市社会科学界联合会，2018：17.

续表

生态空间分区	包含范围	管制要求
Ⅲ级生态空间	其他生态空间	执行更宽松的管理要求，制定准入条件，允许更多种类的开发利用

来源：魏子谦，徐增让，毛世平. 西藏自治区生态空间的分类与范围及人类活动影响[J]. 自然资源学报，2019，34(10)：2163-2174.

10.3.5 品质性

十九大报告指出："要提供更多优质生态产品以满足人民日益增长的优美生态环境需要。"品质性指生态空间所在地域受各种因素影响，在生态环境质量、生态服务功能等方面所呈现的不同的状况和水平。如贫瘠的生态空间与非贫瘠的生态空间其品质是截然不同的。生态空间的品质与其提供的供给、调节、支持、文化等生态服务的水平和质量有关，也与生态空间在要素构成上的多样性、要素组合的丰富性等有关。当然，生态空间品质也是生态空间管制质量的反映。

良好的生态空间品质对于生态空间系统的维持和稳定发挥着重要作用，生态空间品质的衰退与弱化会对城市的可持续发展产生负面作用。生态空间质量评价模型是定量、定位表达生态空间品质的方法之一(图 10-3)，生态空间质量评价则是提升生态空间品质的基础工作之一(图 10-4)。

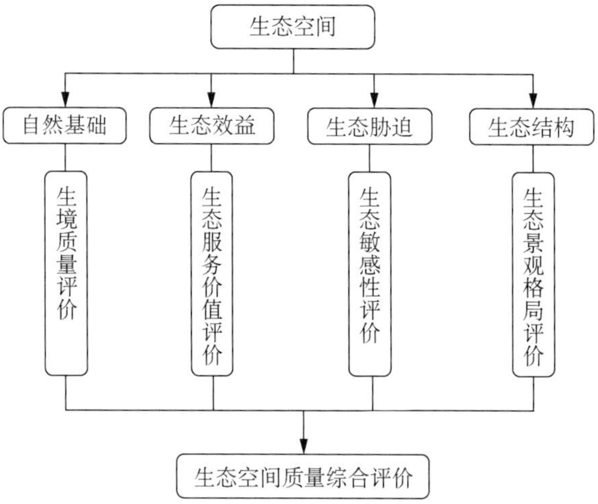

图 10-3 生态空间质量(品质)评价模型

来源：吴衍昌. 崇左市国土生态空间质量评价研究[D]. 南宁：南宁师范大学，2019.

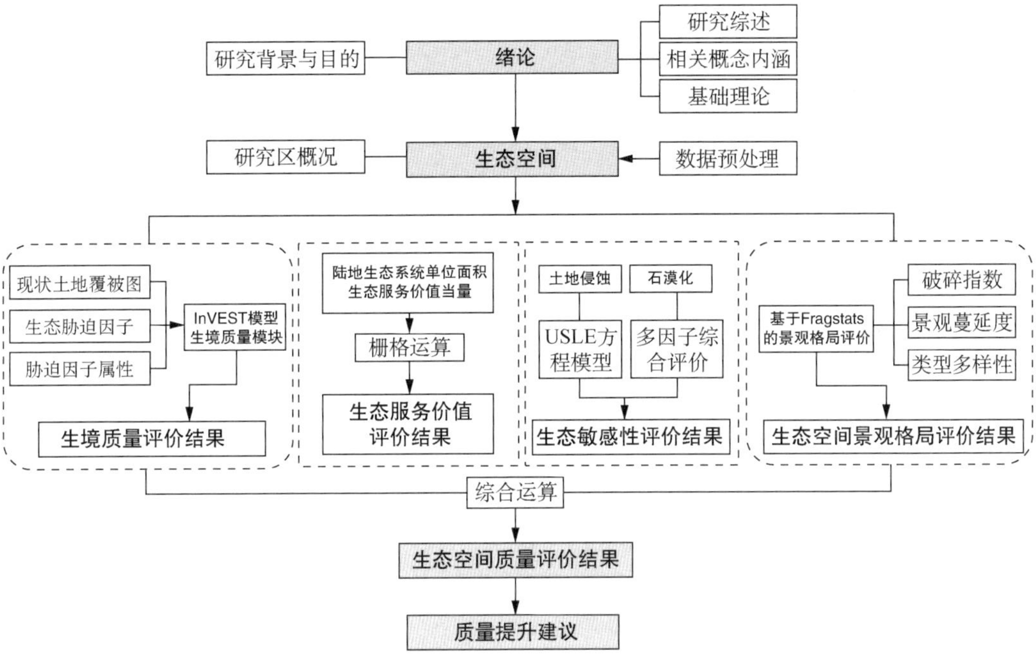

图 10-4 崇左市国土生态空间质量评价技术路线
来源：吴衍昌.崇左市国土生态空间质量评价研究[D].南宁：南宁师范大学，2019.

10.3.6 动态性

根据科曾（Conzen）的周期性理论，空间的用途转换是一种具有加速、减速和稳定变化状态的非稳步的过程①。生态空间的动态性主要可从生态空间质量的变化、生态空间的类型转化和生态空间的模式转化三个方面理解。

1）生态空间质量的变化

1960 年代，苏黎世湖因工业发展成为污染重灾区，污染的程度几乎眼可见、鼻可嗅，再加上洪水连年暴发，动物渐次消失，这一旅游胜地难觅人踪②。经过治理，苏黎世湖水质已经极大改善（图 10-5），目前，苏黎世 85%的自来水水源直接取自苏黎世湖，这是水生态空间质量由劣向好变化的案例。

2）生态空间的类型转化

生态空间转化类型包括：①生态空间与非生态空间之间的转化；②生态空间和农业-

① CONZEN M R G. Thinking about urban form: papers on urban morphology, 1932-1998[M]. New York: Peter Lang Publishing Inc, 2004.

② 沈栖.瑞士三城也曾水污染[J].国际市场，2010(08):57.

图 10-5 苏黎世湖水质洁净
来源：作者自摄

农村空间之间的转化；③生态空间内部各种类型用地之间的相互转化。

3）生态空间的模式转化

包括收缩和扩张两种基本模式。生态空间收缩的主要模式有：城市风景林地退蚀；自然-近自然土地开发；水面消失或为农业开发等。生态空间扩张的主要模式包括：退耕还林，新修水库、坑塘、矿坑复绿等。表 10-6 表达了南京市在 1986—2002 年期间生态空间在斑块数量、面积等方面的动态变化，反映了该时期的生态空间转化状态。图 10-6 则表达了鄱阳湖南矶湿地丰水期与枯水期空间变化（“涨水为湖、退水为洲”），揭示了生态空间动态变化的原因之一是自然环境的变化。

表 10-6 1986—2002 年南京市域生态空间景观指数变化

项目	主城			都市发展区			都市外围区		
	1986 年	1996 年	2002 年	1986 年	1996 年	2002 年	1986 年	1996 年	2002 年
斑块数目	61	69	67	664	759	1 736	1 463	1 529	2 336
平均斑块面积（hm^2）	79.96	70.47	67.46	100.23	89.06	40.04	43.30	41.97	26.50
边界密度	13.75	14.29	14.19	13.19	13.95	16.57	13.36	13.68	14.80

来源：陈爽，刘云霞，彭立华. 城市生态空间演变规律及调控机制：以南京市为例[J]. 生态学报，2008(05)：2270-2278.

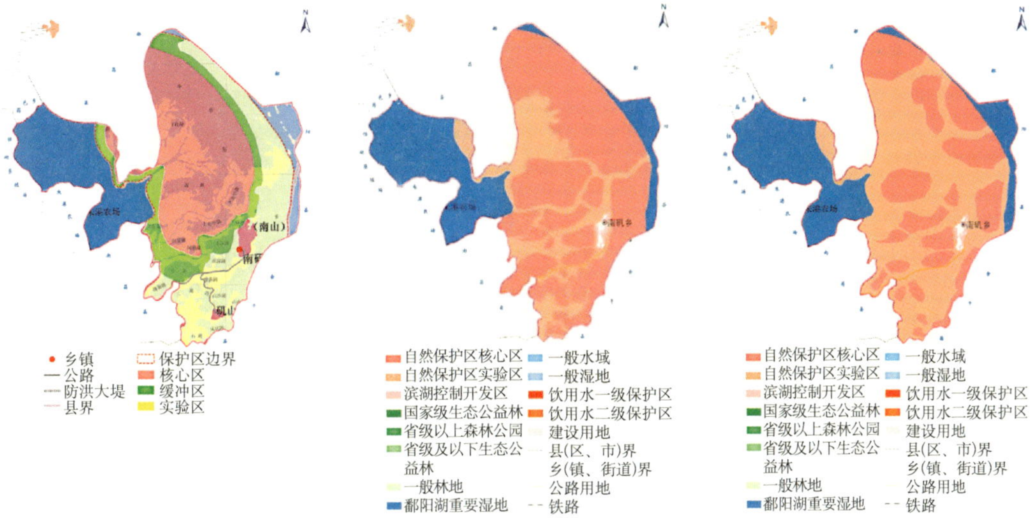

图 10-6　南昌市新建区鄱阳湖南矶湿地丰水期与枯水期空间变化

来源:邓红蒂,袁弘,祁帆.基于自然生态空间用途管制实践的国土空间用途管制思考[J].城市规划学刊,2020(01):23-30.

10.3.7　公共性/公地性

霍尔姆斯·罗尔斯顿(Holmes Rolston)将大地、空气、水、环境质量、臭氧层、野生动植物、作为民族象征的鹰、濒危物种等作为公共物品①。罗尔斯顿此处提到的公共物品不少均为生态空间的要素,一定程度上说明生态空间具有公共性。

至于公地性,则可由 1968 年英国学者哈丁(Garrett Hardin)首先提出的“公地悲剧”说明。哈丁认为,“公地”作为一项资源有许多拥有者,每个人都有使用权,都没有权力阻止他人使用,从而很快造成公地资源被过度使用而枯竭。犹如在公共牧场上,每个放牧人都希望自己放牧的羊数量最多以获得最大的收益。由于羊的数量不受限制,所以牧场很快被过度使用,草地质量迅速恶化。过度砍伐的森林、过度捕捞的渔业资源及污染严重的河流和空气,都是“公地悲剧”的典型例子。之所以叫悲剧,是因为每个当事人都知道资源将由于过度使用而枯竭或受损,但每个人对阻止事态的继续恶化都感到无能为力,而且都抱着“及时捞一把”的心态加剧事态的恶化②。

生态空间的资源属性决定了其具有经济价值,而生态空间的公共性决定了其具有开放性和易进入性,当相关规制缺乏或不合理时,最终将导致生态空间公地悲剧的易发性乃

① 罗尔斯顿.环境伦理学[M].杨通进,译.北京:中国社会科学出版社,2000.

② 陈新岗.“公地悲剧”与“反公地悲剧”理论在中国的应用研究[J].山东社会科学,2005(03):75-78.

至生态空间的易损性(表10-7)①。

表10-7 2004—2008年北京高尔夫正式球场建设中的公共生态空间私有化情况

球场名称	开业时间	公共生态空间私用化情况
北京鸿华国际高尔夫俱乐部	2004年	全部侵占绿化隔离地区
北京温榆河高尔夫俱乐部	2004年	侵占温榆河岸线
北京宝兴高尔夫球场	2005年	部分场地侵占永定河河床
北京大运河高尔夫俱乐部	2005年	邻近京杭大运河
北京天安假日高尔夫俱乐部	2005年	部分场地侵占绿化隔离地区
北京顺峰九园十八岭高尔夫俱乐部	2005年	侵占十三陵水库岸线
北京星河湾高尔夫球场	2005年	侵占公共绿地、私用化公园
北京佳伟高尔夫俱乐部	2005年	全部场地侵占绿化隔离地区
北京北湖国际高尔夫俱乐部	2006年	全部场地侵占绿化隔离地区
北京人济山庄高尔夫俱乐部	2006年	全部场地侵占怀柔水库岸线
北京香山国际高尔夫俱乐部	2006年	私用化香山生态体育公园
北京东方双鹰国际高尔夫俱乐部	2006年	全部场地侵占永定河河床
北京彼岸青滩高尔夫俱乐部	2007年	部分场地侵占温榆河岸线
北京加州水郡高尔夫球场	2007年	全部场地侵占永定河河床
北京雁栖湖高尔夫俱乐部	2007年	部分场地侵占雁栖湖岸线
北京清河湾乡村高尔夫俱乐部	2007年	部分场地侵占清河
北京大宁国际高尔夫俱乐部	2007年	部分场地侵占大宁水库
北京金世纪国际高尔夫俱乐部	2007年	邻近青龙湖水库
北京君山国际高尔夫俱乐部	2008年	邻近水源地
北京燕子口国际高尔夫俱乐部	2008年	部分场地侵占林地
北京银泰鸿业高尔夫俱乐部	2008年	全部场地侵占永定河河床
北京傲阳物业高尔夫俱乐部	2008年	部分场地侵占温榆河岸线
北京华科葆台高尔夫俱乐部	2008年	邻近世界公园
北京银杏苑公社高尔夫球场	2008年	侵占农田
北京九松山高尔夫俱乐部	2008年	邻近密云水库

来源:彭剑波.公共生态空间私用化问题研究[D].北京:清华大学,2009.

① 彭剑波.公共生态空间私用化问题研究[D].北京:清华大学,2009.

10.3.8 景观性/美学性

《全国主体功能区划》中所列举的各类生态空间的类型包括天然草地、林地、湿地、水库水面、河流水面、湖泊水面高原荒漠等。这些生态空间(要素)的景观具有自然性,与非生态空间的景观具有强烈对比,满足了人类向往自然的追求,再加上其本身具有的景观性,因而显现了其在美学方面的价值与特性(图 10-7)。

不同类型的生态空间要素具有独特的美学特征。如,李白的"燕草如碧丝",李商隐的"天意怜幽草",韩愈的"草色遥看近却无",敕勒歌的"天苍苍,野茫茫。风吹草低见牛羊"都是草原这一生态空间所体现的美学性;李白的"天门中断楚江开,碧水东流至此回""孤帆远影碧空尽,唯见长江天际流",杜甫的"星垂平野阔,月涌大江流","无边落木萧萧下,不尽长江滚滚来",张籍的"长江春水绿堪染,莲叶出水大如钱",苏东坡的"乱石穿空,惊涛拍岸,卷起千堆雪"均为江河生态空间所呈现的美学性;王昌龄的"大漠风尘日色昏",王维的"大漠孤烟直,长河落日圆","日暮沙漠陲,战声烟尘里",高适的"大漠风沙里,长城雨雪边",李白的"且探虎穴向沙漠,鸣鞭走马凌黄河",李贺的"大漠沙如雪,燕山月似钩"则高度形象地表达了沙漠独特的景观艺术价值。

至于一座城市的魅力,很多时候与其生态空间的魅力互为因果,相得益彰。如韩愈的"江作青罗带,山如碧玉簪"记录的是桂林绝佳的山水空间的风光;李商隐的《桂林》:"城窄山将压,江宽地共浮。东南通绝域,西北有高楼。神护青枫岸,龙移白石湫。殊乡竟何祷,箫鼓不曾休"则传神刻画了桂林山、江、地、岸、石、树、湫等生态空间(要素)所具有的美学魅力,确立了桂林山水的高度的美学价值和艺术地位。

图 10-7　滨水胡杨林景观

来源:http://k. sina. com. cn/article_5035718026_12c26f58a00100bmls. html

10.3.9 情感性

生态空间的情感性是指生态空间及其构成要素所具有的承载并寄托人的某种感情因素的功能与作用。生态空间的情感性与空间的"可意象"①密切相关，空间的可意象性是生态空间情感性的基础，可以解释乡愁往往是与家乡的某种景观要素（树、山、江、河、老宅等）有着连带关系这一现象。因此，可以认为，生态空间（要素）是"乡愁"的重要承载地。

居民对城市生态空间的依恋性可以反映生态空间所具有的情感性特征。阿恩伯格（Arnberger）等通过研究绿地对城市与郊区居民地方依恋影响的感知差异发现，城市居民虽然拥有更少的绿地空间但对绿地空间使用率更高且有着更为强烈的生态地方依恋②；彼得斯（Peters）等则发现居民在城市公园中休闲游憩可以增强对城市整体的地方依恋感③。尹铎等以鄂尔多斯康巴什为例，研究民族地区城市生态游憩空间居民地方依恋特征，发现鄂尔多斯城市居民对康巴什的生态游憩地方认同感大于地方依恋感，居民对康巴什的生态游憩地方依恋主要源于对康巴什的情感性依恋。此外，蒙古族居民对康巴什的生态游憩地方依恋感、地方认同感与汉族居民存在一定的差异（表 10-8）④。

表 10-8 蒙古族居民与汉族居民的生态游憩地方依恋感知差异对比

	居民地方依恋因子及其项目	均值		标准差		赞成率		反对率	
		汉	蒙	汉	蒙	汉	蒙	汉	蒙
因子 1	生态游憩地方依赖	3.65	3.97	—	—	—	—	—	—
	鄂尔多斯其他地方无法与康巴什相提并论	3.67	4.03	1.244	1.109	56.4%	73.0%	16.2%	8.3%
	欣赏生态园林景观，首先想到的就是康巴什	3.73	3.88	1.157	1.039	59.7%	68.8%	14.9%	11.5%
	这个城区提供了鄂尔多斯其他地方无法提供的休闲游憩条件	3.72	3.96	1.100	1.004	59.7%	70.8%	13.3%	8.4%

---

① 王梦瑶. 潮州古城民间信仰场所空间营造分析[C]//中国建筑学会建筑史学分会、中国科学技术史学会建筑史专业委员会. 2014 年中国建筑史学会年会暨学术研讨会论文集. 中国建筑学会建筑史学分会、中国科学技术史学会建筑史专业委员会：中国建筑学会建筑史学分会，2014：6.

② ARNBERGER A, EDER R. The influence of green space on community attachment of urban and suburban residents[J]. Urban Forestry & Urban Greening, 2012, 11(01): 41-49.

③ PETERS K, ELANDS B, BJIJS A. Social interactions in urban parks: Stimulating social cohesion? [J]. Urban Forestry & Urban Greening, 2020, 9(02): 93-100.

④ 尹铎，倪虻，乌铁红，等. 民族地区城市生态游憩空间居民地方依恋特征研究：以鄂尔多斯康巴什为例[J]. 西北林学院学报，2014，29(05)：249-255.

续表

	居民地方依恋因子及其项目	均值		标准差		赞成率		反对率	
		汉	蒙	汉	蒙	汉	蒙	汉	蒙
因子 1	您对康巴什喜欢程度超过鄂尔多斯其他任何地方	3.54	3.95	1.253	1.040	51.6%	69.8%	20.7%	8.3%
	康巴什比鄂尔多斯其他地方更值得一逛	3.61	4.03	1.209	1.051	56.2%	74.0%	17.7%	10.4%
	生态游憩地方认同	3.73	4.00	—	—	—	—	—	—
因子 2	和外地朋友说到鄂尔多斯，您总会提到康巴什	3.77	4.07	1.137	1.018	62.3%	77.1%	15.1%	9.4%
	出门在外时，您经常想起鄂尔多斯的康巴什	3.85	3.92	1.148	1.111	53.4%	69.8%	16.6%	14.6%
	鄂尔多斯康巴什多对您来说很特别	3.64	3.97	1.147	1.100	54.9%	68.8%	15.4%	10.4%
	您对鄂尔多斯康巴什有着深深的依恋感	3.52	3.83	1.214	1.185	51.0%	69.8%	20.2%	16.7%
	康巴什令您为生活在鄂尔多斯感到骄傲与自豪	3.86	4.20	1.180	1.022	65.4%	77.1%	14.1%	7.3%

来源：尹铎，倪虻，乌铁红，等. 民族地区城市生态游憩空间居民地方依恋特征研究：以鄂尔多斯康巴什为例[J]. 西北林学院学报，2014，29(05)：249-255.

生态空间构成中人的因素对生态空间的情感性产生关键作用。何梅认为："城市生态空间是由土壤、水体、动物、植物等自然因子与人共同组成的综合多元生态系统。"①这说明人与生态空间的自然性相互作用，促成了生态空间情感性的产生与明显化。

在世界范围内，都有佐证人的因素促成生态空间情感性的例子。包括日本的神树信仰、韩国的风水树祈福文化、我国的植物崇拜等。如，曹松叶 1920 年代末曾对浙江省金华城区的 20 多处树神庙进行调查统计，他在《民俗周刊》的《金华一部分神庙一个简单的统计》一文如此记载："槐树庙 2 所，皂树庙 2 所，槐木庙 1 所，柏树庙 1 所，柏树白塔庙 1 所，仙桃庙 1 所，枣树庙 1 所，桐木庙 1 所，棕榈庙 1 所，杨柳七夫人庙 1 所，槐塔庙 1 所，古木庙 1 所，罗汉柏树庙 1 所。"当时金华城区面积不足 2 km^2，而树神庙竟有 15 所之多，可见金华敬树神风俗之盛②。其原因如从生态空间情感性角度解释，可以得出这样的结论：树作为一种生态要素通过庙的空间形式被人们寄托情感。

又如，山西省洪洞县大槐树是全国以"寻根"和"祭祖"为主题的民祭圣地，山西省重点

① 何梅. 特大城市生态空间体系规划与管控研究[M]. 北京：中国建筑工业出版社，2010.

② 郃杰. 从《金枝》到"风水林"：基于"风水树""风水林"的相关民俗学阐释[J]. 名作欣赏，2010(23)：106-109.

文物保护单位，2008年大槐树祭祖习俗被列为国家级非物质文化遗产名录，大槐树被认为是“根祖文化”的发源地。大槐树在中国移民史上可能属于辐射范围最广、影响最大的一个移民发源地。“问我祖先来何处，山西洪洞大槐树”。这句流传了数百年的民谣在华北老一代人中几乎是尽人皆知。大槐树已成为全体山西移民后代心灵上的根，而不管他们的先人来自山西何处①。这与大槐树是山西移民离开家乡时的集散地，是离开家乡时所能望见的具有最深刻印象的标志物有密切关系。从学术角度而言，大槐树巨大的体量(古大槐树处位于洪洞县城北二里许，坐落在汾河岸边。树身数十围，树荫蔽数亩②)所造成的强烈的“意象”，与移民被迫迁移时的群体性悲恸气氛所造成的心理震撼，是促使大槐树成为寄托移民家乡情感的生态空间要素的重要原因。

10.3.10 人因性

指生态空间的各种功能、各种动态无一不与人的因素相关，无一不受人的行为的影响与制约。特别明显的是，生态空间的变化和转移(动态性)与人类的建设行为与居民点空间拓展、社会经济制度政策的导向等有关；生态空间所具有的美学性、情感性均与人对生态空间的主观感受相关，离不开人与生态空间的相互作用。

生态空间的人因性特征与生态空间和人类的邻近性有密切关系；在二者邻近性较高的地区(如城市)，生态空间往往更容易受人的因素的影响。有关生态空间的各类技术指标、规划建设规范和标准等都是由人制定和执行。人的综合素质决定了生态空间规划的水准以及生态空间保护和建设的结果。

从人的属性而言，有空间所有者、空间治理者。从人对生态空间的行为而言，有空间利用和空间管制行为。此外，人对生态空间的认知、人对生态空间的行为属性和特征、使用管制强度等，均会对生态空间的演进状态和质量产生短期和长期的影响。

生态空间的人因性还体现在不同的人群对生态空间的诉求不同。如，高学历人群可能更关注生态环境品质，希望生态空间更富有温度；低学历人群可能更关注生态空间的娱乐休闲功能。青少年对体育休闲空间、公众参与氛围需求较强，中年人群关注亲近自然的机会，老年人群更关注生态空间可达性③。

---

① 安介生，葛剑雄．洪洞大槐树 中国历史上的移民发源地之六[J]．寻根，1997(06)：12-14.

② 杨安祥．问我祖先来何处 山西洪洞大槐树：大槐树迁民历史地位初探[J]．山西师院学报(社会科学版)，1984(03)：44-48.

③ 尚勇敏．城市生态品质建设的居民感知与影响因素分析：基于上海市576份问卷调查的分析[C]//上海市社会科学界联合会．中国特色社会主义：实践探索与理论创新——纪念改革开放四十周年(上海市社会科学界第十六届学术年会文集—2018年度)．上海市社会科学界联合会：上海市社会科学界联合会，2018：17.

10.4 生态空间特征的意义、作用及规划回应

生态空间特征的认知和揭示，对生态空间规划以及国土生态空间规划均具有重要的意义和作用。同时，生态空间的特征也需要在各级、各类的生态空间规划过程中予以回应和体现，这是使生态空间规划满足国土空间规划改革对其的要求，也是生态空间实现其自身价值的必要途径（表 10-9）。

表 10-9 生态空间特征对国土（生态）空间规划的意义作用及规划回应

生态空间特征	对生态空间规划的意义、作用及生态空间规划的回应		对国土空间规划的意义和作用
	对生态空间规划的意义和作用	生态空间规划的回应	
基础性/普遍性	生态空间规划的主要对象； 生态空间规划的价值体现之一	高度重视，全要素规划	国土空间规划的背景和依据之一； 体现了生态空间在国土空间规划体系中的地位
功能性	为人类提供正向服务功能； 人类福祉的重要内容	改善现状不良功能，维持正向功能，优化整体功能的理论、方法	完善国土空间功能体系； 提升国土空间魅力水平
结构性	表征生态空间的视角之一； 维持和优化生态功能的基础	维持优良生态网络和结构，调整有缺陷的结构，优化结构效应	协调生态空间与其他空间类型关系的载体； 优化国土空间整体质量的基础条件之一
地域性	因地制宜，体现地域特色，丰富生态空间类型	在地性规划理论、方法、管控体系	提升国土空间的地域特征，增加国土空间的多样性
品质性	改善生态环境质量，提升生态空间整体性的品质	生态空间品质鉴别理论、方法及优化提升的理论、规范	促使三生空间整体水平提升
动态性	生态空间质量、类型及组合、转化模式处于非稳定状态，对其调控尤为重要	控制生态空间不良变化、维持和优化生态空间良性动态的理论、方法及管理体系	掌控三生空间动态周期； 在动态中科学调控三生空间的演变
公共性/公地性	科学制定生态空间资源的产权制度和利用规制，避免公地悲剧	通过合理科学的管控体系规避生态空间公地性现象，在提升生态空间公共性的同时持续维持其质量	提升公共福祉、限制资源掠夺
景观性/美学性	提升生态空间的价值，是民族自信的载体之一	保护生态空间的景观载体与景观要素； 挖掘提升生态空间景观的历史人文价值	提升国土空间魅力的依据与基础之一
情感性	提示生态空间规划的社会人文维度值得重视	维护、培育积极正向生态空间情感因素的理论、方法	重视国土生态空间的社会心理学属性

续表

生态空间特征	对生态空间规划的意义、作用及生态空间规划的回应		对国土空间规划的意义和作用
	对生态空间规划的意义和作用	生态空间规划的回应	
人因性	生态空间的规划者、管理者、使用者等的综合素养对生态空间规划和建设的结果具有关键作用	生态空间质量优化与人力资本优化同步提升的理论和方法	将人力资本提升与三生空间质量提升视为整体

来源:自制

10.5 生态空间规划若干重要的理论议题

10.5.1 优化性:自然生态空间格局优化构建理论

生态空间规划的主要任务之一是构建具有优良状态的自然生态空间格局。高吉喜等认为,广义的生态空间是指具有自然属性,以提供生态系统服务为主导功能的空间,包括自然生态空间、城镇生态空间和农业生态空间。自然生态空间是指与城镇空间、农业空间并列的,分布在城镇空间与农业空间之外的国土空间,在分布上具有完整性和连续性。基于区域生态学、景观生态学,自然生态空间格局(优化)构建相关的理论主要包括:生态供体-受体双耦合理论、生态格局-过程-功能三位一体理论、生态承载力与生态适宜性理论、阈值理论、生态系统服务权衡理论(表10-10)①。

表10-10 自然生态空间格局优化构建理论

理论名称	相关概念解释	理论内容
生态供体-受体双耦合理论	生态供体是指区域内提供生态系统服务的生态功能体;生态受体是指区域内接受生态系统服务的生态功能体,供体和受体通过水、风和资源等联系起来	(1) 生态供体-受体双耦合理论是指生态供体和生态受体间的地-地耦合和人-地耦合关系,其中,地-地耦合是指生态供体和受体在空间上的配置和相互影响关系;人-地耦合是指区域内自然生态系统与社会经济系统的耦合; (2) 自然生态空间是国土空间内的生态供体,为更大尺度的空间和人类生存提供生态服务和生态产品; (3) 自然生态空间格局构建,既要考虑区域本身的生态重要性,又需考虑与农业空间、城镇空间在空间布局上的相互影响,以及其所提供的物质、能量和信息对区域社会经济的供给能力和耦合关系

① 高吉喜,徐德琳,乔青,等.自然生态空间格局构建与规划理论研究[J].生态学报,2020,40(03):749-755.

续表

理论名称	相关概念解释	理论内容
生态格局-过程-功能三位一体理论	生态格局指生态域内不同生态功能体的空间格局及相互关系；生态过程指生态域内不同生态功能体的物质循环、能量流动的路径和过程；生态功能指生态域基于其生态结构，在各种生态过程中提供服务和产品的能力	(1) 自然生态空间格局的构建需识别生态域内对维护生态过程和生态功能具有重要作用的生态功能体，分析其空间位置和相关关系，以构建功能完整、结构连续的自然生态空间格局； (2) 自然生态空间识别，不仅要考虑生物多样性丰富的区域，同时也要考虑可提供重要生态服务的区域，如大江大河源头区，以及生态脆弱容易发生灾变的区域； (3) 生态供体-受体间的格局稳定、过程流畅、功能匹配是构建自然生态空间格局的基础
生态承载力与生态适宜性理论	生态承载力指：①区域内各类生态系统（生态供体）的自我调节和自我维持的能力，以及为区域内社会经济子系统提供资源环境容量的能力，为生态承载力的支撑力部分；②区域内经济社会子系统对生态系统服务和生态产品的需求量，为生态承载力的压力部分；③生态适宜性指区域内社会经济开发活动与生态环境间的适宜状况和适宜程度	(1) 自然生态空间内特有的生态禀赋与资源环境条件，对整个区域内的人居环境、产业布局与产业结构具有约束性，但同时也是支撑社会经济发展的基础； (2) 城镇空间和农业空间内的产业布局与结构、人口聚集程度等，会引起自然生态空间内生态系统服务的空间流转； (3) 构建自然生态空间格局需以区域生态承载力评价和国土空间开发适宜性评价为前提和基础。基于这两类评价，识别生态承载力面临超载或已超载的地区，以及产业布局、人口聚集等不合理地区，在这些地区更多地规划生态空间并合理构建格局，以匹配区域社会经济发展对生态系统服务和生态产品的需求
阈值理论	阈值指有某种或多种相互作用的负反馈机制存在于系统的各个组成部分之间，其在系统出现一定幅度的偏离时会抑制其继续发展，并进行反向调节，使系统重新回到平衡状态；负反馈机制在系统偏离幅度过大时会失去作用，最终系统将走向失衡和崩溃。导致负反馈机制失去作用的幅度即系统的阈值	(1) 区域生态保护空间格局构建重点需考虑最小保护面积、最小生态安全距离、生态系统服务辐射效应、潜在退化可能性等； (2) 需从格局-过程-退化 3 个重要环节建立生态阈值判定识别技术方法； (3) 自然生态空间面积阈值的确定，需要由生态供体提供生态系统服务的能力和受体需要的承载力两者的匹配度来决定
生态系统服务权衡理论	生态系统服务指人类从生态系统获得的所有惠益，包括供给服务（如提供食物和水）、调节服务（如控制洪水和疾病）、文化服务（如精神、娱乐和文化收益）以及支持服务（如维持地球生命生存环境的养分循环）	(1) 生态系统服务种类的多样性、空间分布的异质性以及人类选择的偏好，使得生态系统服务之间常呈现相互影响、复杂的非线性关系，包含权衡（负向关系）、协同（正向关系）和兼容（无显著关系）等； (2) 依据分析的尺度以及是否可逆，生态系统服务权衡类型包括空间权衡、时间权衡和可逆性权衡； (3) 生态系统服务权衡既存在于区域内部，也存在于区域间；既涵盖当前生态系统服务间的权衡，也包括当前与未来生态系统服务的关系冲突； (4) 依据生态系统服务权衡理论，可有效识别对维持区域生态系统服务至关重要、需重点保护的自然生态空间，并构建能最大限度规避生态风险、保障区域生态安全的自然生态空间格局

来源：作者整理自高吉喜，徐德琳，乔青，等. 自然生态空间格局构建与规划理论研究[J]. 生态学报，2020，40(03)：749-755.

10.5.2 协整性:多类型多层次生态空间一致性理论

人居环境不同的空间分类与层次均与认识对象、规划建设管理的特定目标有关。每一种空间类型均有层次性。以生态空间为例,生态空间可依据生境类型、景观结构、区块(分区)构成、层次构成等来划分。《全国主体功能区划》中将生态空间划分为包括天然草地、林地、湿地、水库水面、河流水面、湖泊水面、荒草地、沙地、盐碱地、高原荒漠等。而上海将生态空间内涵延伸,除了将国家层面定义的生态空间、农业空间和城镇空间中的绿地均纳入生态空间范畴以外,还将近海海域、山体、河湖水系、林地、绿地、湿地、耕地等各类用地均划入生态空间①。尽管无论哪种划分方法,各类及各层次的生态空间要素由于自身的种种特点均在品质、功能等方面显示出清晰的差异,但各要素的分类和层次方面所具有的一致性也是很明显的。

一致性是指多个要素、对象或系统的各个部分之间,以及与外部系统之间在内容、过程、特征、内涵、本质、标准等方面的高度同一性(协同性)。一致性也是有效性、精确性、逻辑性、科学性的表征之一。一致性有内外部之分,前者指对象之间没有冲突或矛盾,状态和关系自洽;一个多要素多层次构成的复杂系统如拥有一致性可产生合力和创新力,从而有效地应对竞争。后者指某要素或某系统与外部要素/外部系统的关系呈现出协同性。

多类型多层次生态空间韧性一致性原理反映了人们希冀生态空间的各个层次及各种类型的功能状态和价值水平具有同一性和相似性,从而更容易获得高效提升和优化。具体内容包括:①不同类型和层次的生态空间的定义与内涵应该是一致的。这可以使得各种生态空间类型具有统一的理论概念范畴,具有统一的评价体系和技术标准,对生态空间研究与规划建设管理都具有积极意义。②不同类型和层次的生态空间类型的规划标准与建设政策,要秉承统一的考量。基本原则是:微观有特色,整体呈和谐,具有一致的逻辑关系。③不同类型和层次的生态空间类型的规划与建设要在一个统一思路的指导下,建立互补共生共享机制,目的是使整体的生态空间的健康水平达到最优化。

10.5.3 坚韧性:生态空间结构鲁棒性-韧弹性耦合理论

界定空间结构有多种角度,包括系统角度、经济角度、功能角度和综合角度,体现了空间结构作为一个人居环境学科和实践的重要概念所具有的丰富性。波恩用系统理论的观点描述城市空间结构的概念,他指出,城市空间结构是以一套组织法则,连接城市形态和城市要素之间的相互作用,并将它们整合成一个城市系统。这一定义不仅指出了城市空

① 郭淳彬.“上海 2035”生态空间规划探索[J].上海城市规划,2018(05):118-124.

间结构的构成要素，又强调了各要素之间的相互作用①。对于生态空间结构而言，鲁棒性和韧弹性（韧性）是提升生态空间的健康水平、活力及生命力的重要内容。

鲁棒性是指系统中部分节点出现随机故障时表现出的“容错性”，以及在被蓄意破坏时仍然能够继续维持其功能的“抵抗力”，也指系统面临内部结构或外部环境的改变时，也能够维持其功能的能力②。鲁棒性又被称为“坚韧性”。生态空间结构的鲁棒性，其一是指生态空间结构所具有的“坚固性”可以抵抗外部环境的负向干扰；其二是指生态空间结构具有长时间抵御不合理的外界干扰的能力，并长久地维持原有的科学、合理、具有适应性的空间结构模式状态。

生态空间结构的韧弹性，以城市为例，则强调城市生态空间结构所具有的一种人们冀愿的理想的状态和能力。指生态空间结构既能够延续历史生态环境所赋予的合理的城市与自然地理环境的良好格局关系，又能够满足现今的城市各项建设发展所需，为人居环境质量的优化和人们的生存环境的改善不断提供各种空间方面的支撑。但是，更重要的是，生态空间结构的韧弹性是指其能够满足城市未来发展的各种极其复杂的不确定性和随机事件对城市所带来的干扰和影响。

在特定情况下，生态空间结构的鲁棒性和韧弹性二者存在着一定的矛盾。前者希望生态空间结构形态呈现一劳永逸的稳定状态，不希望有变化；后者则是强调在顺应变化的过程中寻求稳定。显然后者更符合人居环境空间系统发展的实际，但会带来较大的变化成本。

生态空间结构鲁棒性-韧弹性耦合理论的目的之一就是解决这一矛盾，包括如下内容：

其一，深刻认知生态空间结构鲁棒性-韧弹性耦合所能够获得的巨大的经济、社会和生态环境效益。

其二，在坚持生态空间结构鲁棒性的同时，考虑空间结构的韧弹性；反之也一样。目的是使二者在不同的状态下都能达成一个相对的平衡。

其三，采取多种方式，如规划、政策、财政政策等，设计生态空间结构的弹性机制，预留弹性用地，提高生态空间结构形态的包容性和灵活性，使其能够适应未来的高度的不确定性。如，《上海市城市总体规划（2017—2035 年）》在“发展模式转型”中，提出“弹性适应”和“建立空间留白机制”（规划了 200 km^2 战略预留区）。包括：远近结合，为未来发展留足稀缺资源和战略空间，为不可预期的重大事件和重大项目做好应对准备，提高空间的包容性。以机动指标预留的方式保障区域性重要通道、重大基础设施实施。同时，该规划还提出，创新功能布局弹性模式，主要包括：强化多中心网络化的空间发展格局，采用分布式、单元化空间布局适应城市功能的多样化，同时应对重大技术变革对城市空间结构和土地

① 周春山．城市空间结构与形态[M]．北京：科学出版社，2007．

② 熊文海．世界航运网络的结构特性及其动力学行为研究[D]．青岛：青岛大学，2009．

利用的影响。在生产、生活空间中形成弹性、友好的生态分隔(生态空间)。上海总体规划的“弹性适应”和“空间留白”不失为一种生态空间结构鲁棒性-韧弹性耦合的案例之一。

10.5.4 可持续性:生态空间系统可持续力理论

1987 年,世界环境与发展委员会出版《我们共同的未来》报告,将可持续发展定义为:“既能满足当代人的需要,又不对后代人满足其需要的能力构成危害的发展”,这一定义简练地表征了可持续发展的思想。然而,在很多情况下,需要明确定量地表达可持续发展的程度,此时,“可持续力”(sustainable power)就可很好地承担这一任务。可持续力是以明确的方式表达某一系统、某一领域、某一地域、某一对象等的可持续发展程度和水平的一种理论判断和定量表达。

“可持续力”的国外文献较为关注可持续力资源①、可持续力供应②,可持续力设计③、可持续力生产④等主题;国内文献主要关注可持续力评价⑤。

基于学界已有对可持续力理论的探讨⑥,如将生态空间作为一个生态系统考察,生态空间系统可持续力可以界定为:生态空间具有较长时间维持其结构、功能、质量的稳定性的能力。包括以下几个方面:可利用性(availability)、可及性(accessibility)、可承担性(affordability)、可接受性(acceptability)、可传递性(continuity)。

可利用性原理。为实现韧性与可持续力的协同,应保障生态系统要素及其所承载的生态服务的可利用性,具体包括生态资源应是安全的(如河流、土壤应是未受污染的),生态系统结构应是坚强的(鲁棒性),生态系统本底资源或空间应是富足的(冗余性),生态系统的基因、物种和生境类型应是多样的(有可替代的)。并且,生态系统的可利用性是可以被监控和完善的,从而可以掌握生态系统的状态,确保提供稳定和持续的生态服务功能。

可及性原理。主要体现在生态资源和服务的空间分布上。如在城市中尽管未必能做

---

① INDIRA S S, VAITHILINGAM C A, ORUGANTI K S P, et al. Nanogenerators as a sustainable power source: State of art, applications, and challenges[J]. Nanomaterials, 2019, 9:773-808.

② GOEL S, SHARMA R. Optimal sizing of a biomass-biogas hybrid system for sustainable power supply to a commercial agricultural farm in northern Odisha, India[J]. Environment Development and Sustainability, 2019, 21:2297-2319.

③ PANYAM V, HUANG H, DAVISB K, et al. An ecosystem perspective for the design of sustainable power systems[J]. Procedia CIRP, 2019, 80:269-274.

④ RIVERA-GONZÁLEZ L, BOLONIO D, MAZADIEGO L F, et al. Long-term electricity supply and demand forecast (2018—2040): A LEAP Model application towards a sustainable power generation system in Ecuador[J]. Sustainability, 2019, 11(19): 5316-5335.

⑤ 薛黎明,刘保康,郑志学,等.基于理想点-可拓云模型的煤炭资源可持续力评价[J].自然资源学报,2018(09):1657-1665.

⑥ SHARIFI A, YAMAGATA Y. Principles and criteria for assessing urban energy resilience: A literature review[J]. Renewable and Sustainable Energy Reviews, 2016, 60: 1654-1677.

到每个社区或办公场所都能有充足的生态资源(冗余性),但应尽量保障城市居民能够在接触或到达生态空间享受生态服务的福利上具有相对的社会公平(多样性)。具体评估指标包括 500 m 范围内可达绿地覆盖率,单位面积内的人均绿地面积等。构建城市生态系统的可及性,有助于提升城市社会韧性和综合韧性。

可承担性原理。主要体现在居民享有生态资源或服务时的可支付能力,保障低收入群体或人口高密度地区人群在享有高质量生态资源或服务时,在经济成本或支出(如交通费用)方面的可承担性,或对其社区进行投资营建垂直绿化及其他形式的生态设施建设,等等。生态空间系统服务的可承担性一方面为生态系统的保护所需的资金提供了一种经济保障,增强了生态空间系统的固有韧性(inherent resilience);另一方面有助于缓解和调控人类社会利用生态资源和服务的不平等性,有助于提升社会的和谐性。

可接受性原理。主要体现在社会伦理层面实现人类享用生态空间资源的权利和生态系统自我健康发展的协同性。既保障人类的发展,又不对其他生物赖以生存的生态系统造成难以挽回的损害,实现人与自然和谐共生的社会环境伦理观。具体包括:按照受人类活动影响程度分级管理生态空间资源,留出一定的区域禁止/限制人类涉足或进入(图 10-8);创建生态廊道和保障生态斑块功能所需的面积,增加生态空间系统的连通性和完整性;鼓励社会活动参与生态保护,形成人与自然和谐共生的社会共识,等等。

图 10-8 瑞士苏黎世湖畔隔离游人与生物区域的告示
来源:作者自摄

可传递性原理。主要体现在生态空间的资源属性和生态功能在时间尺度上的延续性。首先,需要强调人类在进行人居环境规划建设的决策时,要认清各个要素之间的生态关系、生态链走向和相互作用的规律。避免发生自以为是改善优化人居环境的举措但实际上却破坏了各个要素之间生态运营的内在机制。如,泰国曼谷运河上极具特色的与水共生的水上社区和街市原来非常繁华,也是当地最受青睐的旅游胜地。但政府为了保护居民免受洪水危害,在河口修建了许多闸门,此举在阻挡洪水的同时,牺牲了行船的便利,因此游客不再光顾,居民也迁至他方。此外,陆路交通和汽车的发展也取代了这座城市对水上交通的依赖,原本与水共生且独具曼谷特色的水上社区和街市更为荒废,随之而来的城市道路拥堵和大气污染也日益加剧①。其次,人居环境发展建设要留出自然生态功能的留白区或缓冲区(预见性、冗余性),保证生态系统在灾害或其他干扰来临的情况下能够保有自我延续和修复的空间(自组织性、适应性等),确保生态资源的再生,而不影响到未来时期的人们对生态资源的享有权利。

10.5.5 共生性:人-生物和谐共生理论

基于人类视角,容易将生态空间视为人类的势力范围,将生态空间视作人类享受生态服务功能的专属领地,将人凌驾于生态空间之上。这种观念实际上在一定程度上体现了人类的“傲慢性”,势必对生态空间规划建设产生负面影响,也是生态空间规划建设水平不高的表现和原因之一。需要认识到,将人类与生态空间(尤其是自然生态空间)的协调共生作为生态空间规划的指导理论是高水平和高层次生态空间规划建设的核心表征。如,早期的荷兰农业发展仅仅关注产量,但随着荷兰农产品出口成为仅次于美国的世界第二出口国,荷兰的生物多样性也降低至欧洲的低水平国家之列。在此情况下,荷兰转变了农业发展宗旨,重新开始考虑和重视农业对提高生物多样性的正面影响和作用;在农田和农业系统规划建设过程中,采取各种手段提升荷兰的鸟类、动物、昆虫等的生物多样性水平。他们发现,在农田中增加的自然景观元素(农田以外的供生物觅食和栖息用地)比例上升7%,蝴蝶和鸟类的种类就能上升64%和74%②。又如,苏州工业园规划了园区内部的一条连贯的生物通道,且设计了工业园内部北向、西向两个方向的生物迁徙路径,以达到有效提升该园生物多样性水平的目的。此外,上海崇明岛专门对刺猬在该岛的生活栖息迁移通道进行识别,在规划中予以最大限度的满足和优化;澳大利亚莫隆洛谷地(Molonglo Valley)林地规划将鸟类保护纳入城市设计(表10-11);瑞士苏黎世湖畔专为保护生物而开辟的隔绝游人的区域;加拿大温哥华市绿色空间规划中分别设计的“禁入区”和“准入区”(图10-9)——以上将人类与生物的共生发展作为规划考量的做法,体现了追求人与自然和谐的价值观,在思想与价值观层次上远远高于单纯将人类需求的满足作为生态空间规划唯一与终极目标的层次水准。从利益角度而言,生态空间规划建设在某种程度上

① 俞孔坚.基于自然,让自然做功:国土空间规划与生态修复之本[J].景观设计学,2020,8(01):6-9+4-5.
② 数据来源:https://www.sohu.com/a/282261019_657688。

要求平衡人与自然的关系；在特定的情况下，科学的生态空间规划建设的表现之一是人类向人类以外其他生物利益的主动渡让，其体现了人的思维与价值观的层次，并且最终决定了生态空间规划建设的品质。

表 10-11 澳大利亚莫隆洛谷地将林地鸟类纳入城市设计的建议

建议	措施		受益物种列举
	城市地区	半城市地区	
保留桉树林地	围绕现存的大型桉树林地进行设计和开发； 将小型林地纳入城市开放空间	积极管理林地以提升林地的健康水平和林地的功能	褐刺嘴莺、深红玫瑰鹦鹉
保留高质量的河岸地区	在河流与城市区域之间规划足够的缓冲区； 限制河岸地区的娱乐活动	恢复原生的木本树和灌木覆盖； 以地方性植物替代杂草	灰扇尾鹟、白眉丝刺莺
在景观区域的其余部分保留分散的树	围绕现存分散的树林规划城市开放空间； 减少树林周围的高强度经营	不清理零散树木	澳洲啄花鸟
通过再生措施促进树木的更替	保护再生林； 通过积极植树模拟自然再生	采用低投入、快速轮牧的做法	棕尾刺嘴莺
保持一个具有复杂结构的栖息地	维持或加强城市开放空间内的凋落物、灌木和原木覆盖	避免“农场式整理”的做法； 在移走黑莓之前种植本地的能结果实或开花的灌木	华丽细尾鹩莺、玫瑰鹦鹉、红眉火尾雀、灰胸绣眼鸟

来源：STAGOLL K, MANNING A D, KNIGHT E, et al. Using bird-habitat relationships to inform urban planning [J]. Landscape and urban planning, 2010, 98(01): 13-25.

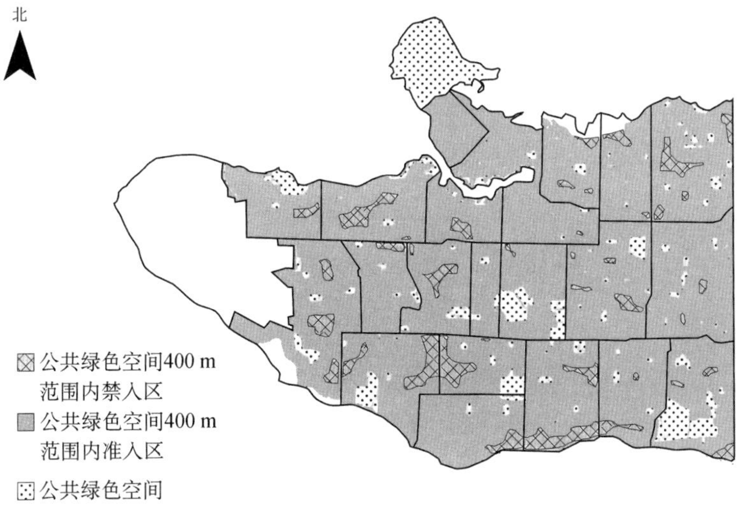

图 10-9 温哥华市绿色空间

来源：City of Vancouver: Greenest City 2020 Action Plan，转引自王煊. 国外生态城市建设、管理经验与启示[J]. 世界农业，2016(05)：53-58.

10.6 生态空间规划若干重要的实践议题

10.6.1 关键性生态空间识别

关键性生态空间是保障区域水资源安全、生物多样性保护安全、地质灾害防护安全、水土保持安全、维护区域景观格局完整性和连续性等的基础性用地空间。此外，关键性生态空间承担着维护区域生命土地健康的重要使命。任一单元的土地都可能承担多种生态过程，从空间上将区域重要的生态服务功能和面临的主要生态危机作为辨识指标可以较为全面地反映出区域的关键性生态空间。关键性生态空间辨识对区域土地利用规划、永久基本农田划定以及构建生态安全的土地利用格局都有较大的参考意义。国外对区域关键性生态空间辨识，主要集中在生物多样性保护空间辨识、水安全防护空间辨识、水土流失防护空间辨识和绿色空间辨识等方面。国内对区域关键性生态空间辨识的研究，主要集中在景观格局演变、指标体系评价、规划调控和生态安全格局等方面①。

谢花林等以自然生态环境脆弱的鄱阳湖生态经济区为研究区，结合国内外学者的相关实践经验和研究成果，基于 RS 和 GIS 等相关空间信息技术，分别从生态系统服务功能重要性和生态系统敏感性两个方面，选取水源涵养、土壤保持、洪水调蓄、生物多样性保护、水土流失以及地质灾害等六个单因子生态过程，构建了区域关键性生态空间辨识方法，并基于 RS 和 GIS 等相关空间信息技术以栅格（250 m×250 m）为单元对研究区进行关键性生态空间辨识。结果如表 10-12、表 10-13 所示②。

表 10-12 鄱阳湖生态经济区关键性生态空间辨识结果

关键性生态空间类型	面积（km^2）	百分比	累积百分比
底线型生态空间	17 125.31	32.43%	32.43%
危机型生态空间	4 431.19	8.39%	40.82%
缓冲型生态空间	6 194.75	11.73%	52.55%
非关键性生态空间	25 051.63	47.45%	100.00%

来源：谢花林，姚干，何亚芬，等. 基于 GIS 的关键性生态空间辨识：以鄱阳湖生态经济区为例[J]. 生态学报，2018，38（16）：5926-5937.

① 谢花林，姚干，何亚芬，等. 基于 GIS 的关键性生态空间辨识：以鄱阳湖生态经济区为例[J]. 生态学报，2018，38（16）：5926-5937.

② 同上。

表 10-13　鄱阳湖生态经济区现状土地利用生态安全冲突区

关键性生态空间级别	建设用地(hm²)	百分比	耕地面积(hm²)	百分比
非关键性生态区	145 947.49	90.69%	1 776 972.53	85.71%
缓冲生态区	5 465.78	3.39%	103 083.95	4.97%
危机生态区	2 427.03	1.51%	42 377.08	2.04%
底线生态区	7 082.38	4.40%	150 698.68	7.27%
合计	160 922.68	100.00%	2 073 132.24	100.00%

来源：谢花林，姚干，何亚芬，等. 基于 GIS 的关键性生态空间辨识：以鄱阳湖生态经济区为例[J]. 生态学报，2018，38(16)：5926-5937.

由表 10-13 可见，2010 年鄱阳湖生态经济区中两类人类活动剧烈的土地利用类型中，超过 90%的建设用地处于生态安全或生态较为安全的空间内；6%左右的建设用地处于脆弱甚至极脆弱的生态环境中，这些区域的建设用地一方面存在着较大的生命财产风险，另一方面它们的存在对区域自然环境、生态安全也构成极大的威胁。而在耕地利用中，有接近 90%的农用地处于安全或者较安全的区域中，而约有 10%的耕地是处于脆弱甚至是极脆弱的生态环境中，这部分耕地的存在对区域生态环境构成了较大的威胁。

张亮、岳文泽以杭州市为研究区，从城市生态斑块的自然、人工以及自然-人工交互的属性特征 3 个方面选取了 12 个评价因子建立辨识指标体系(图 10-10、表 10-14)，采用空间加权叠加的方法评价生态空间强度，并识别核心型、辅助型、底线型生态空间和非生态空间 4 种类型(表 10-15)。① 研究表明：①建立的辨识体系较好地反映了城市生态空间分布情况，适用于城市生态空间识别。②核心生态空间以林地为主要用地类型，集中分布在

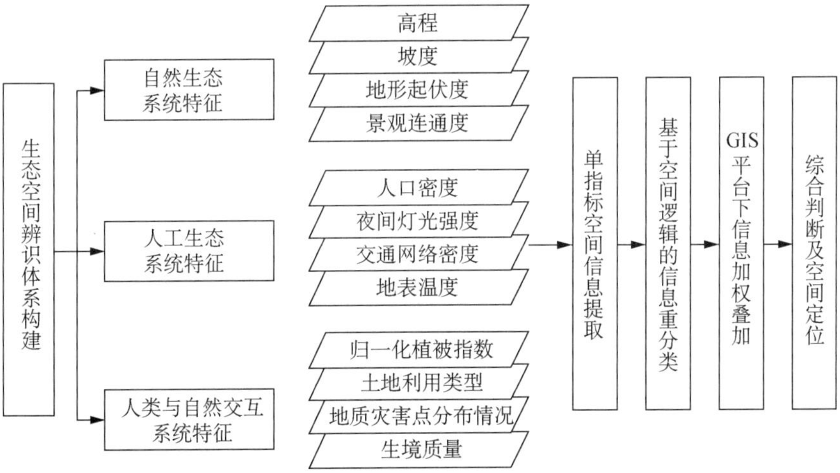

图 10-10　杭州市生态空间辨识技术路线

来源：张亮，岳文泽. 城市生态空间多元综合识别研究：以杭州市为例[J]. 生态学报，2019，39(17)：6460-6468.

① 张亮，岳文泽. 城市生态空间多元综合识别研究：以杭州市为例[J]. 生态学报，2019，39(17)：6460-6468.

城市西翼，辅助型生态空间围绕核心生态空间周边。两类生态空间分别占总面积的21.28%、20.33%。③杭州市生态空间在分布上呈现出局部聚集的特征。以北部余杭区分布最为集中，且斑块连通度较高。城市不同区域生态空间分布特征具有较大差异性，针对其空间分布与生态功能提出不同的管理建设措施，能够为研究区未来的生态基础设施建设与维护提供科学依据。

表 10-14　杭州市生态空间辨识指标体系与权重

准则	指标	指标提取或计算公式	权重
自然因素影响	高程	数字高程模型 DEM	0.01
	坡度	根据 DEM 获取坡度信息	0.03
	地形起伏度	根据 DEM 获取地形起伏度信息	0.01
	景观连通度	—	0.11
人类影响	人口密度	以街道人口和街道面积计算人口密度	0.03
	夜间灯光强度	研究区界线裁切 DMSP/OIS 夜间灯光数据	0.05
	交通网络密度	以交通线路进行线密度分析	0.03
	地表温度	landsat8 遥感影像采用辐射传输方程法计算	0.03
自然与人类共同影响	归一化植被指数	landsat8 多元谱遥感影像数据计算	0.05
	土地利用类型	划分为耕地、园地、林地、建设用地、水域、湿地和未利用地 7 种类型	0.60
	地质灾害点分布情况	根据地质灾害调查资料将地质灾害点上图后进行点密度分析	0.03
	生境质量	INVEST 模型 Habit Quality 模块计算	0.02

注：略有简化。
来源：张亮，岳文泽. 城市生态空间多元综合识别研究：以杭州市为例[J]. 生态学报，2019，39(17)：6460-6468.

表 10-15　杭州市城市生态空间的类型组成

生态空间类型	各类生态空间用地类型、状态、性质、功能等				
	主要用地类型	状态描述	性质概括	主要功能	占总面积比重
核心型生态空间	林地（生态保护区）	生态斑块分布集中，自然面貌保护较好	生态保护的重点区域	水源涵养、森林生态保育、空气调节、水源供应、生物多样性保育	21.28%
辅助型生态空间	耕地、水域、湿地、林地等	以城市湿地保育区和优质耕地区为主	城市生态控制与协调以及发展生态农业的重要区域	为核心型生态空间提供保护屏障和缓冲地带	20.33%

续表

生态空间类型	各类生态空间用地类型、状态、性质、功能等				
	主要用地类型	状态描述	性质概括	主要功能	占总面积比重
底线型生态空间	耕地、园地等为主	受人类活动影响，生态功能较弱	生态因素和人类活动的主要交互区域	提供生态农产品生产以及观光休闲娱乐等功能	23.39%
非生态空间	以建设用地为主	受人类活动影响	公园、绿地、绿化带	为建设服务	35.00%

来源：整理自张亮，岳文泽．城市生态空间多元综合识别研究：以杭州市为例[J]．生态学报，2019，39(17)：6460-6468.

10.6.2 自然生态空间格局优化构建及规划技术要点

自然生态空间格局优化构建的最终目的是对国土空间开发行为进行科学管控，理顺保护与发展的关系，最终达到保护重要生态空间及促进区域可持续发展的目的，其优化构建及规划技术要点如下①。

1）以生态保护需求和国土空间开发适宜性，而非现状构建和规划自然生态空间格局

我国的国土空间开发方式已经从侧重社会经济发展转变为城镇空间、农业空间及生态空间的协调共生发展。我国当前的生态用地、自然保护地等的数量、规模、空间配置等现状，在不同的区域和社会经济发展条件下，有可能不能满足面向未来的国土空间结构优化和空间规划体系构建的要求。生态空间规划是改变这种情况的重要契机。作为前瞻性规划，生态空间规划不是基于现状的画圈和圈地，而是需要以生态保护需求和国土空间开发适宜性为基础，纵向优化现状与未来的自然生态空间配置，最终实现社会、经济、生态效益相统一。

2）以生态功能，而非生态用地类型为导向规划自然生态空间格局

自然生态空间的核心属性是生态功能，建立"山清水秀"的自然生态空间本质上是因应人们对生态功能的需求。由于生态用地在数量、空间上相对容易测算，因此目前自然生态空间规划往往会以生态用地类型为导向，将林地、草地、湿地等生态用地归为自然生态空间。但是，单纯从生态用地的角度规划自然生态空间，会遗漏部分能够发挥生态功能、提供生态系统服务的潜在区域。因此自然生态空间规划不应拘泥于用地类型现状，而应将区域内能够发挥重要生态功能、提供生态系统服务的区域都划入，并在条件成熟后逐步

① 高吉喜，徐德琳，乔青，等．自然生态空间格局构建与规划理论研究[J]．生态学报，2020，40(03)：749-755.

退出与生态功能不相符的产业。

3）以保持生态相对完整性为目的，而非追求纯生态用地划定自然生态空间格局

由于我国一直缺乏对自然生态空间的合理规划，导致目前自然生态空间中存在着不同规模的城镇建设用地、农业用地等非生态用地。对于人类已经长期开发的区域，很难得到纯粹的自然生态空间，但为了保持其连续性和完整性，在自然生态空间里并存一些分散的非生态用地是不可避免的，在划定自然生态空间的过程中没有必要强行把这些非生态用地划出去。同时，考虑到生态保护与社会经济发展的协调性，对于如划入自然生态空间容易引起社会矛盾的永久性基本农田等非生态用地，也可暂时不划入自然生态空间，待条件成熟时进行产业、人口退出后再划入生态空间。

4）从供体-受体关系布局自然生态空间格局

结构完整、功能优化的自然生态空间格局对于维护区域生态安全、建立合理优化的国土空间开发格局发挥着重要作用。在国土空间规划中，自然生态空间、城镇空间、农业空间三者的数量配比与空间配置显得尤为重要。以区域生态学供体-受体理论为指导，通过开展生态功能供体（自然生态空间）与生态功能受体（城镇空间、农业空间）在结构完整性、功能匹配性、过程连续性等方面的综合评估，确定自然生态空间、城镇空间、农业空间三者的协调性与适宜性，可使自然生态空间在布局和规模上能够满足社会经济发展的需求，从而为合理构建自然生态空间格局提供科学依据。

5）从重要生态功能维护、人居环境屏障和生物多样性维护等角度综合构建自然生态空间格局

从维护重要生态系统服务、减缓自然灾害、保护生物资源等角度出发，将自然生态空间划分为重要生态功能区、生态脆弱敏感区、关键物种生境等多种类型。围绕不同自然生态空间类型分别开展重要生态功能维护、人居环境屏障和生物多样性等评价、分析和模拟，基于生态格局-过程-功能相互关系，整合生态廊道分析、保护空缺识别等多种方法，并借助 GIS 空间分析技术分别开展自然生态空间重要生态功能保格局、人居环境生态屏障格局和生物多样性维护安全格局等多种格局构建。在此基础上，综合叠加形成自然生态空间格局。

6）基于生态保护红线构建自然生态空间格局

生态保护红线是在自然生态空间内划定的，具有特殊重要生态功能，必须强制性严格保护的区域，是自然生态空间内最重要和最核心的部分。《关于划定并严守生态保护红线的若干意见》中明确要求，2020 年年底前，全面完成全国生态保护红线划定，勘界

定标，基本建立生态保护红线制度，国土生态空间得到优化和有效保护，生态功能保持稳定，国家生态安全格局更加完善。生态保护红线划定后，相关规划要符合生态保护红线空间管控要求，不符合的要及时进行调整。国土空间规划编制以及自然生态空间格局规划要将生态保护红线作为重要基础，发挥生态保护红线对于国土空间开发的底线作用。

10.6.3 协调竞-合的生态空间规划

生态空间与人类生产生活空间、生态空间与城镇空间、农业空间类型均存在着竞争（冲突）关系（图 10-11）。有效地协调生态空间与其他空间之间的竞争关系，使三种生态空间之间具有很好的合作关系，是生态文明背景下生态空间规划的重要内容之一。

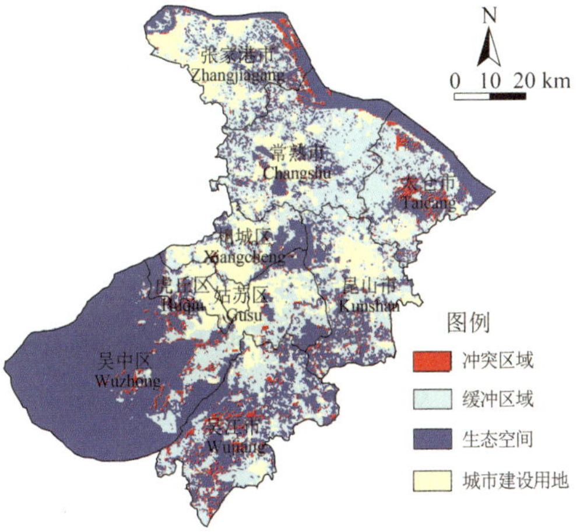

图 10-11 苏州市生态空间与城市扩张冲突
来源：徐华连，高伟龙，陈思，等. 基于 GIS 的苏南地区城市生态空间划定：以苏州市为例[J]. 生态学杂志，2020，39(02)：614-624.

城镇空间与农业空间对自然生态空间的挤占是空间竞争的重要表现。沈悦等根据各类国土空间的含义和空间演变的形态特征，将国土空间表达为三个范围有交叉的圆，三个圆的面积之和为国土空间总规模（图 10-12）①。人类的发展或扩张意愿使得城镇空间与农业空间具有侵占自然生态空间的明显态势；城镇空间和农业空间（挤占方）面积的增加势必伴随着生态空间（被挤占方）的减少。减少的程度主要受地形、景观类型、自然资源禀赋、发展需求等影响。一般地形变化起伏越小，社会活动弧向下移动速度越快；山区自然景观空间被侵占的可能性要明显低于平原区，森林景观相对草原、滩涂等

① 沈悦，刘天科，周璞. 自然生态空间用途管制理论分析及管制策略研究[J]. 中国土地科学，2017，31(12)：17-24.

被侵占的可能性较低，混合景观的生态风险最高，混合空间占区域范围比例越大，受区域快速城市化过程的影响越为明显，社会活动弧向下移动速度越快；自然资源禀赋越高，经济发展对资源的依赖越明显，社会活动弧向下移动速度就越快；地域区位发展需求越旺盛，社会活动弧向下移动速度越快。如无人类正确的干预，生态空间将持续不断被城镇空间和农业空间侵蚀，直至人口增长停止或人口衰减、人类生产生活的需求减弱为止。

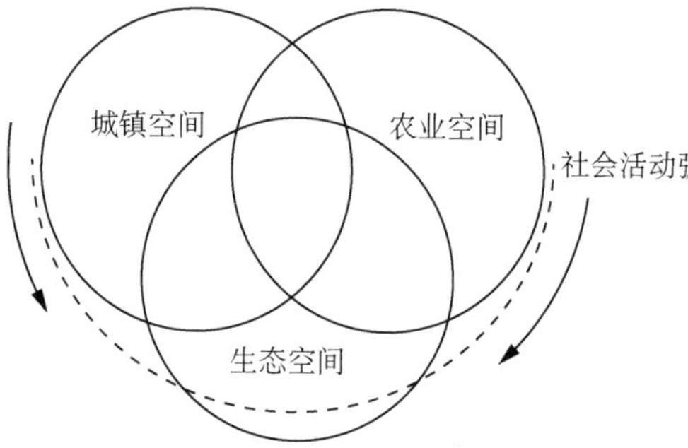

图 10-12 行为主体对“三生”空间作用的传导机制
来源：沈悦，刘天科，周璞. 自然生态空间用途管制理论分析及管制策略研究[J]. 中国土地科学，2017，31(12)：17-24.

然而，生态空间也并不一定意味着总是受到挤占。在人类的科学管控下，生态空间也能与其他空间类型产生合作与共生关系，从而实现可持续发展。

游上等分析了海南省代表性共享农庄的生活、生产和生态空间演化过程①。认为生活空间是民宿聚落内部居民衣食住行、进行日常交往的场所，同时也是外来游客居住和活动的场域。生活离不开物质基础，为了保持物质与生活的一致，生产空间随之出现，包括农耕用地、旅游住宿、餐饮、购物以及娱乐场所等。生产空间不仅是物质产出场所，更是满足人们精神需求的精神产出场域。而生态空间是生活和生产的先决条件；生态空间界定了居民和游客活动的范围，不仅为其生活提供了栖居场所、为生产提供农耕用地，而且由于特定的地形地貌及当地原生态文化，形成了其独有的体验空间。同时存在于乡村民宿聚落的生活、生产以及生态空间之间互相影响，互相制约，形成不可分割的综合系统。乡村民宿聚落的“三生”空间内部系统表现出自行衍生、互相适应与协同发展的现象，体现出自组织特性，具有共生和合作发展的明显趋势（图 10-13）。

① 游上，江景峰，谢蕴怡. 自组织理论视角下乡村民宿聚落“三生”空间的重构优化：以海南省代表性共享农庄为例[J]. 东南学术，2019(03)：71-80.

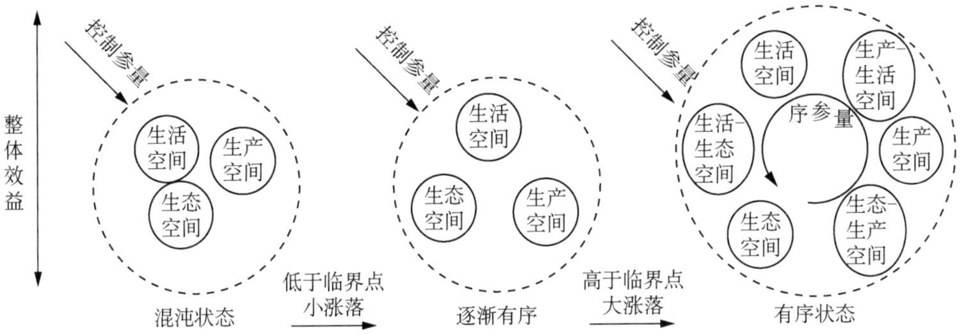

图 10-13 民宿聚落“三生”空间自组织演化理论示意

来源：游上，江景峰，谢蕴怡. 自组织理论视角下乡村民宿聚落“三生”空间的重构优化：以海南省代表性共享农庄为例[J]. 东南学术，2019(03)：71-80.

海南省乡村民宿聚落“三生”空间演化有过渡式、聚合式和融合式三种模式(表 10-16)，其空间演化有政府政策、旅游市场需求和生产技术等外部动因，以及自然地理条件、交通因素和当地居民自主意识等内部动因。由图 10-14 可见，乡村民宿聚落“三生”空间协同演化优化模型的三生空间优化结构的主要元素为“复合空间”，包括生态-生活复合空间、生产-生活复合空间、生态-生产复合空间。其三生空间合作优化措施主要包括打造生态环境和生态产业、扩张公共空间、产业转型、营造生态文化、建立生态警戒线等。

基于竞-合思维的生态空间规划提示我们要控制生态空间与其他空间的冲突关系和冲突强度，变阻力为推力，最大限度地发挥生态空间与其他空间类型的合作与共生关系的积极效应，为改善和优化生态空间提供坚实的基础。

表 10-16 海南省乡村民宿聚落“三生”空间演化模式及过程

演化模式	演化序参量	演化空间	演化过程	演化结果	典型案例
过渡式	宜居指向	生态→生活	山地—平原/湖泊	山区聚落逐渐消失，平原聚落逐渐扩大	冯塘村/冯塘绿园共享农庄
聚合式	中心地指向	生活→生产	自然村—中心村	聚落由零散分布向功能中心聚集	仁里村/石斛居民宿聚落
融合式	功能指向	生产→生态	生产功能区—生态功能区	聚落生产空间与生态空间相融合	石桥村/田园梦想共享农庄

来源：游上，江景峰，谢蕴怡. 自组织理论视角下乡村民宿聚落“三生”空间的重构优化：以海南省代表性共享农庄为例[J]. 东南学术，2019(03)：71-80.

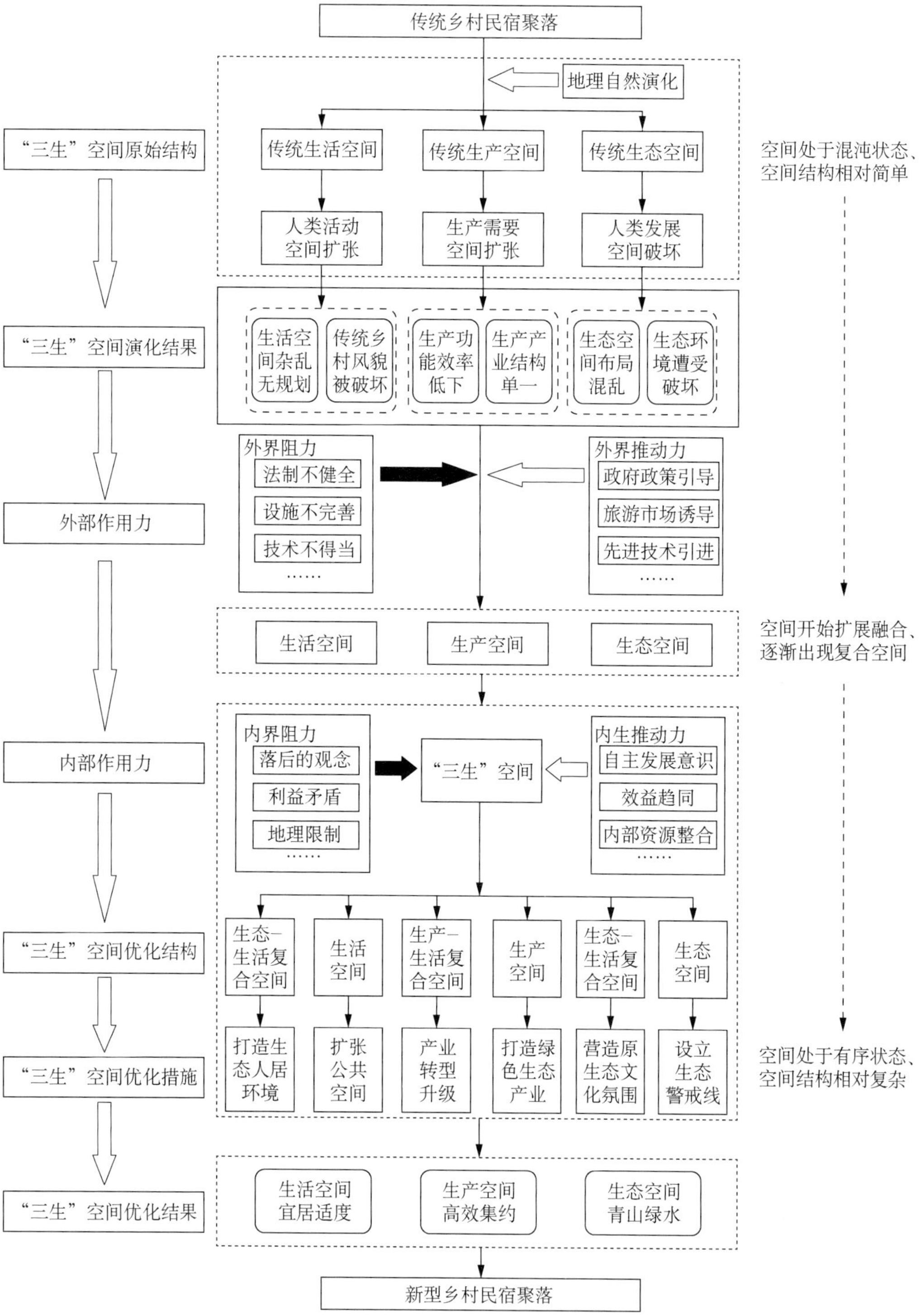

图 10-14　乡村民宿聚落"三生"空间协同演化优化模型

来源：游上，江景峰，谢蕴怡. 自组织理论视角下乡村民宿聚落"三生"空间的重构优化：以海南省代表性共享农庄为例[J]. 东南学术，2019(03)：71-80.

10.6.4 基于景感生态学的生态空间规划

1) 景感生态学理论简介

景感生态学(landsenses ecology)是指以可持续发展为目标,基于生态学的基本原理,从自然要素、物理感知、心理感知、社会经济、过程与风险等相关方面,研究土地利用规划、建设与管理的学科①。景感生态学提倡在规划过程中不仅关注空间的格局,也关注城市中的人的感受。景感生态学与景感营造的目的不仅是要保持、改善和增加生态系统服务,更重要的是使人们在享有生态系统服务的同时自觉保持、改善、增加生态系统服务的"可持续发展意识及相关理念"。景感生态学强调对城市中物理感知和心理认知的关注,所以提升城市生态空间服务水平,不仅要关注城市生态空间的景观格局,也要关注城市的视觉空间格局②。景感生态学理论的若干内容见表 10-17。

表 10-17 景感生态学理论的若干内容

与理论相关的概念	释义
物理感知与心理认知	在景感生态学中,物理感知与心理认知具有交互性,二者相互影响,相互促进
愿景与载体	能引导或规范人们行为的目标称为愿景,能够承载某一或某些愿景的要素称为载体
愿景的双向性	设计者通过景感营造的方式将愿景融入景感载体,实现设计者与人们之间的共鸣,从而引导人们在享用生态系统服务的同时主动地去保持、改善和提升生态系统服务
景感营造	构思和构筑景感的整个过程称为景感营造。景感营造的目的是保持、改善和提升"可持续发展意识及其相关理念"的生态系统服务
双格局	景感生态学强调对城市中物理感知和心理认知的关注;提升生态空间服务水平,不仅关注生态空间的景观格局,也关注视觉空间格局。视觉空间一方面具有表征城市外观和整体风貌的作用,另一方面也提供了人与自然和谐共生的生态空间。景观格局具有客观性,视觉空间格局具有主观性
景感营造原则	双向性、顺势性、组合性、物理感知性、心理认知性、文化性、渐进性
景感营造方式	①借助已有载体,将愿景融入其中使其成为景感;②根据愿景需要改造已有载体并将愿景融入其中,使其成为景感;③新构建载体

来源:整理自赵萌,张雪琦,张永霖,等. 基于景感生态学的城市生态空间服务提升研究:以北京市顺义区为例[J]. 生态学报,2020,40(22):8075-8084.

---

① ZHAO J Z, LIU X, DONG R C, et al. Landsenses ecology and ecological planning toward sustainable development[J]. International Journal of Sustainable Development & World Ecology, 2016,23(04):293-297.

② 赵萌,张雪琦,张永霖,等. 基于景感生态学的城市生态空间服务提升研究:以北京市顺义区为例[J]. 生态学报,2020,40(22):8075-8084.

2）基于景感生态学的北京市顺义区生态空间服务水平提升规划

赵萌等(2020)将景感生态学理论应用于北京市顺义区生态空间服务水平的研究和规划，主要内容如下①。

(1) 核心愿景确定

愿景是能引导或规范人们行为的目标。由表 10-17 可见，设计者通过景感营造的方式将愿景融入景感载体，实现使用者与景感之间的共鸣，从而引导人们在享用生态系统服务的同时主动地去保持、改善和提升生态系统服务水平。景感营造的三种方式中有两种与愿景相关，可说明愿景的重要性。愿景的确定是生态空间服务水平优化中的一个基础工作。赵萌等以顺义区城市生态空间为载体，提出了生态空间景观格局优化、视觉空间格局优化、生态空间科学规划及管控、生态系统服务综合提升四个核心愿景。并将这四个核心愿景与景感营造方式通过已有载体、改造载体和新载体产生双向反馈关系，为景感生态学应用于生态空间服务水平提升奠定了基础。

(2) 视觉空间格局分析

该案例通过绿视率来表达视觉空间格局(图 10-15)。绿视率指行人正常视野范围内所接触到的绿色植被所占的图像的比例，反映了行人对周围绿色环境的感知程度。绿视率对提高居民生态环境品质感受具有重要作用。

由图 10-15 可见，顺义区境内部分等级的道路绿视率相对较低，具有较大的提升空间。高速公路和较低等级的道路多具有较高的绿视率；县域道路绿视率空间分布不均衡，区中心地区的道路绿视率普遍偏低，大多处于中等以下水平(绿视率小于 0.35)，而东部和西部区域道路拥有较高的绿视率，大多处于中等以上水平。将绿视率位于(0，0.15)、(0.15，0.25)、(0.25，0.35)、(0.35，0.5)、(0.5，1.0)区间内的道路分别划分为高、较高、中、较低、低五个等级，对应的路段长度分别占道路总长度的 20%、17%、22%、22%、19%，具有中等以下绿视率的路段长度占比近 60%，具有中等以上水平尤其是较高水平(郁闭度较高的林荫路)绿视率路段较少。

(3) 视觉空间格局优化

绿视率作为评估人居环境视觉感知的指标，属于景感生态学中的物理感知。绿视率的改善可以降低负面情绪、缓解压力、提升记忆力等，从而影响到人们的心理感受。由顺义区主要道路绿视率分析结果(图 10-15)可见，顺义区城区中心地区，尤其是东六环和京沈路以西、右堤路和左堤路以东、外环路以北、白马路和昌金路以南区域呈现沿潮白河带走向的道路绿视率连片较低状态，应重点关注。规划建议对顺义区主要道路绿视率低聚

① 赵萌，张雪琦，张永霖，等. 基于景感生态学的城市生态空间服务提升研究：以北京市顺义区为例[J]. 生态学报，2020，40(22)：8075-8084.

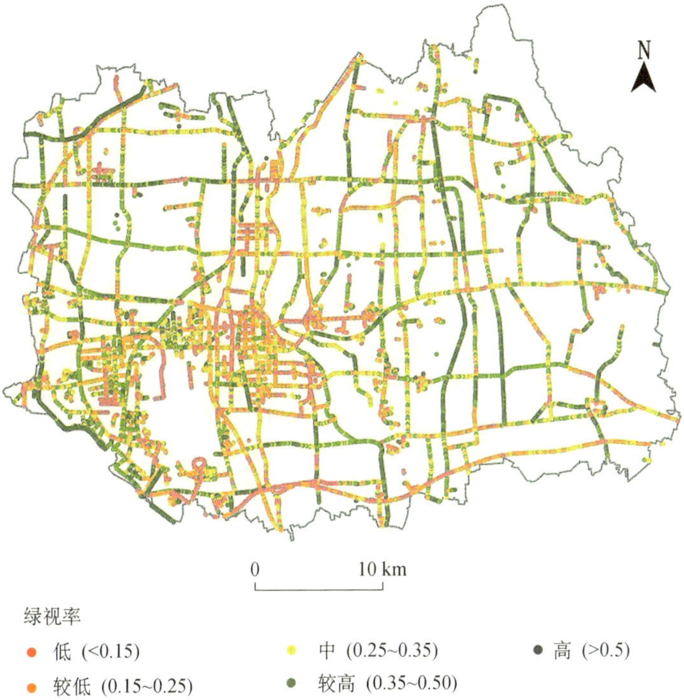

图 10-15 北京市顺义区绿视率计算结果

来源：赵萌，张雪琦，张永霖，等. 基于景感生态学的城市生态空间服务提升研究：以北京市顺义区为例[J]. 生态学报，2020，40(22)：8075-8084.

集区进行整体改造和生态功能提升。在绿视率连片较低的路段补植行道树，提升街道绿化质量。通过“见缝插绿”式的地面绿化、围墙绿化等微绿地景感营造途径，以及鼓励建设乔木林荫道，改善绿色廊道格局。同时营造一些视觉人文景观，如结合当地的传统文化设计顺义符号、景观雕塑以及视觉轴线等，增强文化认同和场景觉察，提升顺义区视觉空间景感品质，提升顺义区生态空间休闲游憩服务水平。

(4) 生态空间服务水平提升技术路线

以景感生态学理论和方法运用于提升顺义区生态空间服务水平提升，是本案例的重要特点。顺义区的生态空间服务水平提升技术路线包括四个板块。其一为愿景分析，其二为景感营造原则，其三为景感营造方式，其四为景感营造措施(图 10-16)。

10.6.5 提升生态空间规划的科学性

科学性具有明确性、自洽性、机理性、学理性与合理性，科学性实际上是“自然之理”与“人类之慧”的结晶①。科学性导向的生态空间规划应将生态内涵与科学内涵紧密关联，

① 沈清基，象伟宁，程相占，等. 生态智慧与生态实践之同济宣言[J]. 城市规划学刊，2016(05)：127-129.

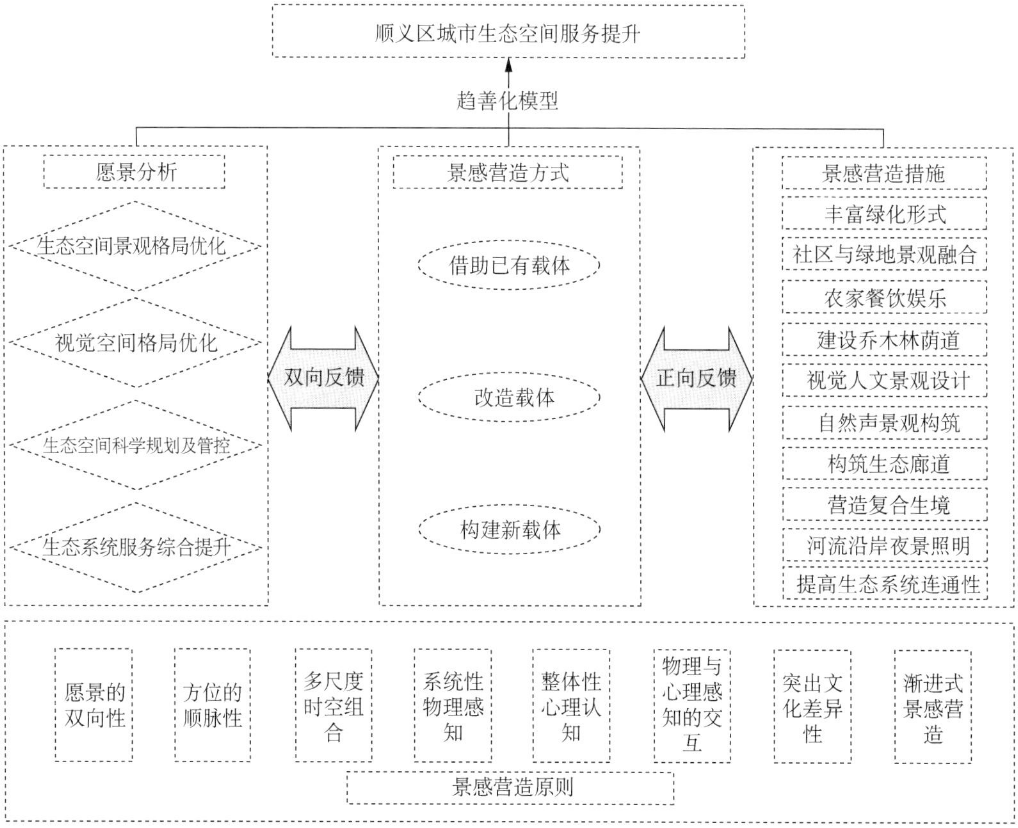

图 10-16　基于景感生态学的顺义区城市生态空间服务提升概念图

来源：赵萌，张雪琦，张永霖，等. 基于景感生态学的城市生态空间服务提升研究：以北京市顺义区为例[J]. 生态学报，2020，40(22)：8075-8084.

以便使生态空间规划成果既能准确完整地反映生态规律和生态学原理，又具备高效性、智能性和科学性特征。

2014 年 2 月，习近平总书记指出："规划科学是最大的效益，规划失误是最大的浪费，规划折腾是最大的忌讳。"①生态空间规划的科学性是提升生态空间的价值和品质的重要一环，具有丰富的内容，以下择要叙述。

1）依循自然地理条件开展生态空间规划

生态空间的地域性特征决定了生态空间规划必须高度重视和充分利用地方性的自然地理条件进行生态空间规划，并根据山水体系特色确定规划原则。这属于《中共中央 国务院关于建立国土空间规划体系并监督实施的若干意见》中"科学布局……生态空间"的

① 引自 https://www.chinanews.com.cn/gn/2015/10-29/7594594.shtml。

范畴。前者可以武汉市恢复城市优质原始地貌的规划建设为例，后者可以宜春市空间规划原则为例。

优质原始地貌具有景观性、地域性、稀缺性和独特的优良生态效应，成为城市特色魅力的重要组成部分。在高度城市化的今天，纯粹、彻底的城市优质原始地貌的恢复具有相当的难度。然而，城市优质地貌格局的恢复还是有较大的可能性。武汉市提出在已经破坏的地貌资源上复苏武汉市的优质原始地貌，保持“城中山”“城中湖”“城中河”的地貌格局，利用武汉城市特有的自然地貌来提升武汉的城市建设品质。其中，如何将长江水引入东湖，使东湖水和长江水连通而形成一个循环的水系成为一个重要研究课题。2002 年 9 月，“水专项”启动，为武汉城中湖再现清澈提供了技术上的可能。其主要设想为：由单纯生物治污转向生态环境治理，先将湖泊联网，再接通汉水和长江，达到“流水不腐”的效果。2005 年，总投资 4.3 亿元的汉阳“六湖连通”工程启动，将散布在汉阳地区高楼大厦间的墨水湖、南太子湖、北太子湖、龙阳湖、三角湖、后官湖连成一体，可望利用地理落差，让长江、汉江之水入湖，实现“一船摇遍汉阳”的美妙设想①。此外，武汉的蛇山由于其形态像一条蜿蜒的蛇而得名，武汉的标志——黄鹤楼屹立于蛇山山头。然而，各种建设和建筑使得蛇山“有山不见山”。为恢复蛇山风采，武汉 2004 年开始实施“显山透绿”工程。按照相关规划，蛇山南坡除红楼、省图书馆、龙华寺等个别历史建筑保留外，其他建筑均将分期分批拆除，以再现蛇山的优质自然原貌②。

而宜春市则根据其山水体系特色确定相关空间性规划原则，包括：土地规划实行“护山保水”；道路规划实行“迎山接水”；建筑布局实行“显山露水”；景观设计实行“借山用水”；空间组织实行“依山亲水”等③。

2）生态空间演化轨迹分析为生态空间规划的科学性提供支撑

生态空间及要素的多类演化既是自然规律的体现，也是自然规律、经济规律、社会规律和城乡发展规律相互作用的综合结果。此类演化的认知对生态空间规划的科学性提供了较强有力的支撑。

如徐毅、彭震伟④对上海城市生态空间规模演化（图 10-17）、若干生态环境要素的数量变迁（图 10-18）进行了时空轨迹上的演化分析，在此基础上归纳上海生态空间结构体系的空间演进特征（图 10-19），以及上海 1980—2010 年的生态空间供给与需求关系演化（图 10-20），为提升上海生态空间规划的科学性奠定了基础。

---

① 赵静. 武汉地貌资源变迁与城市化进程之关系[J]. 学习月刊，2007(22)：47-48.

② 毕卫，黄俊，施金伟，等. 武汉显山透绿工程进度加快 蛇山月内再爆破一栋楼[N]. 楚天金报，2007-03-12.

③ 聂火云，郑利华. 宜春市生态城市建设与可持续发展研究[J]. 宜春学院学报，2008(05)：175-179.

④ 徐毅，彭震伟. 1980—2010 年上海城市生态空间演进及动力机制研究[J]. 城市发展研究，2016，23(11)：1-10+59.

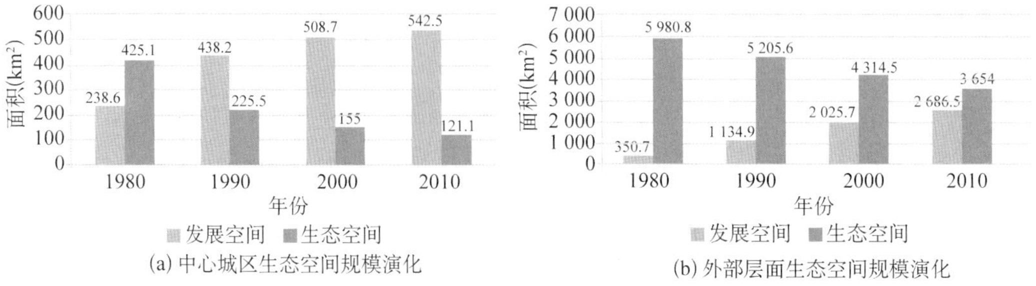

(a) 中心城区生态空间规模演化 (b) 外部层面生态空间规模演化

图 10-17 上海城市生态空间规模演化

来源：徐毅，彭震伟. 1980—2010 年上海城市生态空间演进及动力机制研究[J]. 城市发展研究，2016，23(11)：1-10+59.

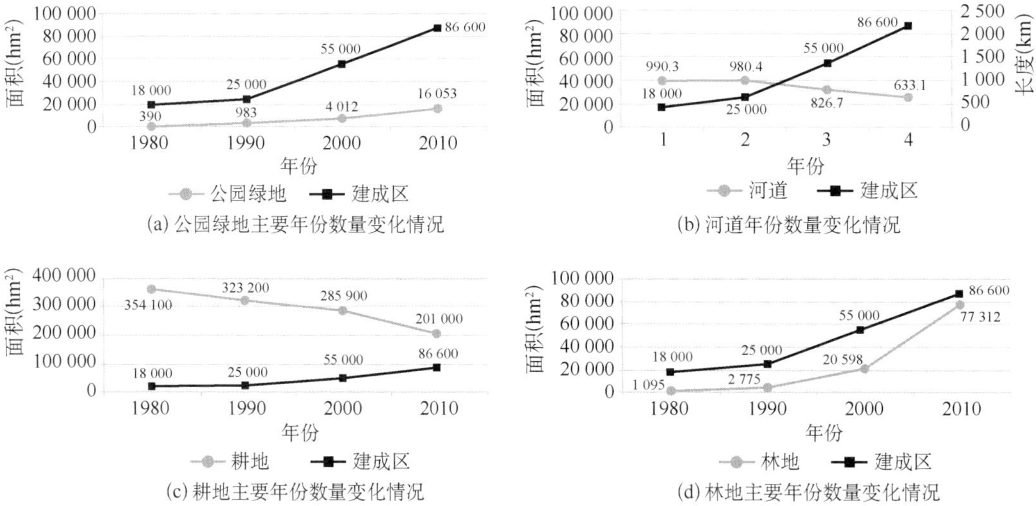

(a) 公园绿地主要年份数量变化情况 (b) 河道年份数量变化情况

(c) 耕地主要年份数量变化情况 (d) 林地主要年份数量变化情况

图 10-18 上海生态空间类型的数量演化

来源：徐毅，彭震伟. 1980—2010 年上海城市生态空间演进及动力机制研究[J]. 城市发展研究，2016，23(11)：1-10+59.

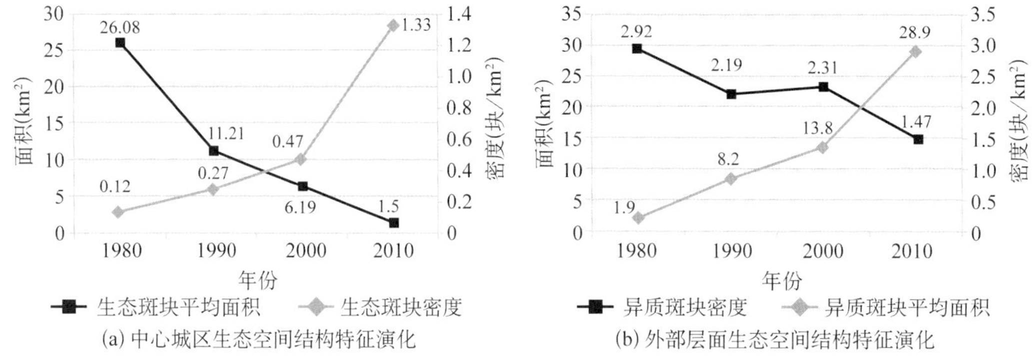

(a) 中心城区生态空间结构特征演化 (b) 外部层面生态空间结构特征演化

图 10-19 上海城市生态空间结构特征演化

来源：徐毅，彭震伟. 1980—2010 年上海城市生态空间演进及动力机制研究[J]. 城市发展研究，2016，23(11)：1-10+59.

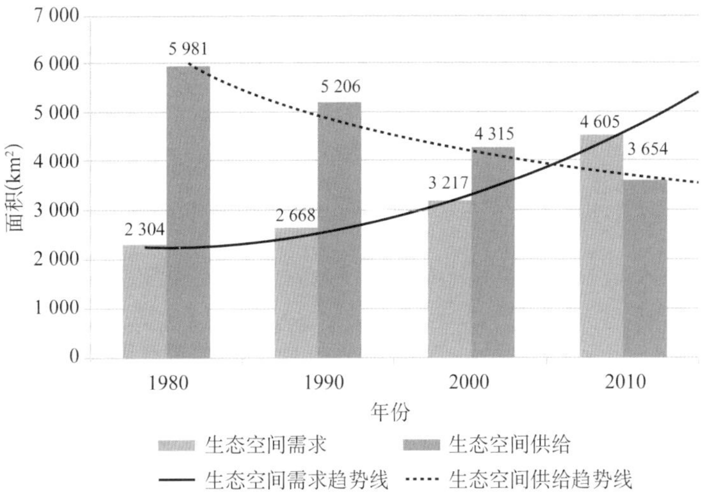

注：生态空间需求按照人均 200 m^2 计算①

图 10-20 上海市生态空间供给与需求演化

来源：徐毅，彭震伟. 1980—2010 年上海城市生态空间演进及动力机制研究[J]. 城市发展研究，2016，23(11)：1-10+59.

3）利用地方生态资源开展生态空间高效建设

张云、陈梅以济南市域范围内的 1 022 种原生植物为对象，筛选出 34 种适应济南生态环境的原生植物，对济南高效绿化生态环境具有积极作用②。山东省林业局通过相关树种的二氧化硫胁迫试验，筛选出绒毛白蜡、红叶臭椿等 5 个树种作为济南市城市生态绿化建设的抗污染树种；在对济南市绿化现状和绿化模式调查分析的基础上，提出了 3 种生态绿化模式，提高了城市生态环境绿化建设的综合效益③。表 10-18 为肇庆市城区抗氮氧化物可选用的抗污树种，与济南市两个案例同属对地方生态资源的利用。而张文芳通过对山西省大同市大叶速生槐的植物学特性和生态学特性、经济价值和生态价值的分析，发现大叶速生槐作为我国从韩国引进的豆科优良饲料新品种，耐寒、耐旱、耐贫瘠、耐沙化、抗盐碱，适宜在恶劣的自然环境生长④。大力推广种植，既可发展畜牧、增加收益，又可防风固沙、涵养水源。大叶速生槐所具有的良好的生态经济价值，对于促进大同市生态环境改善和推进贫困县扶贫事业具有双重的积极作用。

---

① 王绍增，李敏. 城市开敞空间规划的生态机理研究(下)[J]. 中国园林，2001(05)：33-37.

② 张云，陈梅. 济南原生植物在生态城市建设中的应用研究[C]//中国风景园林学会. 中国风景园林学会 2014 年会论文集(下册). 中国风景园林学会：中国风景园林学会，2014：6.

③ 商金杰. 山东济南选出抗污染绿化树种[N]. 中国花卉报，2008-12-18.

④ 张文芳. 浅谈大叶速生槐与大同市生态扶贫[J]. 山西水土保持科技，2018(02)：4-6.

表 10-18　肇庆市城区抗氮氧化物可选用的抗污树种

树种名称	树种类别	对大气污染物的抗性及评价依据					
		SO_2	HF	CL_2	NO_x	酸雾	酸雨
高山榕	常绿乔木	强	强	强	强	强	强
印度榕	常绿乔木	强	强	较强—强	强	强	强
花叶印度榕	常绿乔木	强	强	较强—强	强	强	强
榕树	常绿乔木	强	强	较强—强	强	强	强
菩提榕	乔木	较强—强	较强	较强	较强	较强	较强
大叶榕	乔木	较强	较强	弱	较强	较强	较强
黄榕	灌木	强	强	—	强	强	强
秋枫	乔木	较强	—	—	较强	—	—
桃花心木	乔木	强	—	—	强	—	强
牛乳树	乔木	强	较强	强	强	强	强
红胶木	乔木	强	—	—	强	—	—
海南蒲桃	乔木	强	强	强	强	—	—
大叶紫薇	乔木	较强	—	—	较强	—	—
海桐花	小乔木	强	强	—	强	—	—
木棉	乔木	较强—强	较强	强	较强	—	—
扁桃	乔木	强	强	—	强	—	强
菩提榕	乔木	较强—强	较强	较强	较强	较强	较强

来源：高东莲. 肇庆市城区抗污染改善环境空气质量绿化树种的选择[J]. 绿色科技，2019(10)：135-139.

4）利用生态规律提升生态空间规划绩效

生态规律具有丰富的内容。马世俊将包括人类在内的生物与环境之间的生态规律从可与经济规律比拟的视角概括为：相互制约的协同规律、物质循环转化规律、输入与输出平衡规律、生物生产力净值规律、发育演替规律①。其中的“人类在内的生物与环境之间的(关系)”表明生态规律是生物(人)与环境相互作用的机制反映。因此，生态空间要素与社会经济要素相互作用后产生的某些结果，如果在规划中予以主动应用(即通过控制变量的方式调适相关系统的表现)，对于提升生态空间规划绩效将产生积极的作用。

如，胡明秀、周环珍对汉江武汉段水质与人均 GDP 的相关分析结果，揭示了二者之间的相互作用类型，属于生态(科学)规律认知及利用的范畴，对于改善该地区的水生态空间

① 马世骏. 生态规律在环境管理中的作用：略论现代环境管理的发展趋势[J]. 环境科学学报，1981(01)：95-100.

质量将发挥指示和积极作用(表 10-19)①。又如,张雪梅对上海市生态空间面积变化影响因素的回归分析(表 10-20),则为揭示上海生态空间与经济发展的相互关系,以及上海生态空间演化的内在原因提供了一个视角,为今后针对性的调控提供了基础信息②。

表 10-19 武汉市人均 GDP 与汉江(武汉段)水质指标相关分析

汉江(武汉段)水质指标	pH 值	总硬度/德国度	水质指标平均值/($mg \cdot L^{-1}$)						
			悬浮物	溶解氧	高锰酸盐指数	生化需氧量	氨氮	亚硝酸盐氮	硝酸盐氮
皮尔森相关系数	−0.367	0.096	0.324	−0.657*	0.920**	0.454	0.682*	0.509	0.316
双尾检验值	0.297	0.792	0.361	0.039	0.000	0.187	0.030	0.133	0.374
N	10	10	10	10	10	10	10	10	10

注:①"人均 GDP"为 1991—2000 年期间数据;②表中 * * 表示双尾检验值为 0.01 时水质指标与人均 GDP 存在极显著相关关系,* 表示双尾检验值为 0.05 时水质指标与人均 GDP 存在极显著相关关系。

来源:胡明秀,周环珍.汉江武汉段与东湖水质指标变化趋势研究:基于环境库兹涅茨曲线(EKC)方法[J].武汉工业学院学报,2007(01):68-72.

表 10-20 上海市生态空间面积变化影响因素回归分析

影响因素	R 方	F	显著性(Sig)		回归系数
			值	是否显著	
生产总值	0.905	28.647	0.013	显著	−0.081
第一产业	0.918	33.516	0.010	显著	−23.437
第二产业	0.971	101.458	0.002	非常显著	−0.267
第三产业	0.862	18.722	0.023	显著	−0.114
工业	0.972	105.247	0.002	非常显著	−0.299
建筑业	0.953	60.272	0.004	非常显著	−2.432
居住消费水平	0.889	23.916	0.016	显著	−0.046
资本形成总额	0.954	62.267	0.004	非常显著	−0.218

来源:张雪梅.上海生态空间演变研究[D].上海:同济大学,2017.

再如,广州海珠生态城规划前、后的城市非建设用地中的生态绿色功能用地面积分别为 2 015 hm^2 和 1 499 hm^2,规划后比规划前下降了 25%;规划前、后的城市建设用地面积分别为 2 756 hm^2 和 3 844 hm^2,规划后比规划前上升了 40%。虽然规划范围内的生态绿色面积减少、建设用地面积增加,但是,通过生态绿地结构调整和提高整体植林率这两项

① 胡明秀,周环珍.汉江武汉段与东湖水质指标变化趋势研究:基于环境库兹涅茨曲线(EKC)方法[J].武汉工业学院学报,2007(01):68-72.

② 张雪梅.上海生态空间演变研究[D].上海:同济大学,2017.

符合生态规律的举措,海珠生态城总碳汇功能却从现状的 3 834.74 tC/a 增加到 4 670.7 tC/a,提高幅度为 21.8%。由此可见,绿色碳汇功能作用的大小并非仅仅由绿色地块面积所决定,而是由绿色用地单位生态功能的大小而决定。而提高植林率是大幅度提升单位绿色用地生态功能的关键举措,蕴含着生态规律的应用①。

① 朱俊华,刘婕,张江林.基于城市绿色碳汇评估的低碳规划方法初探:以广州市海珠生态城规划为例[C]//2012 城市发展与规划大会论文集.北京:中国城市科学研究会,2012:8.

11 国土空间规划视角下的健康城市规划

王　兰　王新哲　蒋希冀　贾颖慧*

随着“健康中国”成为我国重要发展战略，以空间环境干预为主要方式的健康城市规划能够成为实现这一目标的重要途径。世界卫生组织（World Health Organization，WHO）充分认识并强调城市规划对公共健康的作用，提出“健康必须是城市规划者的首要重点”①。有研究表明，环境风险因素，例如空气和水污染、化学物质暴露、气候变化以及紫外线辐射，会导致100多种疾病和伤害；据估计，全球每年约有1127万人因环境风险而死亡，占全球死亡人数的近三分之一（2019年）②。不健康的环境是全球疾病负担的重要来源；其中，慢性非传染性疾病负担在很大程度上与规划、管理和维护不当的城市环境有关③。伴随新型冠状病毒全球大流行，城市密度、住房条件和交通网络等空间要素对传染性疾病传播的重要影响也被广泛认知④；针对传染性疾病防治的空间干预重新进入规划师视野。习近平总书记明确提出“要推动将健康融入所有政策，把全生命周期健康管理理念贯穿城市规划、建设、管理全过程各环节”⑤。总体而言，在规划中充分考虑空间要素对健康的影响是开展健康城市规划与建设的基础。

同时，我国国土空间规划体系已初步建立，相关规划实践正在积极开展，这为“健康”理念融入规划，进而促进城乡居民健康水平的提升提供了物质空间载体。我国国土空间规划体系的建立旨在更综合、更系统地保障我国生态文明建设和提升国家治理能力。归

---

* 王兰，同济大学建筑与城市规划学院副院长，“健康城市科学与规划”团队责任教授。邮箱：wanglan@tongji.edu.cn。
王新哲，上海同济城市规划设计研究院有限公司常务副院长、教授级高级工程师。邮箱：wxinzhe@163.com。
蒋希冀，同济大学建筑与城市规划学院博士研究生。
贾颖慧，同济大学建筑与城市规划学院博士研究生。

① WHO. Health must be the number one priority for urban planners [EB/OL]. [2021-05-19]. http://www.who.int/zh/news-room/commentaries/detail/health-must-be-the-number-one-priority-for-urban-planners.

② MURRAY C J L, ARAVKIN A Y, ZHENG P, et al. Global Burden of 87 Risk Factors in 204 Countries and Territories, 1990-2019: A Systematic Analysis for the Global Burden of Disease Study 2019[J]. The Lancet, 2020, 396(10258): 1223-1249.

③ UN-HABITAT & WHO. Integrating health in urban and territorial planning: a sourcebook[R]. UN-HABITAT & WHO, 2020.

④ HU M, ROBERTS J D, AZEVEDO G P, et al. The Role of Built and Social Environmental Factors in Covid-19 Transmission: A Look at America's Capital City[J]. Sustainable Cities and Society, 2021, 65: 102580.

⑤ 人民网. 再次强调“人民至上”习近平提出维护人民健康新要求[EB/OL]. (2020-06-03). http://cpc.people.com.cn/n1/2020/0603/c164113-31733575.html.

结而言,国土空间规划体系呈现出两个突出特点:一是多层级、综合性地考虑空间资源的系统管治,促进国土开发更高质量、更高效率、更加公平和更加可持续①;二是突破部门壁垒,实现"多规融合",形成多部门协同规划、协同实施的政策机制②③。我国当前建构的国土空间规划体系致力于科学高效地管理一定空间范围内的各类要素,为健康理念融入规划提供了契机和平台。

因此,本章节旨在系统介绍国土空间规划视角下的健康城市规划,从健康城市与健康城市规划自身理论及特点出发,详细论述如何将"健康"理念融入当下我国国土空间规划体系,以获得更广泛和长远的公共健康效益。最后,以上海市宝山区顾村镇为例,介绍目前国内健康城市规划的实践探索。

11.1 健康城市与健康城市规划

11.1.1 两个概念的关系

WHO 在 1994 年给出了"健康城市"的定义,即"健康城市应该是一个不断开发、发展自然和社会环境,并不断扩大社会资源,使人们在享受生命和充分发挥潜能方面能够互相支持的城市"。与健康城市相关的概念主体包括城市、人和规划,在健康的价值目标下讨论三者之间的关系。吴志强院士曾指出,健康城市到底是"城市的健康"(Health of City),还是"城市中人的健康"(Health in City),还是"为了健康的城市"(City for Health),对于规划学科而言,需要更加准确地去理解。论城市的健康,就是说这个城市本身发展是否在一个健康的状态,例如人口和经济等方面;而城市中人的健康是城市居民的健康状况;为了健康的城市则是一个包含了前二者的综合概念。

可以看到,健康城市既包含"城市的健康"(Health of City),也注重"城市中人的健康"(Health in City),是二者的统一,并通过规划设计建设"为了健康的城市"(City for Health)(图 11-1)。因此,在城市科学和城乡规划学领域中,健康城市是以推进健康环境、健康经济和健康社会的规划建设为前提,以建成环境的优化为核心,提升居民身心健康的城市。总的来说,健康城市规划是一种工具,其以健康城市的规划为本体,以健康的城市规划为方法,最终实现为城市中人的健康提供保障的目标(图 11-2)。

---

① 张尚武. 空间规划改革的议题与展望:对规划编制及学科发展的思考[J]. 城市规划学刊,2019(04):24-30.

② 王新哲. 地级市国土空间总体规划的地位与作用[J]. 城市规划学刊,2019(04):31-36.

③ 武廷海. 国土空间规划体系中的城市规划初论[J]. 城市规划,2019,43(08):9-17.

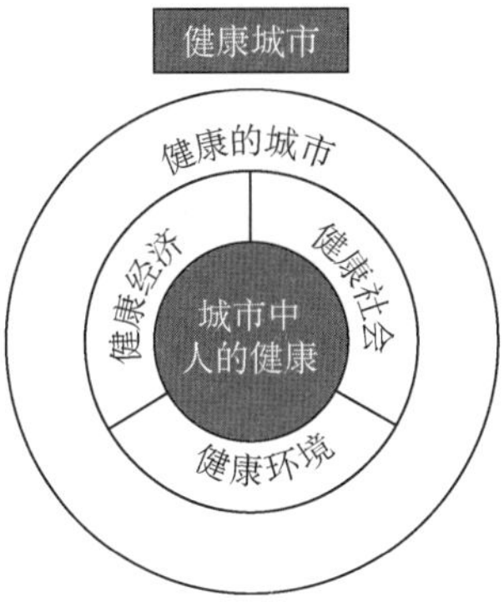

图 11-1 健康城市的内涵

来源：王兰. 健康城市规划：回归与提升[J]//孙施文，等. 中国城市规划学会学术成果：品质规划[M]. 北京：中国建筑工业出版社. 2018.

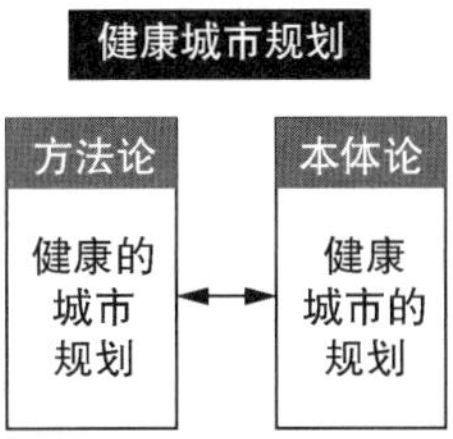

图 11-2 健康城市规划的方法论与本体论

来源：王兰. 健康城市规划：回归与提升[J]//孙施文，等. 中国城市规划学会学术成果：品质规划[M]. 北京：中国建筑工业出版社. 2018.

11.1.2 空间的"健康性"与"应急性"

在国土空间规划中，空间作为规划编制的重要抓手，可以促进健康城市理念在多个层面规划内容中的有机融入。例如，在开展"双评价"时，就应当考虑资源环境和国土空间开发可能对公共健康产生的影响。总体而言，在健康城市视角下，城市空间包含两个重要属性，即"健康性"与"应急性"。

空间的"健康性"是指整个城市空间系统对人体健康具有一定的促进作用，包含对传染性疾病和慢性非传染性疾病的预防作用。在传染性疾病方面，空间格局与环境因素应该从降低传染源滋生、减少人与传染物接触、完善健康设施配置等方面起到预防作用。在慢性非传染性疾病方面，包括心血管、呼吸系统等疾病的总体发病率已占当下全世界人口死亡率的65%，同时肥胖流行化也是慢性非传染性疾病发生的重要诱因，成为全世界居民的共同难题。空间规划应当发挥积极作用以降低慢性非传染性疾病发生风险；通过土地使用、交通组织、城市形态与功能结构以及开放公共系统的综合性优化，促进人们采取积极健康生活方式，降低健康风险暴露水平。

空间的"应急性"与韧性有着一定相关性，是针对突发性公共卫生事件下的一种城市紧急反应能力。它强调城市在遭受突发公共卫生事件冲击时，能够快速响应、积极处置并且快速恢复。因此，空间的"应急性"主要针对传染性疾病，需要在城市健康医疗设施整体布局、基础医疗设施与社区生活圈融合等方面进行系统考虑。

11.1.3 健康城市规划理论框架

在理解健康城市与健康城市规划相关关系以及空间的“两性”基础上，健康城市规划的理论建构需要进一步明确：有哪些关键空间环境因素，以及它们是如何对健康结果产生影响的。慢性非传染性疾病和传染性疾病两类疾病成因方面存在显著差异，因而本章节将分别论述针对两类疾病的健康城市规划理论框架。

1）针对慢性非传染性疾病

针对慢性非传染性疾病，健康城市规划框架可以被归纳为“四大要素”和“三条路径”。其中，四大要素是规划可干预的主要建成环境要素类型，包括土地使用、空间形态、道路交通、绿地和开放空间；减少污染源及其人体暴露风险、促进体力活动和交往、提供可获得的健康设施是三条主要影响路径（图 11-3）。该影响路径已被世界卫生组织和联合国人居署在其编制的《健康融入城市与区域规划指南》（*Integrating Health in Urban and Territorial Planning：A sourcebook*）采纳①。

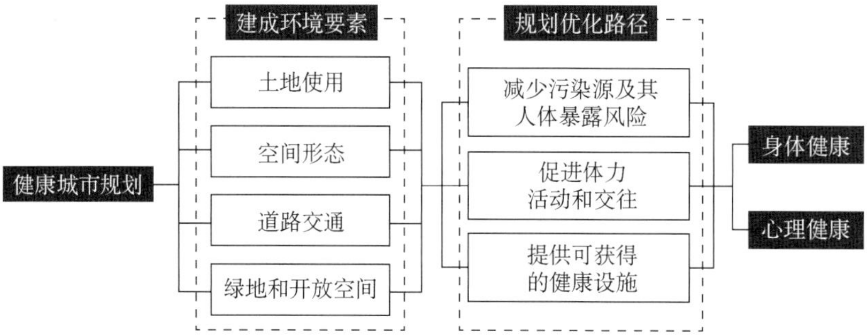

图 11-3 针对慢性非传染性疾病的健康城市规划框架

来源：王兰. 健康城市规划：回归与提升[J]//孙施文，等. 中国城市规划学会学术成果：品质规划[M]. 北京：中国建筑工业出版社. 2018.

从三条路径的影响来看，空间对健康影响的实现机制如下：

（1）减少污染源及其人体暴露风险。健康风险主要包括空气污染、噪声和热暴露等物理环境（physical environment）健康风险和病原体暴露等生物环境（biological environment）健康风险，与心血管疾病、慢性呼吸道感染、癌症和人畜共患传染性疾病等的发病率和死亡率相关。城乡空间中有很多污染型要素（例如工业设施、城市交通等），它们的布局方式、组织模式以及与其他功能用地（如居住、就业、休闲用地）的空间位置关系

---

① UN-HABITAT& WHO. Integrating health in urban and territorial planning：a sourcebook[R]. UN-HABITAT& WHO，2020.

都会对居民在污染环境中的暴露水平产生重要影响。一方面，城市规划应当注重这些要素与居住区、教育设施以及重要就业空间之间的防护距离，另一方面，应充分分析包括通风、水文和土壤等自然环境要素对污染物质扩散的可能影响，明确潜在的被污染影响地区及影响程度，以便采取应对性的规划设计策略。此外，规划还可以通过污染源的集中整合降低分散均质的布局方式可能产生的更大范围的健康消极影响。

(2) 促进体力活动与社会交往。体力活动(physical activity)是“骨骼肌所产生的任何需要消耗能量的身体运动”，包括步行、骑行、促进锻炼的娱乐和游戏等，有助于预防心血管疾病、2 型糖尿病等慢性疾病①。通过空间规划和设计促进体力活动和社会交往，进而降低慢性非传染性疾病的发病率。体力活动方面，它主要是指骨骼肌所产生的任何消耗能量的活动，包含职业劳动、家务、劳动、交通和休闲娱乐，也包括体育锻炼。缺乏体力活动导致了每年 320 万人死亡②。空间规划与设计能够影响居民的生活方式和工作状态。例如，通过职住平衡促进人们采用更加健康的交通方式上班，这将会对降低慢性非传染性疾病发病率起到积极作用。WHO 推荐人均每周的体育活动时间是 150 min。社会交往方面，城市生活带来包括住房拥挤、与自然相对隔离等各方面的压力，会对公众的生理和心理健康产生消极影响。高品质的公共空间(如街角花园、林地水系等蓝绿空间)已被证实会影响大众心理健康，通过合理的规划设计，这些空间将诱发亲自然活动以及丰富的社会交往。这对规划设计提出了更高的要求。

(3) 提供可获得的健康设施。健康设施主要包括医疗设施、体育设施和康养设施等，可为居民提供健康服务。其社会正义性是影响健康公平的重要特征，这主要反映在健康设施的可获取性、可达性以及空间匹配性等多个方面。首先，基本的设施规模配置和更好的空间可达性能够提供基础的健康服务，为居民身心健康提供保障。其次，与年龄结构、收入水平等社会背景因素相适应的健康设施空间布局，将更加有助于实现精准化的健康服务，实现健康公平，并提高相关设施利用效率。

2) 针对传染性疾病

除了新型冠状病毒肺炎这类引发“全球大流行”的重大传染性疾病外，还有许多不同类型的传染性疾病(如鼠疫、禽流感)；它们的发生与传播都与空间环境紧密相关，需要规划系统考虑如何进行防控与应急响应。根据流行病学，传染性疾病的发生和传播包括生态过程(ecologic process)和社会过程(social process)③。因此，从传染病流行的三个基本

① WHO. Physical Activity[EB/OL]. [2021-05-19]. https://www.who.int/news-room/fact-sheets/detail/physical-activity.

② OMDL S. Global Health Risks[R]. Geneva: World Health Organization, 2009.

③ EISENBERG J N S, DESAI M A, LEVY K, et al. Environmental Determinants of Infectious Disease: A Framework for Tracking Causal Links and Guiding Public Health Research[J]. Environmental Health Perspectives, 2007, 115(08): 1216-1223.

环节(隔离传染源、切断传播途径和保护易感人群)出发,我们明确了城市发展对传染性疾病的影响路径(图 11-4),并基于此提出针对不同防治环节的具体空间干预策略(表 11-1)。

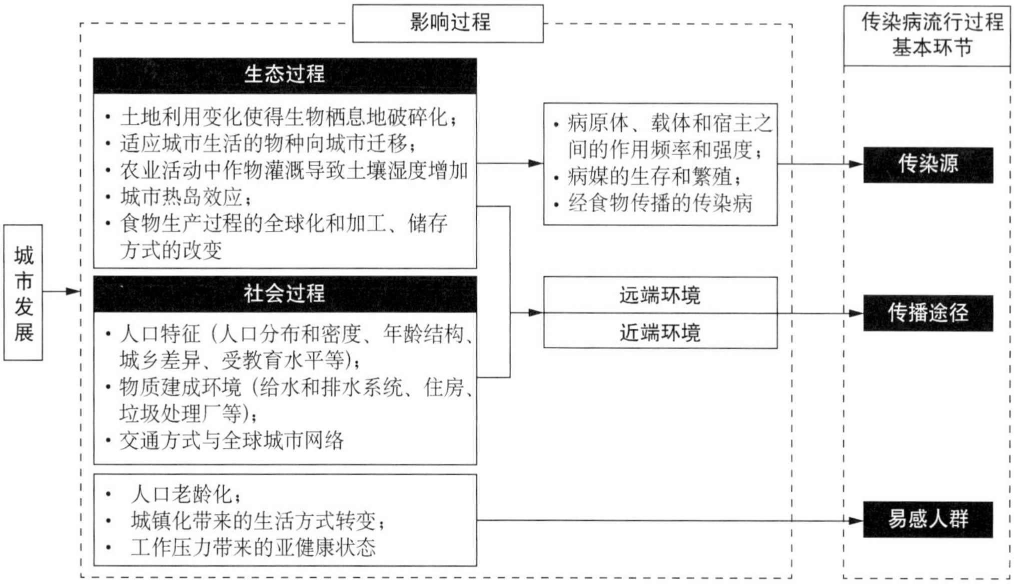

图 11-4 城市发展对传染性疾病的影响路径

来源:王兰,贾颖慧,李潇天,等. 针对传染性疾病防控的城市空间干预策略[J]. 城市规划, 2020, 44(08): 13-20+32.

表 11-1 城市规划针对传染性疾病防治的空间干预策略

防治环节	空间干预策略		
	城市层面	社区层面	关键设施层面
隔离传染源	·基于国土空间总体规划,考虑市域范围内各类用地布局,降低生态空间破碎化程度; ·划分防疫分区,设置卫生隔离带; ·配置地区综合支援中心等设施,规划交通和物资应急预案	·在设施布局上避免将可能成为病原体来源的设施布局在住区的核心区和上风口; ·在 15 min 社区生活圈内设施超市、菜场、药店等居家隔离支撑设施、备用防疫物资存储空间; ·依托社区卫生设施设立发热门诊、临时性小规模的轻症隔离区、备用护理空间或紧急医疗服务中心,对病员进行分流,避免交叉传染	·传染病医院合理选址,并建设周边支持设施; ·特大城市考虑建设传染性疾病防治研究综合医学城; ·考虑体育场、会展中心等应急关键设施的平疫结合,在建筑设计上满足疫情期间的隔离要求; ·提高常规医院在疫情期间的空间适应能力; ·配置医学冷冻库、临终关怀、缓和治疗或太平间等设施,并在建筑设计上满足疫情期间的隔离要求

续表

防治环节	空间干预策略		
	城市层面	社区层面	关键设施层面
切断传播途径	·关闭部分公共交通路线，限制交通出行，抑制非必要活动的发生； ·基于大数据开展居民时空行为分析和预测研究，明确必需的交通组织及其防护方式	·在 15 min 社区生活圈范围内保障应急护理、生活服务和职住平衡，支撑形成公共健康单元； ·设置紧急医疗服务中心、抗病毒药物供应点，对病员进行分流； ·优化混合用地布局，减少交通工具上的聚集性传播； ·乡村地区需加强应急护理和生活支持设施布点	·对于医院、超市等风险较大且需要开放的场所，可通过分时段人流控制，减少就医和购物的聚集性传播； ·公共建筑的中央空调有待重新设计，进行分区供应或更多利用自然通风； ·乡村地区应增设应急护理、病毒实验室检测等设施
保护易感人群	·保障市政基础设施的普及性，对于卫生条件较差、居住拥挤的地区推进更新改造； ·促进健康公平，保障各类人群在医疗设施与服务上的可达性和可获得性； ·规划设计高品质的城乡环境，促进健康生活工作方式，降低慢性非传染性疾病的患病率，减少易感人群基数	·在公共健康单元内建立居民健康档案，对易感人群进行跟踪和信息提供； ·对社区日常空间进行健康影响评估，对环境风险因素进行更新改造； ·通过社区设施配置和环境设计推进健康生活方式	·设立健康防疫联络站，提供家庭保健、疫情响应和长期护理服务； ·确保老年照护服务机构、轻型养老院/护理院、福利院、流浪收容机构等特定人群设施在空间和服务方面做到平疫结合

来源：王兰，贾颖慧，李潇天，等. 针对传染性疾病防控的城市空间干预策略[J]. 城市规划，2020，44(08)：13-20+32.

11.2 国土空间总体规划中主要空间要素的健康影响

在空间要素方面，《中共中央 国务院关于建立国土空间规划体系并监督实施的若干意见》明确国土空间规划需要对生态空间、农业空间和城镇空间三类作出统筹安排。基于规划空间要素和健康相关研究结论作为循证实践（evidence-based practice）证据以及针对慢性非传染性疾病与传染性疾病的健康城市规划理论框架，构建国土空间总体规划空间要素影响公共健康的路径（图 11-5）。

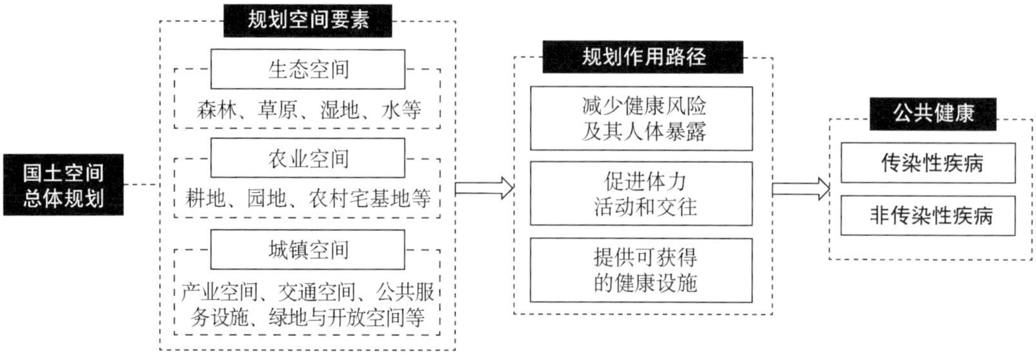

图 11-5 国土空间总体规划空间要素的公共健康影响路径

来源：王兰，贾颖慧，朱晓玲，等. 健康融入国土空间总体规划方法建构及实践探索[J]. 城市规划学刊，2021(04)：81-87.

11.2.1 生态空间

生态空间包括森林、草原、湿地和水等，其总量和布局影响着公共健康。在总量方面，林地、湿地和水域面积增加可有效提高生态系统在调节气候、吸收大气污染物、净化水体等方面的服务价值①，降低物理环境健康风险。在布局方面，自然要素的斑块大小、形状与廊道设置会影响生物环境健康风险。具体而言，斑块越小，物种多样性越低②，多样性丧失会降低中间宿主物种群体对病原体的存蓄和稀释作用，增加病原体外溢的风险③；斑块形状越复杂，“边缘比例”（与其他生态系统交互的边缘区面积占斑块总面积的比例）越高，“边缘比例”增加会加剧病原体、媒介和宿主之间的相互作用④，增加病原体暴露风险；廊道可连接多物种栖息地，使细碎斑块中的物种更加丰富⑤，可增强稀释效应，降低宿主感染率，但同时也会造成病原体宿主迁移，增加接触其他物种的概率。因此在确定生态空间时应充分考虑总量和布局的健康影响，降低人群的风险暴露。

---

① SONG W, DENG X. Land-Use/Land-Cover Change and Ecosystem Service Provision in China[J]. Science of The Total Environment, 2017, 576: 705-719.

② GODRON M. Patches and Structural Components for a Landscape Ecology[J]. BioScience, 1981, 31(10): 733-740.

③ SCHMIDT K A, OSTFELD R S. Biodiversity and the Dilution Effect in Disease Ecology[J]. Ecology, 2001, 82(3): 609-619.

④ PATZ J A, DASZAK P, TABOR G M, et al. Unhealthy Landscapes: Policy Recommendations on Land Use Change and Infectious Disease Emergence[J]. Environmental Health Perspectives, 2004, 112(10): 1092-1098.

⑤ JORDÁN F, BÁLDI A, ORCI K-M, et al. Characterizing the Importance of Habitat Patches and Corridors in Maintaining the Landscape Connectivity of a Pholidoptera Transsylvanica (Orthoptera) Metapopulation[J]. Landscape Ecology, 2003, 18(01): 83-92.

11.2.2 农业空间

农业空间主要分为农业生产空间(耕地、园地等)和农村生活空间(农村宅基地、公共服务设施等),其布局可通过三条路径影响健康。农业生产空间的总体布局会影响食物里程,长距离食品运输会增加交通运输排放带来的物理环境健康风险①。农业生产用地的不合理布局还可能带来农产品污染,例如临近乡镇企业和高等级道路可能导致农产品重金属超标②。农村生活空间上,宅基地布局和住房能源供给方式会影响居民物理环境健康风险及其人体暴露,例如紧邻高等级道路的村庄布局会加剧交通相关污染的人体暴露,家庭固体燃料燃烧会增加室内空气污染暴露③。乡村医疗设施、教育设施、环卫设施等可提供日常健康支撑④;应急护理和生活服务设施可响应疫情时期需求⑤⑥,为居民提供可获得的健康设施。同时,配置旅游服务设施发展乡村旅游业可促进亲自然活动、增加城乡居民体力活动总量。此外,农业空间与传染性疾病的发生和传播风险相关,农业空间扩张会分割生态空间,增加野生动物与人和牲畜的接触概率,加剧病原体与宿主的相互作用;农业灌溉带来的土壤湿度增加会影响蚊虫等病媒丰度,提高病原体传播风险⑦。因此在农业空间规划中应考虑农村生产和生活空间布局及其与周边用地的关系。

11.2.3 城镇空间

城镇空间包括产业空间、交通空间、公共服务设施、绿地与开放空间等,其总量和布局

① PAXTON A. The food miles report: the dangers of long-distance food transport[M]. London: SAFE Alliance, 1994.

② 仲维科, 樊耀波, 王敏健. 我国农作物的重金属污染及其防止对策[J]. 农业环境保护, 2001(04): 270-272.

③ JUNFENG (JIM) Z, SMITH KIRK R. Household Air Pollution from Coal and Biomass Fuels in China: Measurements, Health Impacts, and Interventions[J]. Environmental Health Perspectives, Environmental Health Perspectives, 2007, 115(06): 848-855.

④ 王兰, 张苏榕, 杨秀. 建成环境满意度对乡村新型社区居民自评健康的影响分析: 成都市远郊4个社区为例[J]. 风景园林, 2020, 27(09): 57-62.

⑤ 王兰, 贾颖慧, 李潇天, 等. 针对传染性疾病防控的城市空间干预策略[J]. 城市规划, 2020, 44(08): 13-20+32.

⑥ 耿虹, 李佳佳, 吕宁兴, 等. 非常规突发与常态化应对的镇村健康发展路径[J]. 南方建筑, 2020(04): 41-47.

⑦ JORDÁN F, BÁLDI A, ORCI K-M, et al. Characterizing the Importance of Habitat Patches and Corridors in Maintaining the Landscape Connectivity of a Pholidoptera Transsylvanica (Orthoptera) Metapopulation[J]. Landscape Ecology, 2003, 18(01): 83-92.

可通过三条路径影响公共健康。在总量方面，城镇建设用地规模增加将带来污染物排放增加①和热岛效应加剧②，增加物理环境风险。在布局方面，产业空间布局会影响污染源分布、居民通勤距离和生活方式③④，与健康风险暴露和体力活动相关；道路网络布局和级配会影响污染物总量及其人体暴露，慢行交通布局会影响体力活动总量以及交通污染的人体暴露⑤；公共服务设施布局会影响居民日常体力活动与交往，以及医疗保健服务的可获得性⑥，在疫情期间也可提供居家隔离物资支撑和有效的病员分流与救治，而传染病医院则可能形成病原体传播⑦；绿地与开放空间布局可影响污染物暴露风险、体力活动总量、心理恢复能力⑧，从而影响公共健康。因此在城镇空间的总量和布局上需充分考虑其健康影响，实现健康促进。

这些空间要素是规划影响健康的主要载体，从三条路径体现了空间规划的作用。具体的规划内容将在不同程度上产生健康效应。

11.3 健康融入国土空间总体规划的工作框架

在识别空间要素的健康影响基础上，本章节提出健康融入国土空间总体规划的工作框架，包括现状诊断、方案编制和方案评估三个阶段，其中前两阶段可融入当前规划编制的基础工作和方案编制工作。现状诊断阶段通过地区人群健康特征识别、现状健康风险与健康资源诊断等，明确现状健康问题和规划优化要点；方案编制阶段通过对各类空间要素的配置，从降低风险暴露、提供健康设施、促进体力活动和交往等路径进行有效干预；方案评估阶段是新增内容，是对方案进行的健康影响预测和评判，从健康风险与健康资源、健康结果等方面，明确方案实施可能产生的健康效应，进而优化调整方案，实现规划对健康的促进作用（图 11-6）。

---

① FENG H, ZOU B, TANG Y. Scale and Region-Dependence in Landscape-PM2.5 Correlation: Implications for Urban Planning[J]. Remote Sensing, 2017, 9(09):918.

② LI X, ZHOU Y, ASRAR G R, et al. The Surface Urban Heat Island Response to Urban Expansion: A Panel Analysis for the Conterminous United States[J]. Science of The Total Environment, 2017, 605-606: 426-435.

③ YANG C-Y, CHANG C-C, CHUANG H-Y, et al. Increased Risk of Preterm Delivery among People Living near the Three Oil Refineries in Taiwan[J]. Environment International, 2004, 30(03): 337-342.

④ 朱菁，高鹏华，吴潇，等. 大城市居民通勤行为的健康效应研究：以西安市为例[J]. 城市规划学刊，2014(06): 46-51.

⑤ 王兰，廖舒文，赵晓菁. 健康城市规划路径与要素辨析[J]. 国际城市规划，2016，31(04): 4-9.

⑥ 田莉，李经纬，欧阳伟，等. 城乡规划与公共健康的关系及跨学科研究框架构想[J]. 城市规划学刊，2016(02): 111-116.

⑦ 王兰，贾颖慧，李潇天，等. 针对传染性疾病防控的城市空间干预策略[J]. 城市规划，2020，44(08): 13-20+32.

⑧ 干靓，杨伟光，王兰. 不同健康影响路径下的城市绿地空间特征[J]. 风景园林，2020，27(04): 95-100.

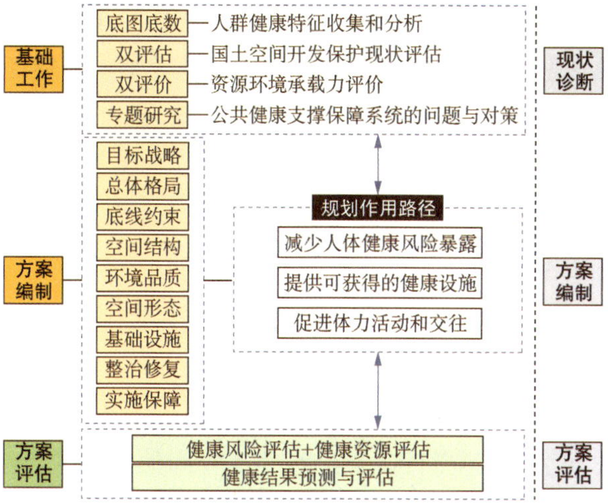

图 11-6 健康融入国土空间总体规划的工作框架

来源：王兰，贾颖慧，朱晓玲，等. 健康融入国土空间总体规划方法建构及实践探索[J]. 城市规划学刊，2021(04)：81-87.

11.3.1 现状诊断阶段

现状诊断可融入国土空间总体规划的基础工作阶段，在底图底数、“双评估”“双评价”和专题研究中增加健康内容，完成规划区域人群健康特征识别、现状健康风险和健康资源诊断、增加健康考虑的承载能力评价和健康问题与对策研究。

在底图底数工作中，建议对人群健康特征（主要疾病发病率、人均预期寿命、职业风险暴露等）开展收集和分析工作，以理解当地居民在健康方面的核心需求和主要问题，确定健康融入规划的核心工作内容和方法，为后续工作提供基础。

“双评估”中的“国土空间开发保护现状评估”是前期分析工作的重要内容；目前要求完成自然灾害等风险的评估，而针对公共健康风险的诊断内容应增加其中。例如，对建成环境进行分析，结合风环境模拟结果，测算其中产生的空气污染、噪声等物理环境风险及其空间分布；针对当地居民的特定高发病种辨析潜在的环境影响，进而在后期规划中进行规避。同时，该部分的品质宜居维度中包含健康相关公共服务设施、绿地空间等要素的可达性等指标，建议进一步增加健康设施及其对不同人群的服务公平性分析，例如 120 急救车的空间分布和场所预留，并针对老龄化社区提供配置水平；采用基尼系数和 LISA 分析确定高需求—低配置的区域等①②。从健康风险和健康资源两个方面对现状进行诊断。

---

① SONG W, DENG X. Land-Use/Land-Cover Change and Ecosystem Service Provision in China[J]. Science of The Total Environment, 2017, 576: 705-719.

② 唐子来，顾姝. 再议上海市中心城区公共绿地分布的社会绩效评价：从社会公平到社会正义[J]. 城市规划学刊，2016(01)：15-21.

“双评价”中的“资源环境承载能力评价”要求确定生态保护、农业生产、城镇建设等功能指向下的承载能力等级。其中，生态保护功能评价指标包含生物多样性维护、水源涵养、水土保持等方面，建议增加分析各类生态要素的健康效益，例如量化其在降低空气污染、噪声、热岛、亲自然等方面的作用，并进一步明确当前存在的生态问题及其疾病负担。农业生产功能评价指标包含土地资源、水资源等方面，建议增加分析农业用地的污染风险，包括重金属污染、大气污染等，为食用性作物种植区域的划定和村庄类型（集聚提升类、搬迁撤并类等）的划分提供支撑。城镇建设功能评价指标包含土地、水、大气等自然资源和灾害风险，建议增加健康风险考虑，例如分析大型交通设施、污染性工业园区等带来的健康风险，明确风险过高、不适宜进行城镇建设的区域。将健康相关指标融入资源环境承载能力评价指标体系中，可为城镇空间、农业空间、生态空间的三区划定提供支撑。

此外，建议开展“健康专题研究”，探讨分析公共健康支撑保障系统的问题和对策。例如，在疾病发病率、人均期望寿命等数据获取的情况下，建构规划指标与健康结果的定量模型，明确具有显著影响的建成环境要素，为“双评估”要素选择、“双评价”指标选取和后续规划方案调整优化提供实证基础。还可采用问卷调查、定位数据收集等方式识别居民时空行为，分析居民体力活动的频率、时长、代谢当量和路径选择，探讨居民发生交往的公共空间选址、场地和品质特征，明确在当地环境中促进体力活动和社会交往的空间要素及其优化方式，从而提供公共健康的空间促进。

11.3.2 方案编制阶段

依据《市级国土空间总体规划编制指南（试行）》（2020 年），编制内容包括总体格局、底线约束、空间结构、环境品质、空间形态、基础设施等；健康融入可通过三条优化路径融入多个板块。

1）目标战略

可将“健康城市”作为发展目标之一，并在指标体系中增加健康风险和健康资源的管控要求。规划指标通常包括空间底线、空间结构与效率、空间品质三类，建议空间底线指标在对林地、湿地、耕地、建设用地提出规模约束的基础上，增加重大慢性疾病过早死亡率、病媒生物密度控制水平、人均预期寿命等指标；空间结构与效率增加特定健康设施空间分布基尼系数反映其公平性；空间品质指标可增加 $PM_{2.5}$ 浓度平均值、城乡温度差（热岛效应）、经常参加体育锻炼人口比例等体现环境品质的指标。

2）总体格局和底线约束

总体格局部分要求明确生态保护、农业发展和城乡发展空间；底线约束部分需划定生态保护红线、永久基本农田、城镇开发边界这三条控制线；可从健康风险和健康资源两个方面考虑健康融入开发的总量控制和布局。在传染性疾病方面，城镇建成区的扩张使病原体宿主物种的栖息地缩减、破碎或边界变化，可能导致人类和牲畜的接触率增加，提升了传染病的传播风险①；因此在总量上需要力求城乡发展空间集约紧凑，在布局上避免三类空间无序交织、造成生态空间破碎化，例如生态斑块面积过小和连接度过低。同时，生态空间与农业及城镇空间之间的边界越复杂，人畜共患传染病风险越高②；因此需要在划定三线时充分考虑边界附近的病原体宿主物种丰富度和密度，控制边界复杂度，酌情设置缓冲区。在慢性非传染性疾病方面，城镇建成区的扩张可能带来热岛效应、空气、水和土壤污染等，农业空间布局影响着当地食物的生产，生态空间发挥着调节气候和空气质量等作用，因此需要在相应的健康风险分析基础上，提出规避和优化的规划策略。例如基于风场和污染源叠加分析、汇水区和污染源叠加分析，明确空气、土壤等的潜在污染区域，提出迁村并点的方案，或明确农业空间布局及需要种植非食用性作物的区域。

3）空间结构和基础设施

该部分要求划定规划分区，确定建设用地的结构和布局，明确大型基础设施选址等，具有从多条路径影响公共健康的规划内容。在常规规划内容和原则中，已有对于健康的潜在促进作用，例如，职住平衡可减少机动车通勤带来的体力活动不足和肥胖等带来的慢性非传染性疾病；区域基础设施廊道选线和交通枢纽选址等应尽量避开物种丰富度高的用地，减少生态效益损失以及人群与病原体的接触，以降低病原体暴露风险。为更好实现空间的健康促进，可考虑深化的是绘制“都市微气候分区图”，划定传染性疾病风险等级区、高温预警区域等，从而支持健康考虑融入建设用地布局中。例如我国香港地区在《都市气候图及风环境评估标准》中绘制了都市气候分析图和都市气候规划建议图③。同时大型公共服务设施选址和设置需要考虑平疫结合，在现有常规原则和指标基础上，增加防疫抗疫的考虑和内容，例如体育馆、会展中心等设施作为替代性护理场所，规划设置周边的生命通道和防疫物资通行特殊通道等④。

---

① 仲维科，樊耀波，王敏健．我国农作物的重金属污染及其防止对策[J]．农业环境保护，2001(04)：270-272.

② WEINSTEIN J S, LESLIE T F, VON FRICKEN M E. Spatial Associations Between Land Use and Infectious Disease: Zika Virus in Colombia[J]. International Journal of Environmental Research and Public Health, 2020, 17(04): E1127.

③ 规划署及香港中文大学．都市气候图及风环境评估标准-可行性研究[R]．香港：香港特别行政区政府规划署，2012.

④ 戴慎志，王江波，刘婷婷．平灾兼顾的城市医疗卫生防疫设施体系构建策略[J]．城市规划学刊，2020(03)：103-108.

4）环境品质和空间形态

该部分关注城镇公共服务设施、道路网络与慢行交通、绿地与开放空间，并提出空间形态和风貌塑造要求，与空间健康促进的多个方面紧密相关。例如，在健康设施布局上，远离现状健康风险诊断中的高值区，分层级设置安全可达的健康设施，并对各级设施的布局和设计提出平疫结合要求；同时考虑人群分布特征，在健康公平理念下结合特定人群需求配置设施。慢行交通系统可依托连通性和安全性较高的支路设置，串连蓝绿空间和活动设施，避免与交通干道重合，以减少对步行骑行者的过量污染暴露伤害，鼓励步行、骑行等体力活动。在绿地与开放空间布局上充分考虑规模效益和可达性之间的平衡，同时考虑城市绿地在疫情期间的作用。空间形态部分主要考虑通风廊道、街谷空间风场等与污染源和传染源的关系，规划通风廊道和开发强度分区，并通过规划传导指导详细规划。

在方案编制的各个板块，健康可在不同程度上融入现有的工作内容和框架，方式可以是常规规划内容中针对健康的优化，也可以是新增健康考虑的内容。具体原则和指标可从已有研究中获得证据支持、从当地调研中获得关键问题和经验、从跨学科合作中获得创新做法，共同支撑规划方案的细节编制。

11.3.3　方案评估阶段

规划方案编制后，可对方案进行健康影响评估，从健康风险、健康资源和健康结果三个方面展开①，分别得到健康的正面效应、负面效应和综合效应，计算与现状相比的健康增益，或进行多规划方案的比选。

健康风险评估旨在明确规划方案在降低居民健康风险暴露上的作用。评估需确定方案中可能造成或加剧健康风险的空间要素（如区域重大交通设施和市政设施、城市主干道、匝道口、工业用地、污染型市政用地），通过将该类要素和城市背景环境（如风场、热岛、水文）、社会人口因素（如老龄人口空间分布）进行系统叠加，综合评估规划区域内的健康风险分布②。对比现状健康风险诊断结果，可判断规划方案在降低健康风险上的效果；若仍存在健康风险暴露高值区，则需进行规划调整。

健康资源评估旨在评估规划方案的健康正面影响。可采用最小临近距离法、两步移动搜索法等评估健康资源的可达性，也可借助已有工具（针对骑行和步行的健康和经济评估工具、绿地评估工具等）测算规划方案在体力活动、绿地等方面的健康影响。评估结果

① 王兰，孙文尧，古佳玉．健康导向城市设计的方法建构及实践探索：以上海市黄浦区为例[J]．城市规划学刊，2018(05)：71-79.

② 同上。

可与现状诊断结果相对比计算健康增益，也可用以判断对规划目标的达成情况，补充相应健康资源。

健康结果预测与评估旨在通过数理模型，预测在规划方案完全实施的情况下，可能产生的健康结果（如呼吸健康、肥胖、心血管疾病、抑郁症）。在评估方法上，可采用比较评估方法，或构建本土预测模型。前者基于实证研究结果获取相对风险（Relative Risk, RR）；后者基于本地现状健康数据，构建模型（如回归模型）分析"特定健康结果-建成环境"的相关性，得到显著影响健康结果的环境因子及其程度，作为规划优化线索和决策支撑。

方案的健康影响评估遵循"评估—方案优化—再评估—方案确定"的程序，通过对方案的不断优化提高健康效益，最终完成具有健康促进作用的规划方案。

11.4 顾村镇健康融入国土空间总体规划实践探索

基于健康融入国土空间总体规划实践框架，本章节以上海市宝山区顾村镇为对象，开展实践探索。顾村镇位于宝山区中西部，镇域面积 41.65 km^2，位于上海主城片区西北，兼具中心城区和近郊区的空间特点。鉴于其空间环境的综合性，研究选取顾村作为健康融入镇级国土空间总体规划的代表案例，重点关注了城市建成环境对污染暴露风险、健康设施和体力活动的影响。

11.4.1 现状诊断

在现状诊断阶段，该规划在"国土空间开发保护现状评估"中进行了现状健康风险和健康资源诊断；同时开展专题研究获取居民时空行为特征，为方案编制提供支撑。

在健康风险诊断中，规划根据土地使用和道路交通信息确定污染源的位置和类型，建立了缓冲区分析污染物风险分布；并构建了顾村镇建筑模型，使用软件进行数值模拟，分析风场分布特征。规划将污染源分布、风环境模拟和居住用地分布进行叠加分析，划定人群污染暴露风险高，需重点优化设计的区域。

在健康资源诊断中，规划分析了现有健康资源的可达性和居民需求，同时采用基尼系数测算健康资源的空间分布公平性。基尼系数计算结果显示，养老设施空间分布差异悬殊，亟需补充配置；居民需求调查显示，各类社区健康资源的供需缺口不一，例如商品房和经济适用房居民养老设施供需缺口大，农民安置房医疗设施相对不足，需要分类进行补充。

同时，规划开展了居民时空行为研究，通过样本人群的 GPS 定位数据，绘制工作日和休息日出行线路，明确社区生活圈基本范围。发现工作人群普遍存在长距离通勤现象，规划可考虑在镇区内增加就业岗位，在产业园区周边增加居住；居民的日常非通勤积极出行

（步行和骑行）通常不跨越主干路，因而后续规划中的公共服务设施配置宜满足生活圈单元内的需求。

正负两方面健康情况的诊断和居民时空行为分析为后续规划方案的方案编制提供了基础，可确定需要调整优化的高健康风险地区、需增补的特定健康设施，以及为促进步行和骑行需要考虑的空间范围和设施分布。

11.4.2 方案编制

该规划在目标战略部分确定了建设健康城镇的总体目标，提出了公共服务、生态空间等方面的健康宜居发展愿景。基于此确立镇域总体格局，控制外围四条生态廊道；并依据现状健康风险分析结果撤并个别高风险村庄，从而降低污染暴露风险。在空间结构板块，在轨道交通站点和重要产业功能区周边增加产业用地，并提高站点周边产业用地强度，降低长距离通勤比例；腾退现有零散工业和物流仓储用地，降低健康风险。例如北侧仓储工业用地毗邻体育和教育设施，人群暴露风险高，规划进行了调整；毗邻市级医院周边可能有病原体暴露风险，且人群集散量大、道路拥堵严重，规划调整了市级文化设施的选址。

在环境品质板块，关注镇区设施配置、道路系统和绿地布局。基于现状诊断结果补充服务覆盖不足的设施，优先布置于风险低值区。基于大型居住社区的密路网规划，提升部分支路和次干路的等级，引导交通量向高等级道路集中，从而降低居住用地周边支路的污染物浓度；结合绿地、公共服务设施和支路规划慢行交通系统，鼓励体力活动。例如老镇社区中部健康风险较低，但健康资源不足，规划将社区边缘临主干道的幼托和体育设施调至该处，并新增文化、养老等设施，构建健康活力的社区中心。规划“四廊六带”的城市通风廊道，改善城市热环境和大气环境；在保证公园绿地可达性基础上，通过增加自行车道和运动场地等方式置入活动功能，充分发挥绿地的健康促进作用。

此外，本规划依据时空行为调研结果划定生活圈，在生活圈内配置相应设施，并考虑基于此构建健康安全单元，作为物资储备、疫情隔离的基本单元（图 11-7）。

11.4.3 方案评估

方案评估包括健康风险和健康资源评估，计算与现状相比的健康增益。健康风险方面，从规划方案的用地和道路系统部分识别污染源，并建立三维空间模型模拟规划方案的风环境。污染分布和风环境的叠加分析结果显示，与现状相比，规划方案的污染最大值明显降低，健康风险低值区显著增加，极大降低了居住用地的健康风险暴露。健康资源方面，评估方案在体力活动促进和健康设施供给上的作用。通过问卷调研获取规划前后居民步行和骑行水平变化，采用健康经济评估工具测算体力活动变化的健康影响。结果显

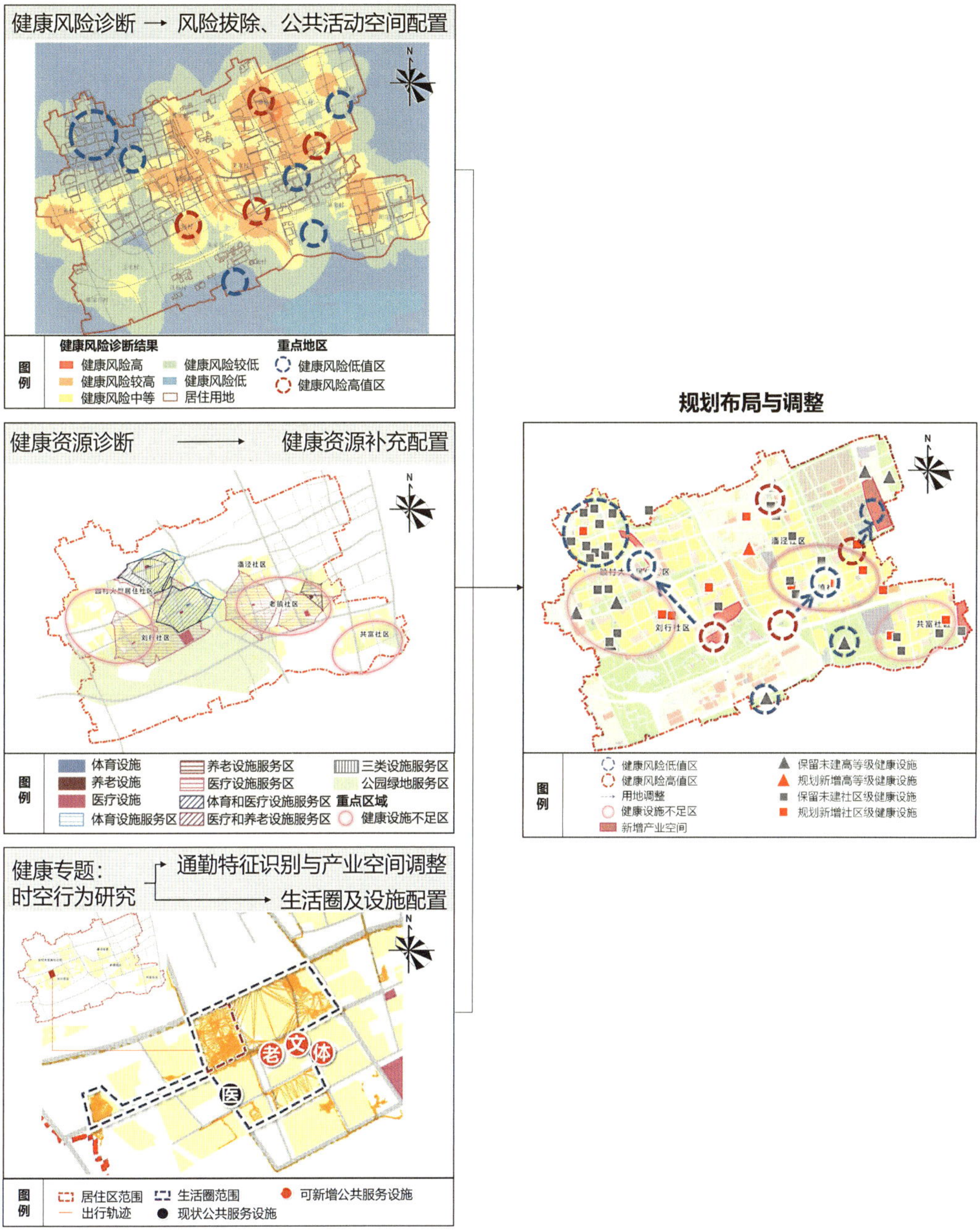

图 11-7　现状诊断结果与用地布局调整示意

来源：王兰，贾颖慧，朱晓玲，等. 健康融入国土空间总体规划方法建构及实践探索[J]. 城市规划学刊，2021(04)：81-87.

示，新增绿地和轨道交通线路可带来每人每天增加 25 min 的步行时间和 10 min 的休闲骑行时间；每年可减少 101 例与体力活动相关的死亡。健康设施和绿地的可达性分析结果也显示服务覆盖率显著提高。同时，规划基于健康公平的理念，通过细分社区类型和设施类型,评估了不同类型社区健康资源可达性差异,可以发现各类健康资源的服务均好性得到不同程度的提升。

综合而言,规划方案在降低健康风险、提供健康设施、促进体力活动和推进健康公平方面有较好的表现,有利于促进公共健康。

11.5 结语

现代城市规划缘于对城市公共卫生问题滋生和居民健康状况恶化的应对,规划师有必要在开展实践工作的同时,考虑如何更好地回归初心、更好地将健康融入具体实践工作,使城市更好地发展。世界卫生组织在健康的决定因素中指出,物理环境是影响个体健康的重要因素①。一方面,我们开展国土空间规划编制时所创造的城市场所是物质性的,但同时也会包含社会含义甚至是政治意义。另一方面,这些空间场所还包含了人与人的互动,各类社会关系活动,会影响居民的时空行为方式,进而影响其健康。伯克利的杰森·科尔本(Jason Corburn)教授认为,城市空间会对人们造成不同压力,人体压力达到一定程度就会产生有毒因素,它会使人体激素分泌产生消极变化,进而影响身体健康。因此,不论是在编制各种类型、各个空间尺度下的国土空间规划时,减少健康风险、合理配置健康要素以及实现健康资源的平衡都应当是被强调的要点。

但是,值得强调的是,由于从研究证据到实际规划建议仍存在不确定性,研究和实践需要不断进行探索。不确定性主要来源于:①空间要素对健康影响的复杂性。空间要素可能通过多种机制影响居民健康,研究方法和结论可能有较大差异②;②研究基地背景(不同的基线人群健康特征、建成环境特征等)带来的影响效应差异;③不同时期健康关注重点的差异。因此,本章节构建的方法体系是开放且不断更新的,可通过多种本地健康证据的积累不断完善,提高规划干预的有效性。总体而言,城市规划师应当在具体规划实践中将公共健康作为重要价值目标;在国土空间总体规划中深入考虑健康诉求,基于现状诊断、方案编制和方案评估融入健康要点,有助于减少传染性疾病和慢性非传染性疾病的发生,提升公共健康水平。

(感谢同济大学建筑与城市规划学院博士研究生顾浩和孙文尧、硕士研究生李潇天和汪子涵的贡献。感谢上海同济规划设计研究院李继军、汪劲柏等的贡献。)

---

① WHO. Determinants of Health[EB/OL]. [2021-05-19]. https://www.who.int/news-room/q-a-detail/determinants-of-health.

② FORSYTH A. Evidence-Based Practice: Challenges in a Changing World[A]//BEATLEY T, Jones C, RAINEY R. Healthy Environments, Healing Spaces: Practices and Directions in Health, Planning, and Design. University of Virginia Press, 2018: 44-61.

12 城市有机更新与精细化管理*

伍 江**

当前，中国的城市发展正在经历重大转型。大规模的旧城改造和快速城市扩张在城市发展史上只是在特殊情况下短期和暂时的非常态行为。在经历了持续30多年的快速大规模城市改造与建设之后，作为一段特殊时期的城市发展非常状态，必然向常态化发展转型，也就是从粗放型增量发展模式转向精细化存量发展模式。这是城市发展的客观规律。

城市如同一个生命体。它的生命力表现为持续的新陈代谢能力，亦即持续更新的能力。但这种生命力更为常态化的表现形式应是在细胞层面，也就是更小尺度的城市基本空间单元层面发生的持续更新活力，并始终遵循和发展各城市由于不同的地理、气候、自然生态环境、经济生产方式和人文历史发展轨迹等因素而形成的特有空间和文化基因。在城市建设方法上多表现出小规模、渐进式、持恒性，而非大规模、断裂式、手术式的特征。这种发展模式被称为“城市有机更新”。

城市不管是外在风貌还是内在运行逻辑，都是由外部及内部自然环境和经济、社会、文化等各种活动共同长期塑造的综合性结果。不同的城市其外在风貌和内在运行逻辑也必然不同，由此而形成各城市特有的空间基因和文化基因。城市之所以需要持续更新，既因为其建成物质空间因时间所带来的表面老化和衰落，也因为原有的功能结构和空间布局对发展需求的不适应。因此，城市有机更新远远不只是对物质环境进行不断地改造和修补，更需要通过更新行为持续地激发社会活力、维育社会网络、修复城市生态、保护文化遗产①。当这样的有机更新活动成为城市的常态化状态，城市这个鲜活的生命体才会长盛不衰。因此，城市有机更新同时也是城市活力被不断激发的过程。

城市有机更新的目标多样而复杂，且过程持续不断。这种多样性和复杂性以及状态的持续性决定了更新内容、更新主体和更新方式必然是多元的和动态的。它既涉及物质性的持续修补、空间品质的不断改善，也涉及非物质性的功能提升。规划师、建筑师所进行的传统规划设计工作只是培育高品质城市空间的起点，而不能贯穿城市发展的全过程。因此，在新的存量发展时代，城市更新工作的范畴需要从“一次性买卖”拓展为“终身性服

---

* 本文发表于《时代建筑》2021年第4期。

** 伍江，同济大学建筑与城市规划学院教授，同济大学超大城市精细化治理(国际)研究院院长。邮箱：wujiang@tongji.edu.cn。

① 郑时龄.关于上海城市更新的思考[J].建筑实践，2019(07)：8-11.

务”，亦即将传统的建设前的设计工作延伸到所设计对象的全生命周期。这需要城市建设者和决策者对城市发展展开从规划设计到开发管理，再到运维进行全生命周期的发展预判，还需要对城市发展过程展开持续的动态监测和持续维育，并对发展过程中的各种问题进行及时和精确的回应。城市治理精细化就是实现这些目标的重要途径。当前相关研究已经注意到城市更新从物质改造向综合性社会治理转型的必要性和急迫性①。然而，相关研究主要关注制度建设层面的“顶层设计”，对城市更新中精细化治理的具体实现路径和实施手段还少有系统的讨论。本文将梳理当前中国面临的转型特征，归纳有机更新的主要特征，并在此基础上提出基于城市建设管理精细化的有机更新实现路径。

12.1 从增量扩张到存量提质：城市发展模式的转型

在中华人民共和国成立初期，城市建设的重心主要在快速基础工业建设和改善工人阶级居住条件方面。对于原有城市主要是充分利用既有建成区，大幅度提高原有城市空间的使用强度。以致许多城市的原有历史空间人满为患，原有基础设施不堪重负。在有限的城市改造活动中，局部危房改造、翻修旧城区道路、市政基础设施建设等“小规模形体更新”在1990年代初之前一直是中国城市建设工作的主要内容②。“重生产，轻生活”的倾向直到1990年代末才有所改变③。

改革开放特别是房地产业的迅猛发展，引发了中国城市的建设热浪。从国家层面，一改以往“既要积极，又要稳妥”的政策思路，一场史无前例的城市改造和建设运动在全国范围内全面铺开。其规模之大、速度之快，人类城市建设史上绝无仅有。“大拆大建”成为这一时期城市发展常态。

中国在1990年代的城市改造与建设活动主要聚焦在解决城市住房问题和改善城市基础设施。虽然吴良镛先生早在1994年就提出了“有机更新”的概念，对当时已经出现的大拆大建现象提出了批判④，但此概念所强调的仍然是对物质居住环境的渐进式改善，而对于相关的经济、社会、城市活力等方面内容仍然讨论较少。虽然“增加公共开放空间”在1990年代已经成为中国城市建设工作的主要目标之一⑤，但是，那个时期建设公共空间主要是为了实现美化城市景观、提升城市形象等目的，甚至在一些地方被错误地用来表现政绩，竞相建设大而不当且远离市民生活的“市政广场”。而对于公共空间在社会层面的作

---

① 唐燕．强化制度建设，推进城市更新：从简单物质改造转向综合的社会治理[J]．环境经济，2020(13)：39-43．

② 丁凡，伍江．城市更新相关概念的演进及在当今的现实意义[J]．城市规划学刊，2017(06)：87-95．

③ 李建波，张京祥．中西方城市更新演化比较研究[J]．城市问题，2003(05)：68-71．

④ 吴良镛．北京旧城与菊儿胡同[M]．北京：中国建筑工业出版社，1994．

⑤ 吴炳怀．我国城市更新理论与实践的回顾分析及发展建议[J]．城市研究，1999(05)：46-48．

用提升、经济层面的活力提升和生活层面的品质提升却很少考虑。

自21世纪以来，中国对城市发展的认识发生转变。对于城市更新问题的研究逐渐变热，对城市更新的理解呈现出多元化、综合化的发展趋势①。城市更新开始被认为是“多目标的，而不是单一物质更新目标的”②。近几年，城市更新对空间品质的提升作用受到越来越多的关注。“公共领域的公共服务和设施高品质供给”以及“维育城市建成环境的品质和活力”已经成为新时期中国城市更新工作的“基本职责”③。在上海，当前城市更新工作的重点已经不仅限于居住条件的改善，而是同时关注商业商务和公共服务等城市功能的统筹发展，致力于城市空间品质的综合提升④。2014年，上海市在第六次规划土地工作会议上明确提出规划建设用地规模要实现“负增长”，并通过土地利用方式的转变来倒逼城市转型发展。2015年，《上海市城市更新实施办法》的颁布，标志着以存量品质提升为目标的城市更新正式成为上海城市发展的核心工作⑤。2015年上海第一届城市空间艺术季将城市更新作为主题，将这一问题的专业关注全面推向公众视野。2017年上海完成《上海市城市总体规划(2017—2035年)》(以下简称“上海2035”)，将“创新之城、人文之城、生态之城”作为城市发展的三大目标，城市更新的内涵得到官方进一步明确。

12.2 存量模式下城市发展需恪守五个底线

城市是一个复杂巨系统。关于城市更新的学术讨论观点纷争方兴未艾，但有些问题应尽早形成广泛共识，这就是城市发展也是城市更新必须守住的约束底线。

12.2.1 土地资源底线

土地资源的底线约束在学术界虽仍存在较大争论。但从历史角度看，凡是人类社会在快速发展、人口膨胀的时候，空间的支撑力就会受到很大的冲击。在快速工业化、城市化过程中，走在前面的西方发达国家，大部分都为突破空间束缚付出过巨大的代价。它们的城市化进程都与空间约束有紧密的关联。而当今中国的城市发展速度远超当年西方发达国家(图12-1)。这一过程对土地等自然资源的快速消耗已极大地冲击了中国的耕地安全与生态安全。在上海，建设用地总规模和城市人口总数在2014年便接近甚至超过了

① 张更立.走向三方合作的伙伴关系:西方城市更新政策的演变及其对中国的启示[J].城市发展研究,2004,11(04):26-32.

② 董玛力,陈田,王丽艳.西方城市更新发展历程和政策演变[J].人文地理,2009(05):42-46.

③ 王世福,沈爽婷.从“三旧改造”到城市更新:广州市成立城市更新局之思考[J].城市规划学刊,2015(03):22-27.

④ 庄少勤.“新常态”下的上海土地集约节约利用[J].上海国土资源,2015,36(03):1-8.

⑤ 周俭,阎树鑫,万智英.关于完善上海城市更新体系的思考[J].城市规划学刊,2019(01):20-26.

2020年的规划目标“天花板”①。资源局限是促使中国城市发展转型的重要原因之一。城市建设必须正视资源局限问题，更集约地利用已有的建成环境，实现土地对城市发展更大的支撑作用。

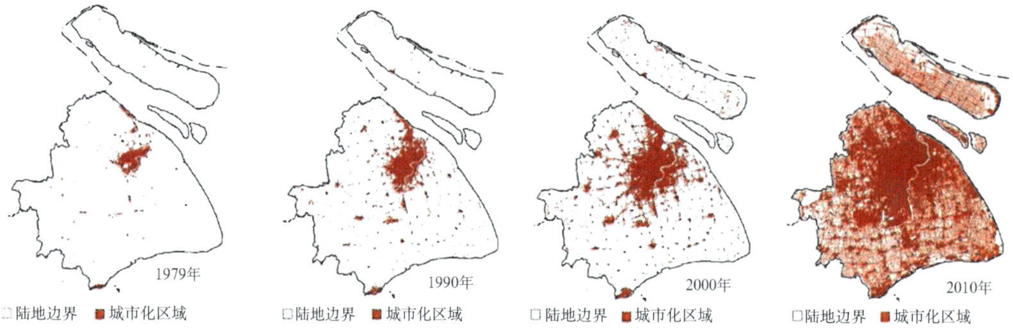

图12-1 上海1979年、1990年、2000年和2010年的建成区范围
来源：作者自绘

12.2.2 生态宜居底线

城市的本质是为人类自己的生活和生产活动创造理想的人工环境。快速城市发展引发空气污染、资源浪费、生态退化等一系列环境问题。生态条件的恶化不但会破坏人类理想的生存环境，还会降低城市的宜居程度，削弱投资吸引力，加大灾害发生的概率和频率，进而抑制城市的经济社会发展。在这样的背景下，2013年中央城镇化工作会议对中国当前城市发展提出了“望得见山，看得见水，记得住乡愁”的具体要求。中国共产党第十八次全国代表大会指出要大力推进生态文明建设。党的十九大报告中也连续出现了要着力提高新型城镇化发展质量，走绿色、集约、高效、低碳、创新、智能的城镇化高质量发展道路的目标。这些举措标志着中国城市建设正在从以生产要素和投资驱动为特征的外延式、资源过度消耗型模式，转变成为更适应存量模式的，以创新和财富驱动为特征的经济、社会、环境协调发展新模式②。在这样的趋势下，城市更新工作需要将既有城市空间视作城市生态系统中不可分割的组成部分。城市和生态的和谐发展是实现城市可持续发展的首要任务和底线要求。

12.2.3 历史人文底线

城市是人类文明不断实践并积累的产物，是人类文明的重要空间载体。文明沉淀需

---

① 庄少勤．“新常态”下的上海土地集约节约利用[J]．上海国土资源，2015，36(03)：1-8.
② 段进．城市设计，塑造高艺术品质的国土空间[N]．中国自然资源报，2021-4-26(001).

要时间，也很容易被毁灭。而在城市的更新过程中，经历过长期积淀的历史城区却更容易成为首先更新的对象，遭到破坏。虽然 2002 年修订的《中华人民共和国文物保护法》明确规定了对作为整体的历史文化街区的保护。然而，城市中仍然存在大量并不属于文物但却蕴含着丰富历史文化信息的普通历史建筑和历史街区。建成环境的保护价值取决于其所蕴含的整体社会文化身份和发挥的史地维度的具象载体作用①。因此，老城区的大量普通建筑作为城市特定时期的物质空间形态载体，同样具有整体保护的价值。而由于对老城区中大量普通建筑的重要性认识不够，同时受到经济利益驱使和错误的文化遗产保护观念引导，一些地方政府容易片面注重土地的经济效益，在老城区实施大拆大建、拆旧建新等破坏性建设行为（图 12-2）。上海就付出了大约 3 000 万 m^2 传统里弄建筑被拆除的巨大代价②。2013 年中央城镇化工作会议，明确提出当下的城市发展要重视历史文化、自然特色、地域特色、时代风貌和中华传统文化。在 2015 年的中央城市工作会议中，中央又提出了保护“地域环境、文化特色、建筑风格基因”的要求。2021 年 5 月 21 日习近平总

图 12-2　大拆大建破坏城区整体历史文脉
来源：作者自摄

---

① 常青. 过去的未来：关于建成遗产问题的批判性认知与实践[J]. 建筑学报，2018(04)：8-12.

② 郑时龄. 上海的城市更新与历史建筑保护[J]. 中国科学院院刊，2017，32(07)：690-695.

书记主持召开中央全面深化改革委员会第十九次会议，指出要着力解决城乡建设中历史文化遗产屡遭破坏、拆除等突出问题，加强制度顶层设计，统筹保护、利用、传承，坚持系统完整保护，既要保护单体建筑，也要保护街巷街区、城镇格局，还要保护好历史地段、自然景观、人文环境。在这样的背景下，保护城市历史文化遗产，实现城市未来发展和既往历史之间的平衡，是当前城市更新工作的基本要求。

12.2.4 社会正义底线

老城区经过长期的积累，往往已经形成了稳定的"社会网络"和"社会生态链"。城市更新与新区建设的最重要区别之一便是城市更新要改动这些已经形成的社会网络和社会生态链。由于这些社会网络中蕴含着复杂的产权利益关系，城市更新实际上也是一个对城市空间利益进行再分配的过程①。城市更新应追求政府、社会、开发商和居民各方的利益均衡，这也是土地管理改革的核心工作②。党的十九大报告指出，"有事好商量，众人的事情由众人商量，是人民民主的真谛"。可持续的、有机的城市更新需要合理调节更新过程中的利益平衡与博弈，实现公众利益保障机制的公平化和法制化。特别是棚户区改造、旧居住区改造等与市民切身利益息息相关的民生工程。而在大拆大建式的城市更新进程中，旧区中许多长久以来形成的居住空间及其社会网络被粗暴地移除。而这些居住空间和社会网络是低收入社会群体和社会弱势群体能居住在城市中心，有公平的机会获得城市公共资源，实现社会公平正义的重要保障。城市更新绝不能只重视资本投资和地方财政的经济利益，还必须重视城市整体公共利益，保住公平正义的底线。

12.2.5 公共安全底线

最后，还有必要特别强调城市更新过程中公共安全的底线。任何城市开发活动，失去了安全保障便失去了一切。当面对来自自然、人为的各种灾害和安全挑战之时，城市应该成为庇护所而非助燃器。城市人口的高度集聚，需要极高的管理智慧和管理机制来应对各种各样的安全挑战，也需要在空间资源、硬件设施等方面做好充分的相应准备。这是最低的底线，有了这个不等于好，没了这个等于零。要实现城市的持续发展，上面几条底线一定要守住。

12.3 常态化的城市更新：有机更新

在五条底线的约束下，中国当前的城市更新活动正面临越来越大的转型压力。如何

---

① 唐燕. 强化制度建设，推进城市更新：从简单物质改造转向综合的社会治理[J]. 环境经济，2020(13)：39-43.

② 庄少勤. "新常态"下的上海土地集约节约利用[J]. 上海国土资源，2015，36(03)：1-8.

在兼顾资源、生态、历史、社会和安全的同时，实现城市的可持续发展而不致使任何一个维度遭到损害？如何在保护历史文化的同时改善居民生活水平？如何在实现经济增益的同时要求社群发展与生态建设？这些问题的答案导向“有机”的城市更新模式。如何界定一种城市更新模式是“有机”的？可以从以下三个方面来参照判断。

12.3.1 小规模

小规模乍看上去指的是建筑项目或空间尺度，实际上是在讨论城市土地管理问题，小规模的目的是保留城市空间肌理，而城市空间肌理中隐藏着城市的空间基因。以往的城市再开发中，土地的管理往往是以整个街坊甚至多个街坊为统一开发的基本单元，这种开发模式对于更有效地利用资本进行开发操作的作用明显，然而城市的空间肌理却在此过程中抹平殆尽。小规模意味着更细致与动态的管理，如果能够缩小用地规模，并同时赋予用地性质以多样化的可能，则城市空间肌理的保留、集体记忆的寄托与街区活力的释放，都成为可以期待的结果。

12.3.2 渐进式

渐进式是配合小规模而更进一步延伸出来的。实际上无论是传统的自然村落、上海老城厢里的华界民居还是租界里的里弄，都是逐步建设起来的。以里弄为例，除斯文里等超大里弄项目占据了整个街区之外，绝大多数里弄都是由若干个不同开发商营建的项目拼贴而成，多变的、自然的肌理也由此而出现。怀旧并非目的，新建筑不是不可接受，如果怀着一种建设性的眼光思考，如果能在有效限制规模的前提下开展更新、建设，城市空间肌理的保持是有机会与建筑的更新并行的，即单体可以翻建、新建，但巷弄、朝向、疏密等关键信息被保留下来。

12.3.3 高品质

在做到前两个方面的情况下，高品质必将成为有机更新的标准之一。无论是对居住其间的居民，还是对城市的总体风貌而言，都要求长期的持续改进。除诸如清除旧马桶、加装楼梯扶手栏杆与照明之外，互联网时代的新技术也将提供更能与当代生活社会需求相适应的解决方案。然而，是否能实现高品质，目前更多地有赖于具体参与的建筑师、规划师、社工、志愿者等群体，而利益相关者沟通的效率、实施的最终效果，都可能成为影响高品质达成的重要因素。

12.4 实现有机更新的主要瓶颈

有机更新模式是我国城市更新工作未来的发展方向。而要实现有机更新，当前的制度建设和工程技术还存在着三大瓶颈。

12.4.1 规划技术方法缺乏对既有空间要素的考虑

中国当前的城市规划技术方法，尤其是具有法定效力的控制性详细规划仅对新的增量建设具有管控作用，对有保护保存价值的空间要素缺乏考虑。对于城市中心区，特别是像上海这样的超大城市的高密度城市中心区，往往拥有大量历史文化遗产资源，以及大量自然合理生长的空间元素。如何突破现有的城市规划建设技术模式，化解建设发展和历史保护之间的矛盾，充分考虑城市既有各类空间环境元素并将其纳入城市建设管理体系，变简单系统管理为复杂系统管理，变城市建设管理为城市运维管理，是中国城市当前实现有机更新所面临的一大瓶颈。

12.4.2 决策与管理缺乏精确的动态信息化支撑

在经历了30多年的大规模建设活动后，由于不同年代建成环境的相互叠加与变迁，中国城市普遍表现出建筑密度大、要素种类多、空间关系复杂等特征。同时，城市管理部门缺乏健全系统的基础资料，旧有的信息采集与处理技术既无法为改造建设活动提供精确、完整、动态的三维既有建成环境基础信息，又无法为新规划建设方案的决策与管理提供能应对复杂时空环境、灵活直观的决策支撑。如何利用数字化技术手段整合多种地理信息，实现对高密度建成环境三维信息和健康状况的精细化采集、动态化监测、智能化提取与管理以及可视化的直观互动展示，为城市规划建设提供基础的信息化支持，是中国当前实现城市有机更新在基础数据资料获取层面的主要瓶颈。

12.4.3 工程落实手段难以应对多约束既有环境

城市有机更新更趋向于通过小规模开发建设对既有建筑进行活化再利用，多采用见缝插针式和新旧融合的建设方式。过去的法定规划技术方法过于强调在"量"(密度、高度、容积率等)上对城市建设的有效控制，对微观尺度的"小动作"则缺乏精细化的管控技术手段。同时，高密度环境复杂条件下的建设施工也面临安全风险大、操作空间狭小低矮、操作过程影响既有建筑日常使用等问题，受到多重时空约束。如何研发新的规划与工程技术来应对敏感环境和多约束条件下小规模空间的开发建设，促进既有建筑的更新改造再利用，在对既有城区影响与干预最小化的同时提升建成环境的总体品质，是当前实现城市有机更新在工程实施层面的又一个主要瓶颈。

12.5 实现有机更新的重要路径：精细化管理

城市管理精细化为突破以上瓶颈提供了重要途径。城市管理精细化体系是一项综合性、全局性的系统工程。它广泛涉及对城市物质空间的改造设计、对既有建成环境情况的准确监测和模拟，以及建设过程的精细化控制和管理。

12.5.1 全周期多要素协同空间规划

作为法定规划，控制性详细规划所设定的技术指标体系塑造了基本的城市空间形态，是中国城市规划技术体系转型最为关键的突破口。传统的控制性详细规划提出的技术指标系统仅对增量导向的新建开发有控制引导作用，无法应对存量导向下基于城市维护、兼顾保护与更新的新常态。在多年实践总结的基础上，笔者团队提出了将保护与更新融合的建成环境全要素精细化规划技术方法。在控制性详细规划的层面解决了既有城区遗产保护与更新建设不相容的难题。在此基础上，提出了由控制性规划、控制图则和全要素规划导则构成的多层级精细化规划技术方法，以突破现有规划仅能管控大规模建设，无法顾及小微尺度存量改造的瓶颈(图 12-3)。

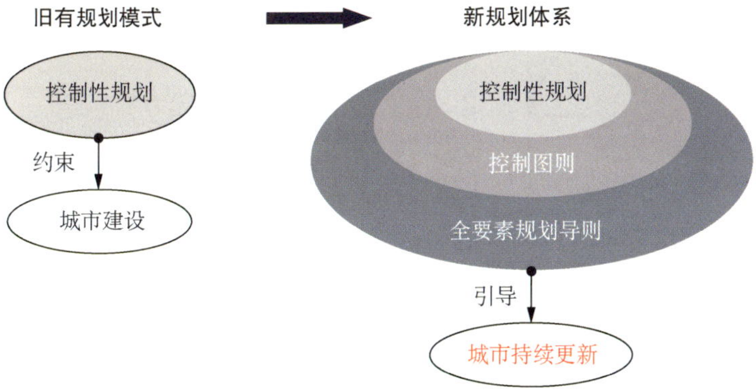

图 12-3　由控制性规划、控制图则和全要素规划导则构成的有机更新规划编制体系
来源：作者自绘

首先，笔者团队提出的有机更新导向下的控制性详细规划将整体性、原真性、可持续性和分类保护四大存量背景下的控制导向作为规划原则，并在此基础上建立了一套涵盖不同风貌类型和景观尺度(点、线、面)，将保护与更新"两规合一"的规划指标体系。该体

系在传统规划管控指标体系(如建筑容量、建设范围、建筑密度、建筑高度、容积率、绿地率、公共设施配套等)上大量增加历史保护的规划管控要素(如历史建筑的具体保护要求和每一幢既有建筑的规划建设要求,以及地块空间肌理等),为既有城区的有机更新制定了详细的分区、分级、分类标准。在此基础上,可以借助计算机技术,建立从指标参数自动生成三维城市模型的方法和软件,以量化设计调控城市风貌品质与更新建设强度之间的关系。

其次,笔者团队提出了一套基于多部门协同管理的全要素精细化规划技术方法。这套方法以街道空间网络为载体,聚焦于城市的"人行空间"。为了突破以机动车交通为核心的城市道路规划方法的局限,将全部的建成环境要素划分为 3 大类(即建筑要素、公共空间要素、环境要素)及 18 小类,以此建立系统性的分析模型。在此基础上,采取"总则—通则—导则"的框架进行规划编制,以实现精细化的管控引导(图 12-4)。这套技术方法还包含由基础信息库与规划信息库构成的多部门协同管理技术平台,以克服不同政府职能管理部门在条块分割状态下制订城市治理项目、实施整治举措时,缺乏系统的基础资料支撑和行动依据,以及因此导致的必要性与合理性不足、各行其是、重复投资等问题。运用这套精细化的规划技术方法,笔者团队对上海的法定风貌保护道路进行了探索性实践。

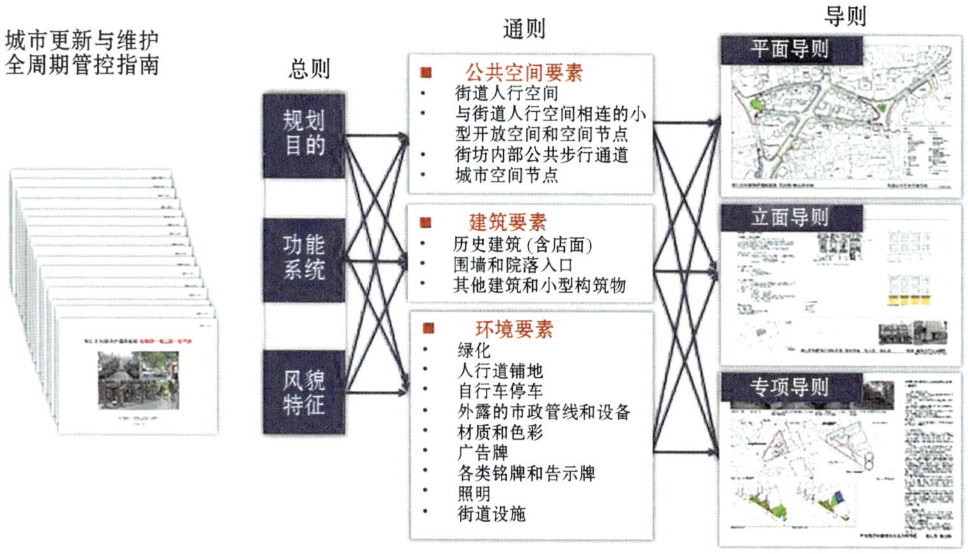

图 12-4 基于"总则—通则—导则"的多层级精细化规划编制框架
来源:作者自绘

12.5.2 全要素数字孪生信息获取与决策支撑

对城市建成环境信息的详尽掌握是精细化规划设计和建设的前提与基础。面对越来越复杂的既有城区,基于人工手段和二维图纸的传统静态空间信息采集与管理方式低效、繁琐且精度不高，无法适应动态的城市规划建设与管理决策要求。笔者团队与上海建工二建集团、上海市测绘院、上海市地矿工程勘察院等合作单位通力协作，通过对测绘技术和数字化技术的综合利用与集成创新，建立了一套针对建成环境三维信息进行高精度采集、对市民行为进行精准感知，并结合智能化设计决策支撑系统（Design Decision Supporting System, DDSS）和管理支撑系统（Management Supporting System, MSS）的综合应用体系，共同为展开精细化的城市有机更新提供信息支撑（图 12-5）。

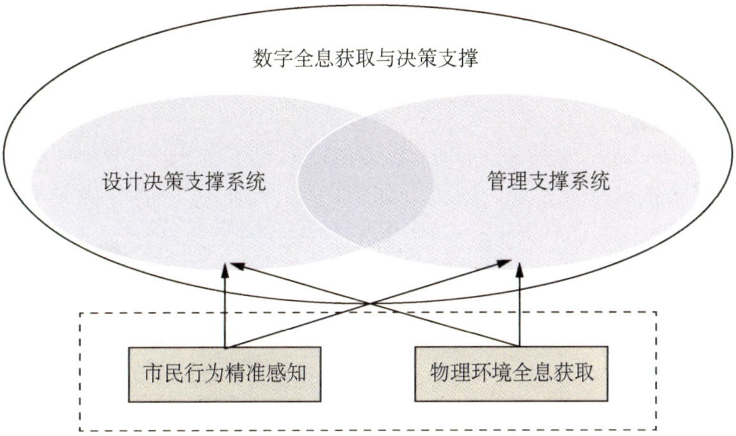

图 12-5 基于市民行为精准感知和物理环境全息获取技术的决策支撑体系
来源：作者自绘

该体系借助天地一体多机位协同网络，能够对建成环境信息展开高精度采集与动态监测，以建立毫米级精度的高密度复杂城区精细化的三维模型场和高精度数字档案。同时，综合采用红外热像和结构无损探伤等多种方法，对既有建筑变形展开精细化分析与应急测绘，实现建筑物现状病害调查，并对其健康状况实现全方位 CT 式可视化智能检测与动态监测。此外，基于 Web GIS 监测系统，为设计和管理决策提供了空间和时间两种维度的监测预警和决策支持模型，并利用高精度动态监测预警平台，克服常规监测系统无法满足大数据量、实时性条件下快速匹配以及应急决策服务的难题，以为城市更新的规划建设提供支持。

复杂的建成环境信息需要进行智能化的管理与可视化的决策辅助。笔者团队与上海市测绘院等合作单位基于三维动态图层技术，将建筑信息模型（BIM）和地理信息系统（GIS）精密融合，并通过基于语义的 BIM 信息筛选提取的工具方法、基于 OGC 标准与元数据，对城市三维模型的全生命周期展开多源、多尺度、多时态的精细化系统管理，实现城市三维信息的智能提取与高效管理。此外，借助交互增强现实和数字孪生方法与技术，这套决策支撑系统还能实现城市三维实体模型与虚拟场景计算获得的建成环境性能数据之间的协同交互与可视化展示，为城市规划与建设的决策管理提供高度直观的决策依据（图 12-6）。

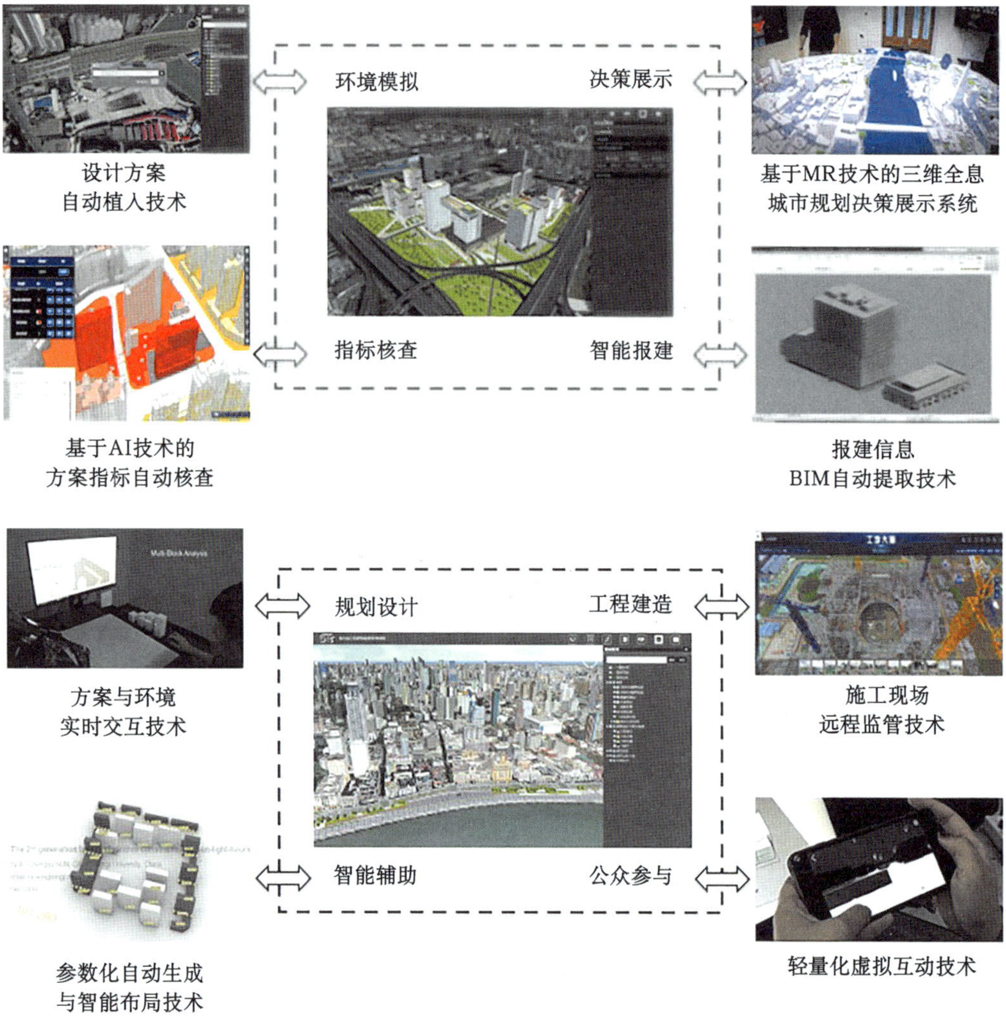

图 12-6 城市建设(上)与管理(下)决策支撑智能平台

来源:作者自绘(图中照片由上海市测绘院、上海建工二建集团有限公司提供)

12.5.3 多维度紧约束精细化工程实施

城市中心区既有城区对更新建设活动敏感度较高。因此,在更新过程中,城市建设开发面临诸多约束,比如施工操作的空间受到高度和宽度限制,建设活动的开展与城市日常运转之间矛盾重重,粗放型的更新施工破坏高密度既有城区文化遗产和生态环境质量等现象成为有机更新面临的难题。对此,笔者团队与合作单位建立了以实现有机更新为目标的综合性精细化施工和环境整治技术体系,在影响与干预最小化的前提下,实现了建成环境功能和品质的提升。

针对空间强约束条件下的既有建筑改造施工，该技术体系综合运用多种无损检测设备，通过巡视监测技术方法、风险源识别预警处置机制，快速精准地监测和预测高密度城市建成区地下空间开发过程中的环境变形与结构沉降，实现以低成本的途径降低工程风险，消除各类安全隐患（图 12-7）。另外，针对既有建筑内部空间净空受限的情况，利用低净空作业下钢管桩、钻孔灌注桩等常用桩型的成桩设备，实现在既有建筑室内进行打桩的高精细化施工作业。同时运用逆作法施工、预制柱施工、自承式无排无模地下室结构无梁楼板施工、田字梁柱帽和无梁楼板结构体系等施工技术，该技术体系可以实现在狭窄空间和地下空间约束条件下对既有建筑展开精细化的安全高效施工（图 12-8）。

图 12-7　既有城区地面变形的精确监测

来源：上海地矿工程勘察有限公司提供

图 12-8　空间强约束条件下的精细化城市更新施工方法

来源：上海建工二建集团有限公司提供

针对既有城区对更新实施在时间上的强约束，笔者团队与合作单位通过采用基于安全控制的多人流多区域分隔管控技术、永临结合的消防安全控制技术、不停业施工机电设备更新和扩容技术、既有幕墙原位更换等技术，为既有城区大人流量的商业设施更新改造期间难以维持开张营业状态，造成巨额经济损失的问题提供了解决的办法，实现了既有城区建筑在不停业状态下的持续更新改造施工。

对于城市更新过程中遭污染的水体等既有城区环境要素、精细化实施技术，借助微生物固化、超微气浮等技术和设备，采用超高压气水混合的方法，在超饱和状态下通过产生大量微米、亚微米、纳米级气泡，低成本而高效地去除微小颗粒污染，实现城市更新过程中的环境修复，从而在城市更新过程中实现对城市生态的保护和修复。

12.6 结语

城市就像一个生命体，其生生死死不可避免。但城市应该有一个比人的生命周期长得多的生命周期。城市更新活动是贯穿城市发展全生命周期的常态。城市有机更新应遵循城市发展的基本规律，尊重城市生命体的发展特点。在城市有机更新过程中，城市生命力的常态化活力多数表现为其生命体内无时不在、从不间断，但却又不易察觉的细胞层面的新陈代谢。在这种常态化的城市有机更新过程中，除仍不时需要针对因完善重大城市功能和提升城市经济能级所必需的空间结构调整和重要引领性建设活动外，更多地需要大量而常态化的“微更新”活动和“针灸式”的整治和改善。这种更新活动除表现在对城市物质空间品质的关注外，还应更多关注对资源、环境、生态和社会、历史人文的特别关注和持续维育。除在规划和政策引导下可预见的城市更新活动，城市也时常出现大量非预见性的、自发的自然更新过程。城市管理精细化的机制设计也应充分尊重这一类自然更新活动。唯有尊重城市发展的规律，并为城市的自然更新活动留足弹性空间，城市的生命力才会愈加旺盛。

（感谢同济大学超大城市精细化治理（国际）研究院全体同事，感谢上海建工二建集团、上海市测绘院、上海市地矿工程勘察院等单位在长期合作中的共同努力。）

13 现代城市设计理论前沿

童 明*

13.1 当代城市发展的前沿趋势

13.1.1 城市的发展趋势

现代城市设计的前沿领域是与当前的城市发展趋势相关的。

自1960年代、1970年代起，世界范围的城市与社会空间就在经历着一个结构性的重大转变。伴随着这种结构性的转变，全世界正在经历着历史上速度最快、范围最广的城市化进程。到2008年，有史以来第一次半数以上的世界人口居住在城市中；到2030年，城市人口将达到50亿，占世界人口总量的60%。从全球范围来看，未来的人口增长将集中在城市，并且几乎全部集中在现在的发展中国家，尤其以中国和印度最为显著。

从本质上看，支撑着这一结构性转变的核心是一场围绕着信息技术组织起来的新技术革命。如同17、18世纪所兴起的工业技术革命对于传统城市所带来的深刻影响(图13-1)，这场新技术革命依托于信息技术所形成的基础设施、经济方式，以及由此引发的全球化进程，正在改变着人类社会的生产、消费、管理、交流和思考的方式。

进一步而言，我国当前的城市化进程不仅是社会经济迅猛发展的一个自然结果，而且也是信息时代社会经济结构转型的一种必然体现。正是由于以信息技术为主导的技术革新为城市基础设施带来了革命性的新观念和新方法，从而导致许多地理区域和城市空间在全球化进程中发生了巨大转变。它既在量的方面迅速改变着城市与乡村之间的格局，也在质的方面调整着传统的地域空间模式。它不但深刻地影响着城市的社会和经济系统，还催生着新的城市空间类型和品质。

从宏观角度来看，我国的城市化水平及其质量已经显示出地区差异性，尽管近年来中西部地区城市化的步伐在不断加快，但是在东部沿海地区已经逐步呈现出大都市区域或者城市蔓延带，日趋发达的交通运输以及信息系统促使这些大都市区域在广阔的领域内联系起来，同时也与世界上其他类似的区域联系起来，从而使得国际化程度不断提高，全球化进程越来越显著。

---

* 童明，东南大学建筑学院教授。邮箱：tongming@seu.edu.cn。

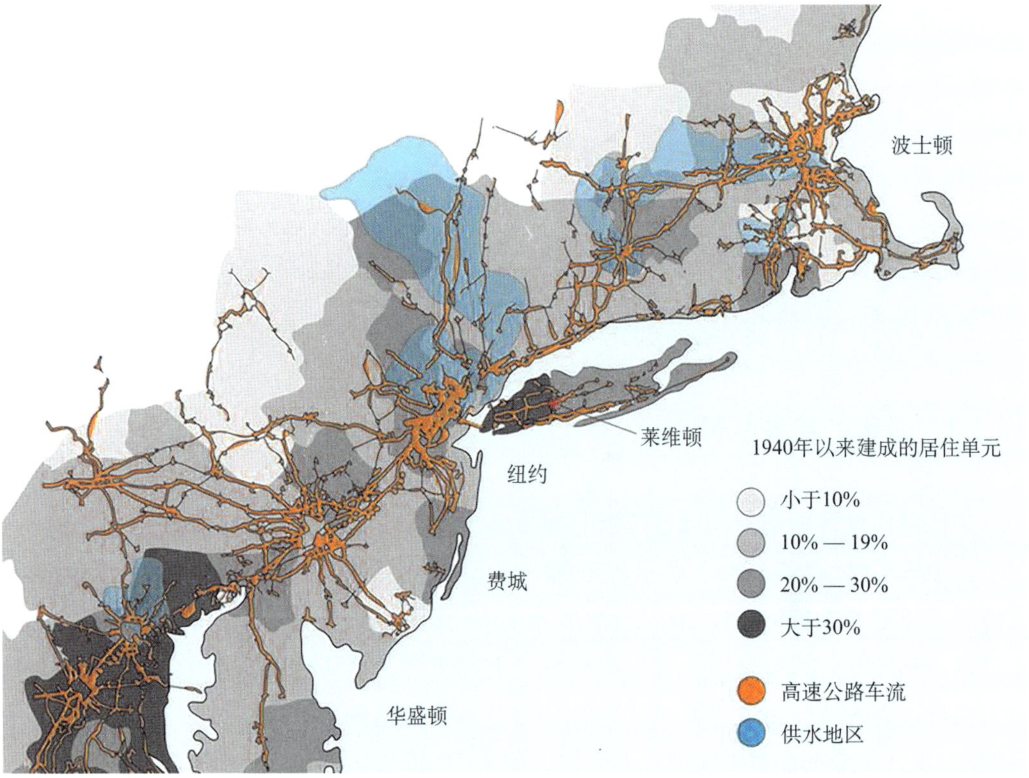

图 13-1 让·戈特曼,大都会,1961 年
这张地图描绘了 20 世纪下半叶在美国东北部所兴起的,并且波及全球的城市发展趋势。在图片中,由高速公路、郊区扩张以及供水所构成的系统相互交织为一体,将单个城市汇聚成为一种整体性的都市群落。
来源:改绘自 GOTTMANN J. Megalopolis: The Urbanized Northeastern Seaboard of the United States[M]. New York: Twentieth Century Fund, 1961: 233.

从城市角度来看,许多城市随着社会经济的发展,空间结构及其面貌都发生了重大变化,但是在其基层则是产业结构、职业结构、消费结构以及生活方式等方面的深刻转型。社会发展由于在迅速普及的信息技术的作用下迅速网络化,呈现出一种多层面、多维度的演绎过程。在这个过程中,许多城市打破了原来的城区概念,突破了原有的物理空间转向郊区拓展,由信息网络构成的流动空间正在逐渐取代传统的、稳定的城市空间。

同时,越来越不同于以往的城市发展新趋势正在不断涌现,主要体现为:产业结构因宏观市场而飘移不定,投资和置业的流动性和投机性逐步上升,城市空间的限定性作用普遍降低;社会网络化不断提高,市民自主性与机动性日益增强;基础设施不敷需要;城市社会构成持续分异,隔离现象日趋显著;人口流动更为频繁,从而导致城市公共服务和管理难度加大,政府部门越来越缺乏足够的资源和能力来解决城市问题,并且给原有的城市社会结构与规划管理工作带来了巨大的影响与冲击。

这些发展趋势由于经常超出传统经验的认知范围,从而会被人们视为城市发展的负面效应。但是换个角度而言,它们也是许多城市中正在发生着的一场深刻的信息化与全球化转型,并且在未来的社会发展和经济生活中会显得越来越突出。在某种程度上,信息时代的到来正在使原来的城市社会与空间失去既有的意义。信息技术是一场具有历史意义的技术革命,它不仅显著提高着经济生产效率,而且也在逐渐消除社会生活各领域之间的空间距离,从而向城市社会与空间提出结构性变革的挑战。

自 21 世纪开始普及的一些新的城市场所,如大型综合购物中心、郊区商务集群体、特色高科技小镇等,它们在城市生活中逐渐占据了显著位置,从而开始宣告一种"无地方性"的城市空间的诞生。只要身处这些商业中心或者纵横交错的交通系统中,人们所获得的感受在世界范围内都具有一定的相似性。由此所形成的城市空间体验则是摆脱了等级秩序和差异性的地点和场所,它们点缀在由快速路网所构成的四通八达的网络里。

13.1.2 城市设计的发展趋势

相比起传统的城市设计,当前的城市发展现实对于城市空间以及城市设计构成了更加深刻的挑战。21 世纪以来城市发展的一个主要议题就是经济全球化与社会网络化,这不仅为城市研究开启了一个有别于以往的时代,同时也使得有关城市设计的大多数话题正在失却原有的背景和意义(图 13-2)。

图 13-2 丹下建三,东京湾计划,1960 年
城市朝向一种巨型结构进行发展。
来源:LIN Z. Kenzo Tange and the Metabolist Movement, urban utopias of modern Japan[M]. New York: Routledge, 2010:137.

在这样一种全新的历史背景和发展环境中，传统城市设计理论中的一些议题，比如主要围绕城市形象、空间品质等的，其实践语境正在发生着重大转折。

1）功能属性议题

在功能属性的议题中，传统城市空间规划所信奉的那种一致性正在解体，经济活动与空间载体的对应关系正在变得更加疏离。建立在通信系统与微电子双重革命基础上的新技术把空间地点转变成了流动（flows）与渠道（channels）①，同时伴随着快捷交通与运输系统的迅猛发展，经济贸易及其组织形式日趋全球化和灵活化，投资和资金的快速流动导致地理区位的限定作用大大降低。

在这样一种全新的产业经济网络化的趋势中，城市消费行为同样也逐渐摆脱物理空间因素的制约，网络、电视、电话等非空间方式正在成为人们习惯的购物方式，便捷的物流系统正在降低人们走入城市街道空间的频率，从技术上而言，大型商场已然落伍，更用不着说传统的商业环境。于是，传统意义中的"空间区位""产城融合""布局研究"等城市规划内容将会失去效能，那种追求稳定空间对应关系的设计方式将会面对来自一种碎片化、断裂化的城市景观的挑战，传统意义中的建筑与空间布局关系将被信息技术所建构的无形网络逐渐取代。

2）社会属性议题

在社会属性的议题中，资本和劳动力的组织关系已经在一种重构了的空间经济中发生了结构性转变。在这种空间经济中，原有社会经济发展中的地理不平衡性正在一种全新的、常常是不可预知的方式中重新构成，城市人口将根据越来越专业化的空间调整而不断迁徙和重组。大量刚刚从快速城市化进程中释放出来的农村人口纷纷涌向沿海发达城市，而东部地区也相应将那些已经落伍的工厂、产业迁向内陆西部。城市中人口的流动频率远胜以往，社会的隔离状况也日趋明显。原先需要着重考虑的公共空间已经无法成为安静、宜人的环境容器，原先需要着重考虑的社区配套、资源分配等涉及空间公平性的规划布局也难以落实。

在微观层面，伴随着城市事务与空间形式之间的分离，市民生活与城市意义之间的分离也更加明确。原先在城市设计中需要着重考虑的社会安全空间、可防卫空间等经典模式已经让位于遍布街头的摄像监控系统，社区空间也由于失去了实质性的公共交往而在不断退化。

3）文化属性议题

在文化属性的议题中，流动空间（space of flows）的出现取代了地方空间（space of

---

① 卡斯特，王志弘．流动空间[J]．国外城市规划，2006，21(05)：70.

places)的基本含义,即将消失的是因市民而存在的场所意义。城市空间越来越与一种“无地方性”(No Place)的环境发展密切地联系在一起。① 每一座城市、每一个地点都转向它在社会网络中的层级位置而获得自身的社会价值,而这个社会网络的运行与节奏也将脱离这些地点,甚至脱离于这些地点中的人。

在这样一种环境中,讨论历史文化保护已经缺少了实质性的意义,新的城市开发正在无情扫荡着传统的社区,即便对于严格保存下来的城市历史环境,新取向的城市意义正在导致人们与其所属空间的历史性与文化性进行决裂。“故土家园”已经不复存在,人们附着于地点上的身份特征也将荡然无存,人口与物质的快速、无序流动逐渐替代了原先的场所、原先的语境,以及原先的文化意蕴,使得这个社会疏离、个体封闭的空间变得越来越没有差别化,鲜活生命被改造成为抽象概念,现实环境变成了虚幻的影子。

4) 公共属性议题

在公共属性的议题中,全球性的资本流动与网络社会的崛起已经成为当前时代的主旋律,越来越抽象化的资本可以更加随意地降临到某一块土地上,由此激发了更为猛烈的投机性城市开发,城市开发项目与其场所地点之间不再需要存有紧密的关联性,某个城市空间与另一个城市空间之间理论上也不再需要协调统一。随之而来的就是公共资源聚集性的削弱与社会共识性的降低,城市空间的发展现实经常超出政府的操控范围,传统经济政策的杠杆作用已经变得极其虚弱。正是在这样一种日益普及的当代城市景象中,当前的城市空间中已经开始充斥着一种非整体、无规则的氛围,并且随着日益推进的全球化进程而广为扩散,其间的运行机理令人难以真正说明。

这一趋势给当前城市设计所带来的问题就是:在这样一种时代背景中,还可能存在一种以具体空间为对象的城市设计吗?如果它仍然存在,那么将会是什么样子?它与以往的城市设计仍然还能存在怎样的共同诉求?它们将会由谁、通过什么方式、针对什么问题、做出什么样的应对?

13.2 当前城市设计的新含义

在当前信息化的全球经济和网络社会的时代背景中,传统的城市空间因为日新月异的社会经济制度而逐渐丧失原有的含义,通过传统城市设计方法所进行的空间整合也变得更难施行。但是与此同时,这种趋势并不表明城市设计在当前城市环境中的效力将会急剧下降,或许恰恰相反,它所能发挥的作用将会远胜以往。这是因为一座城市的形态,也就是城市设计(物质性的组织和设计)的主要工作范畴,在世界经济中的作用将被日益

① 苏贾.后现代地理学[M].王文斌,译.北京:商务印书馆,2004:367.

扩大。作为一种可视系统，城市形态在一个社会中的价值始终不会湮没。只不过在新的时代背景中，针对城市形态的工作将会获得新的含义。

13.2.1 经济发展的新引擎

从全球范围来看，美好城市形态的塑造在一座城市格局中的地位并未下降反而有所提升，诸如香港的西九龙、迪拜的滨海区、汉堡的港口区这类大型项目正在世界各地大量展开，同时还间杂着更加难以计数、更加容易操作的中小型项目。通过恰当的空间营造和环境提升，许多城市在经由技术升级、产业转型、人口老化等因素所导致的衰退阶段之后，迎来了服务业、零售业、娱乐业、旅游业的强劲复苏。尽管信息经济和基于网络的通信方式可以将人口与资源分配到城市的各个角落，但富有文化气质、情调因素的空间环境仍然无可替代，它们使得一些城市中心的集聚效应不断增强。

与此同时，公共安全、生态环境以及宜居特征这些城市空间因素在一个日益水平化的劳动力市场中也变得更加重要，流动化的经济方式同样也会允许人员根据所需的生活方式进行自由选择，从而也影响着城市空间的生产方式。于是在这种情况下，建筑生产的主要目标是创造材质变换的景观，而城市设计同样也是如此，它们已经与一个城市发展的动力之源紧密关联，成为直接调动经济力量的重要因素。

13.2.2 空间管治的新工具

人口流动性的日益增强以及社会结构的日趋混合正在强化着空间碎片化(fragmentary)的趋势，与此同时，这种趋势也激发出人们对于公共环境进行安全防护和严密监控的需求，并在生活领域中导致空间的割据化。自 1980 年代开始在世界范围出现的大批门禁社区表明，通过适当的空间布局方式来制造排他性的空间，这已经成为城市设计的重要考虑内容，它将有助于形成一种空间管治的实体性工具，以此来隔离社会的边缘化现象。

城市空间的分异现象不仅体现于居住生活领域，繁华商业空间也逐渐呈现出这一趋势。它们越来越倾向选择远离环境复杂的市中心，不仅以此避开昂贵的地租和通行成本，而且也可以通过私人化的交通方式避开那些对于城市公共安全可能带来的负面影响。在这个意义上，郊区化的大型购物中心对于当代城市空间和社会的分裂也产生了较为重要的影响，而城市设计作为一种空间政策工具，在此过程中通常也会通过构建、包装来起到推波助澜的作用。

13.2.3 城市竞争的新基础

在这个资源稀缺、经济波动、充满竞争的世界，各类城市政府都在积极寻求独立发展的机遇，寻求企业家、开发商的支持，从而导致几乎所有的城市都处在一种被动陷入危机、被激发的状态。它们希望能够通过更加优美宜人的环境特征来吸引更多的职场精英，同时由此进一步提升自身的文化品位，只有这样，它们才能在世界舞台上获得更好的前景，从而也就可能获得更好的经济效益。

这种现象体现着全球化的巨大浪潮与迅速变革的城市空间之间的互动关系，信息化的资本流动对于高级人才、符号化经济以及虚拟时空不断进行重新划分，而这又取决于人们对于建成环境的不断变化的现实感受。一座城市的变革能力，很大程度上也依赖于它对于自身空间环境的重新调整和塑造能力。在这种背景下，成功的城市得以生存并且持续繁荣，失败的城市则更加需要思考空间营造的问题，而这一切都需要通过积极的、能够有效生产一种促销性形象的城市设计来加以推动。

13.2.4 城市设计的重要含义

伴随着这些现象，如今的城市设计似乎获得了一种不同以往的重要含义。来自城市设计的独特贡献使之从过去那种单纯强调整体性的物质形态设计中区分出来，创建场所、发展旅游、吸引商业，美不胜收的城市空间成为城市宜人性的必不可少的成分。城市设计更像是去经营一座剧场，通过不断变换吸引力的内容，以此来吸引顾客并使他们持续获得享受。

与此相应，当前流行的城市设计正在失去作为公共物品的特质，而是成为一种更加具体、更有针对的空间营销工具。如果有什么可以被理解为本质性的变迁，那么我们可以这样进行归纳，当前的城市设计正在从“公共性制度”转化为“空间的生产”。

这一趋势一方面正在离散分解着原先颠扑不破的有关城市空间设计的观点，也就是一个优美的城市空间环境必然会导向一种自然美好的社会。面对当前的时代格局，传统城市设计理论的大部分观点已经失去了解释效力，最起码这一状况已经体现于现代主义与后现代主义、工业化与后工业化等各种争议之中。

另一方面它又在重新聚合其他新的因素，原先一些并无关联的领域被某种全新的网络关系连接在一起。在过去的十多年间，新的城市空间现象在不断浮现，新奇的、浮夸的、复古的、崇洋的……这些在快速城市化进程中所呈现出来的各种无法按常规理解的空间现象，都有待于一种具有说服力的观点来进行解释。

尽管我们在城市设计的理论研究中越来越注重融入来自社会学、政治学、经济学和人文地理学等其他领域的学科观点，但是这些观点还尚未有效地融入当代城市空间营造的理论解释之中。这类状况所导致的必然结果就是，越来越多关于城市空间形态和构成的研究范式并不一定来自学科之外，而恰恰是源于城市设计学科内部的基本观点。旧的范式已经消亡，新的范式尚未建立，这种状况需要我们不断进行反思，那种可以应对时代变革的城市设计理论将会是什么(图 13-3)。

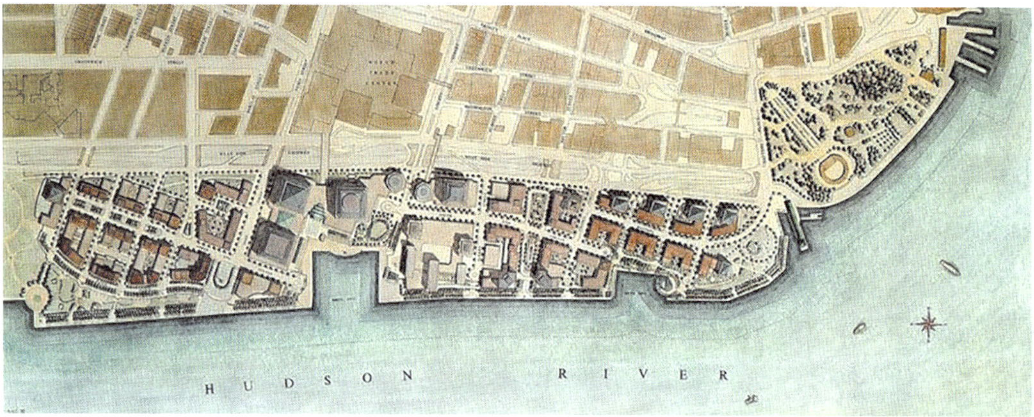

图 13-3 库珀与艾克斯图事务所，纽约巴特利公园城，1978 年
该城市设计显示出城市设计如何可以引领城市更新的发展。
来源：YOST C. Battery park city：it's a wrap[J]. Architectural record，2011，199(09)：29.

13.3 当代社会变迁中的城市设计

在一种动态的、历史性的观念中，有关城市设计我们还能够获得怎样的合理性解释？我们明天还能拥有一种什么样的城市设计？这个问题可能没有解答，因为在不断变化的现实面前，我们不可能在事先就拥有答案。我们只能说：不可能前提性地存在一种城市设计方法，也不可能存在没有面临变革需求的城市设计。不可能存在没有具体对象的城市设计，也不可能存在一种普遍适用的抽象模型。不可能存在一个预设标准，也不可能存在一个不需要进行决策的城市设计。

城市设计不应当成为一种形式化的理论，从而将概念、方法设想为对所有的社会和城市都有效。每一个时代的每一个社会的背景环境都具有一种独特性，这就排除了一种可以普遍适用于所有场合的一般性框架。

但是这并不等于我们无法提出一种关于不同城市、社会与历史变迁之间互动的一般性观点，发展出一个富有成果的扩展性的研究视野。在这样一种扩展领域中，针对城市形态的设计可以有新的理解。

13.3.1 城市设计是一种理解与研究

城市设计是在一种扩展领域中，探讨城市的物质形态如何形成及演化。在这样一种视域中，城市空间不仅只是社会进程的物理容器，它也是集体记忆与未来联想，充满着荣耀与残损、平淡与激昂、颂扬或冲突，于是，有关城市形态的研究将是城市设计的核心。在科斯托夫看来，城市设计的核心就是去关注“城市如何及为什么会形成它们各自的相貌”，在这种视角中，“我所研究的不是抽象的形式或者是从行为学可能性角度解释的形式，我关注的是作为意义载体的形式，而建筑的意义最终总是存在于历史和文化关系当中的”。①

城市设计是存在于特定城市形态之中的城市意义的表达，要完全理解城市何以为城市，我们就必须从抽象的社会科学走入人类经验和创造过程的领域。

这既涉及城市是如何运转的这类功能性的问题，也涉及社会共识性如何达成的问题。城市设计不仅仅是设计城市的技艺，也是关于城市如何生长变化的学问。它研究文明如何在空间形态中被呈现，研究特定城市形态如何得以被产生的过程。于是，我们需要一个能够解读城市形态是如何生产出来的理论，同时也需要一个具有足够弹性的理论视野，以解释不同背景下城市功能和形态的生产与操作。

城市设计的模式不可能只存在于建筑师或者城市规划师的工作中，并经由他们的评判才得以生成、实现并被接受。如果不能揭示出城市在一个特定的社会意义下如何演变成历史生活的秘密，城市设计的工作就仍然只是一种技术性的修正，城市形态也将只是一种主观口味的问题。

13.3.2 城市设计是一种实践

城市设计是在特定城市意义之下所从事的有意识的城市形态生产。古往今来，人类社会始终就是一种空间性的存在，人们积极参与周围无所不在的空间性的社会建构。如果我们将一座城市视作为人类生活所构成的空间组织，那么它不仅是指城市中各类静态、永久的物质实体，而且也意味着人们对于实体空间的所有方式、使用方式以及交易方式，同时也意味着人们在空间中的分布状况、经济活动的布局方式、区域之间的流通关系等（图 13-4）。

毫无疑问，城市设计的目标就是使城市能够给人带来美学享受。但是作为一种社会实践，城市设计需要尽力去适应城市生活的变化，针对每个变化、每种活动都尽可能提供

① 科斯托夫. 城市的形成：历史进程中的城市模式和城市意义[M]. 单皓，译. 北京：中国建筑工业出版社，2005：9.

图 13-4 佩利·克拉克·佩利，美国旧金山跨湾车站综合体，2007 年
此类项目还有香港国际金融中心二期塔楼，它们本质上都是一种交通枢纽，将地铁系统、区域铁路网以及地方公交系统连接起来，并以此为基础，形成都市群落。
资料来源：SHANE D G. Urban design since 1945, a global perspective[M]. New York: Wiley, 2011: 298.

适用的、不同的解决办法。

正是在这样一种视域中，我们才可以探讨城市设计所具有的一种独立的“专业领域”。相比其具体、独立的营造活动，城市设计作为一个整体，其独特性就在于：

(1) 它是社会性的，具体的城市设计就在于力图在社会变迁的分析中，引入来自社会经济、文化制度、政治冲突中所产生的空间形式的物质性。因此，我们需要尝试致力于理解城市意义是如何产生的，并由此打开发现历史进程的道路。

(2) 它是动态性的，城市发展始终是由一系列连续的片断组成，局部控制只能作用于它的发展和形态，并没有最终的结果。城市设计所面对的始终是一个动态的领域，城市设计就是应对这种动态变迁的，调整着移动不居的图景。

于是，作为一种独立的专业领域，城市设计需要矛盾性地放弃一种相对稳定和静态的姿态，去抵御一种貌似完整和标准化了的“常规设计”，抵御一种固化的理论说辞和定型方法。它必须不能成为由单一思维所决定的，或者一次成型思考所决定的结果，而需要体现为一种结构性的、历经时间的过程。

13.3.3 城市设计的变化与转型

从城市模式的交替转型的过程中我们可以看到，城市设计师在构思城市生活模式时，需要不断重新审视城市发展过程中所发生着的社会经济变革，从相互学习过程中为创新性的城市发展创造机会。在这一全球背景下，我们可以看到城市设计的变化与转型。

较为早期的案例来自英国建筑师约翰·特纳(John F Turner)。1976 年在温哥华的第一届联合国人居大会上，特纳认为拉丁美洲贫民区中的自建住房，及其自下而上的行动过程与小而灵活的操作方式，为经济不发达国家提供了一个更好的解决方案。其实，特纳在英国建筑联盟学院(AA School)的老师奥托·科宁伯格(Otto Königsberger)，于 1949 年时就开始说服印度总理尼赫鲁，允许在印度独立过程中因与巴基斯坦之间分裂而造成的 700 万无家可归难民们自建房屋。

特纳的早期工作开始于秘鲁首都利马的贫民区(barriadas)，在 1960 年代后期，他组织了一次国际性的贫民区改造竞赛，吉姆·斯特林(Jim Sterling)和克里斯托弗·亚历山大(Christopher Alexander)等建筑师也提出了解决方案，其中一部分在利马的普利维区(Previ District)得以建成，其中就包含混合式房屋类型的多种方案①。

在亚洲、非洲和拉丁美洲，越来越多的城市设计师正在学习如何与贫民区自组织系统里的居民进行交流，使用远程卫星传感系统(如 Google Earth 和手持 GPS 设备)来表达这些区域。就职于温哥华联合国人居署和伦敦国际环境与发展研究所的大卫·萨特思韦特(David Satterthwaite)指出，虽然巨构城市人口只占全球城市人口的 8%，但这是未来希望之所在，因为地方性政府和非政府组织更有能力在这样的尺度中去改善 100 万人口小型城市群的城市条件，来自居民的反馈和参与也可以更加有效。

不发达国家所面临的有限资源的瓶颈，促使人们在实践中去思考如何提升城市的复合性效率。在 1960 年代、1970 年代的美国、加拿大和拉丁美洲的城市，当由廉价石油所推动的经济发展面临困境之后，这就威胁到它们分散的空间逻辑。由于能源供给将会变得越来越昂贵，致使城市交通变得不够经济。哥伦比亚的波哥大在两位富有远见市长的任期内，发展了一种低耗能的巨构城市模式，为贫民区改造提供了一种低成本建设的生态蓝图；相对富裕的巴西库里提巴于 1980 年代发展了一种基于公共汽车线路的大规模交通方式。在波哥大，城市设计师采纳勒·柯布西耶(Le Corbusier)和路易斯·塞特(J. L. Sert)早期的设想，于 1990 年代创建了一种新式的公园线性交通系统，将城市中心的步行区、快速公交车道和地方性社区联系到一起，并且为这些地方性社区提供新鲜水源、拥有互联网的医院、学校、公园，来使之获得提升。

在非洲和亚洲，一半以上的人口仍然生活在农村定居点，通过手机服务与城市进行联系。由于这些小型城市区域的周边仍然环有农业，这意味着食物资源也就在附近。这一模式触动了许多欧洲的城市学者从城市复杂性中，重新思考人工与自然的关系。

---

① TURNER J F. Housing by the people: towards autonomy in building environments[M]. London: Marion Boyars, 1976.

保拉·维加诺(Paola Viganò)在《城市要素》(*La CittàElementare*)一书中,以威尼托地区为基础,针对意大利的城市群落进行类似分析,并设想了一种"逆向城市"(reverse city),其中景观中的城市元素之间的间距成为城市设计的主题,早期的区域研究与本纳多·塞奇(Bernardo Secchi)强调景观设计的生态方面,与许多亚洲大城市一样,塞奇和维加诺强调了一种积极、有价值的力量,并称其为"逆向城市"代码,作为整体设计的一部分,嵌入在蔓延于城市的织物中的生产性农业景观的轮廓①。

其他一些欧洲理论家,如德国的托马斯·西弗茨(Thomas Sieverts),作为莱茵-鲁尔(Rhine-Ruhr)走廊项目中的一位组织者,他在《没有城市的城市》(*Cities without Cities*)一书中,构想了一种新式的半城半乡的"城市之间"(in-between-city)②。

这些基于欧盟内部富裕地区的理论家所应对的复杂地景的情况,与在低收入的印度尼西亚的乡镇地区以及曼谷城乡接合部的情况有些类似,它们都是在城乡接合部的一种混合体。一些美国理论家针对这一现实,进一步提出一种城乡接合部与有机都市农业的概念,为粮食供给本地化的城市发展提供了更新的概念。例如纽约帕森新学院的布莱恩·麦克格拉什(Brian McGrath)和维多利亚·马歇尔(Victoria Marshall)为巴尔的摩生态系统研究(BES)所提出的设想③。迪克森·杜彭梅尔(Dickson Despommier)提出了更为典型的大都市模式:开发新奇的绿色摩天大楼,在城市中心的"空中农园"上种植粮食;在"慢食主义运动"的家乡意大利,设计师卡罗·帕特里尼(Carlo Petrini)设想出一种"慢城"(città slow),市民可以在城内和周边的空隙地区中,种植生产自己的食物。

拉美贫民区另一个值得思考的现象是它们在应对自身复杂问题时所呈现出来的那种灵活、应急的设计系统,从而将城市村庄系统与居民使用废料自行建造过程结合起来,使得大型棚户区可以随着时间的推移进行自我修缮。泰迪·科鲁兹(Teddy Cruz)在墨西哥蒂华纳(Tijuana)的项目就是在缺少工业化支撑的情况下进行的,这也相应提示,美国单身家庭的郊区住房也可以从墨西哥棚户区(favela)的临时建筑中获得借鉴,而且美国的郊区临时住房由于可以获得工业化生产的支撑而可以做得更好。

有关复杂性的问题也提出了如何促进城市发展更加具有兼容性、包容性的问题。FOA建筑事务所(Foreign Office Architecture)在《系统发生学》(*Phylogenesis*)一书中,提出了FOA方舟④的设想,也就是对于建筑形态及其脚本进行折叠分类,为每个建筑赋予DNA和代码(图13-5)。Reiser+Umemoto事务所展示了如何从这些新兴系统中获得启发,在城市中构建富有创造性的剖面形式,使用起伏地面和倾斜公园,为市民提供更多的选择。

---

① VIGANÒ P. La città elementare[M]. Milan Geneva: Skira, 1999.

② SIEVERTS T. Cities without cities, an interpretation of the Zwischenstadt[M]. London: Routledge, 2003.

③ MCGRATH B, MARSHALL V. Operationalizing Patch Dynamics[J]. Landscape Architecture, Architectural Design, March/April, 2007, 77(02): 52-59.

④ Foreign Office Architects. Phylogenesis[M]. New York: Actar, 2003.

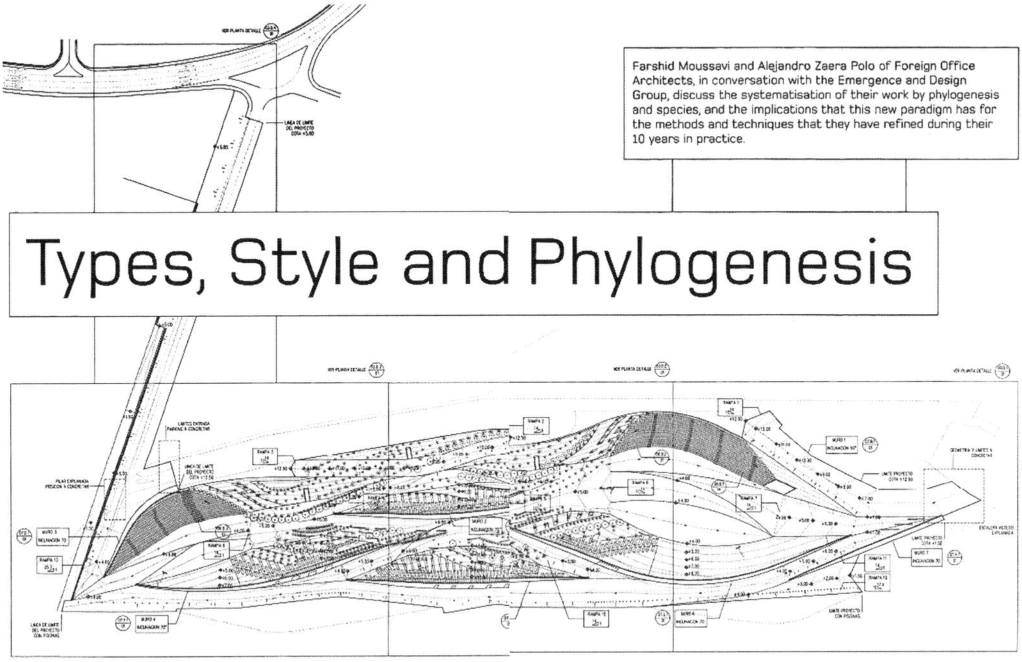

图 13-5 FOA 建筑事务所为巴塞罗那东南沿海公园和礼堂的总体规划
组织原型以沿海沙丘为基础，是一种内部结构很少、受风影响的物质组织。程序分配基于将体育和休闲活动建模为电路网络。
来源：Foreign Office Architects. Phylogenesis[M]. New York：Actar，2003.

对于当代城市而言，另外一个具有严重威胁性的问题来自生态领域。从全球角度来看，世界上许多特大城市以及人类聚居区都建立在河流入海口的三角洲地区，气候变化以及温室效应所带来的海平面上升，将严重威胁到这些地区未来的生存状况。

有关城市生态问题的设计思考开始于美国，但随后由于其粗放的城市发展方式而遭到忽视。欧洲人进一步开拓了生态城市设计方法，并试图从亚洲城市的低碳足迹中学习。例如斯德哥尔摩与伦敦从新加坡引入了城市中心区交通收费方法，以应对交通拥堵问题。与此同时，欧洲设计师向世界其他大城市输出生态城市模型，例如数年前名噪一时的上海东滩生态城。

然而，来自不发达地区的经验可能更有效率。例如在越南，湄公河三角洲特别脆弱，设计师正在规划一种新型的、高架的城市岛屿和城市群岛，为人们提供安全区域；来自比利时鲁汶大学建筑与城市规划学院（UN-ASRO）的一个团队为越南的荣市编制了一个初步方案，以延续在亚洲城市中的都市农庄（desa-kota）的传统，将农业和灌溉系统与城市结构融合于一体。由此，比利时鲁汶大学与越南河内大学的相关团队发明了一种新型滨水岸线，它可以容许洪水通过，但同时也确保岸边房屋可以安全地高于预测水位。

13.4 面向城市复杂性的城市设计理论研究

作为一种人造环境，城市现实世界的构成源自无数的城市操作者，在其中，建筑师、城市设计师、规划师极力思考并构想着城市的未来。同时他们的背后，还有不计其数、不断变化的各类业主：从中央政府、地方政府，到社区、非政府组织（NGOs）和各种经济机构，到各类定居居民、流动人群。

城市设计的有效性取决于其操作者能否对其工作对象进行思考，辨识关键要素并使之适用于当地的环境与条件。这种反思、适应、研讨、变革的能力对于可持续性地创造城市新内容、更新利用老设施是非常重要的。

尽管来自理论和计算方面的创新使得传统类型学方法可以适应于一种动态关系，可以跟随情境、问题、行动者和时间而变化，但是它仍然很难与城市现实环境中所发生的那些自建性、非正规的现象紧密关联。城市设计师需要认识到城市的拼合性、混合性和多样性，这种个人和群体混合而成的集体形式对于如何把握城市的动态状况是至关重要的，城市设计师应当对这种复杂性局面，在建构城市的分析框架、整合城市的类型单元时，也应当兼顾那些“之间”的区域，包容个体建设者的力量，以创建一种多元、有机的集体形式（图 13-6），以应对城市未来发展中所涉及的混沌变量和复合价值，从而能够在多种不稳定的情况下工作，并以间接和非线性的方式对城市问题做出反应。

因此，从全球视角来看，不同地域、不同结构、不同背景之间模式的传播以及相互之间的学习并非自然发生，这是经由无数的参与者共同努力的结果。从欧美大都市模式转型与亚洲、拉美都市之间所发生的经验交流与互动的各种案例中，我们可以看到，当前的城市设计思想，已经犹如一幅巨型挂毯的线梭，在一些主题的串接之下，已经不分彼此地编织于一体。正是基于在当前城市转型过程中所存在的前所未有的复杂性，城市设计仍然而且应当发挥更为重要的作用。

首先，城市中各种变化源自其中行动者的意愿和操作，也就是涉及城市建设的主体、组织、协会以及他们用于建设城市的理念。尽管城市在转型过程中往往显得失去控制，但是城市行动者及其思想观念依然发挥着巨大能量和组织技能，即便是最为随机建造的城市，它的形成也是人为作用的结果。这种表面上混乱的聚合体实际上就是城市行动者在追求自身利益最大之时，所做出的许多个人选择和行动的综合结果，这些行为在进行大规模重复之后，可能带来许多意想不到的后果。在城市的建造过程中，以及在城市更新、调整、再生的过程中，城市行动者需要通力合作。城市是人们在一起共同生活的结果，这需要组织和技能来管理当地社区和大城市的事务。

其次，随着城市的规模扩张和结构复杂，任何一种企图进行完全控制的思想已经完全失效。这就需要有关城市建设的研究关注城市中的自组织行为并对此建构模型。随着

图 13-6 伊东丰雄建筑事务所为新加坡波那维斯达社区所做的总体规划
其中所采用的策略是将城市综合体与农业地景结合起来，形成生态导向性的未来城市发展。
来源：ITO T. Singapore buona vista masterplan competition, Singapore[J]. Architectural Design, 2011, 81(01): 90-93.

20 世纪控制论的发展，也就是针对管理信息流的研究和通过排序和反馈机制来分析城市自组织的原理，越来越多得到计算机技术支持的城市行动者可以掌握并处理比以往更多的信息，并且通过建立相应模式来分析城市的复杂性。

最后，城市中的现实性成果取决于城市行动者对于他们工作的反思，取决于他们对于城市要素进行再组织的能力，取决于他们转换模式以适应当地情况的能力。这种反思、适应、调整和改变的能力对于持续性地调整传统城市的适应能力、促进衰退城区的再生利用、倡导城市环境的推陈出新是非常重要的。